Eugen Drewermann

Dass auch der Allerniedrigste mein Bruder sei

Eugen Drewermann

Dass auch der Allerniedrigste mein Bruder sei

Dostojewski – Dichter der Menschlichkeit

Fünf Betrachtungen

Patmos Verlag

VERLAGSGRUPPE PATMOS

PATMOS
ESCHBACH
GRÜNEWALD
THORBECKE
SCHWABEN
VER SACRUM

Die Verlagsgruppe
mit Sinn für das Leben

MIX
Papier | Fördert gute Waldnutzung
FSC® C083411
FSC www.fsc.org

Die Verlagsgruppe Patmos ist sich ihrer Verantwortung gegenüber unserer Umwelt bewusst. Wir folgen dem Prinzip der Nachhaltigkeit und streben den Einklang von wirtschaftlicher Entwicklung, sozialer Sicherheit und Erhaltung unserer natürlichen Lebensgrundlagen an. Näheres zur Nachhaltigkeitsstrategie der Verlagsgruppe Patmos auf unserer Website www.verlagsgruppe-patmos.de/nachhaltig-gut-leben
Übereinstimmend mit der EU-Verordnung zur allgemeinen Produktsicherheit (GPSR) stellen wir sicher, dass unsere Produkte die Sicherheitsstandards erfüllen. Näheres dazu auf unserer Website www.verlagsgruppe-patmos.de/produktsicherheit. Bei Fragen zur Produktsicherheit wenden Sie sich bitte an produktsicherheit@verlagsgruppe-patmos.de

Bibliografische Information der Deutschen Nationalbibliothek
Die Deutsche Nationalbibliothek verzeichnet diese Publikation in der Deutschen Nationalbibliografie; detaillierte bibliografische Daten sind im Internet über http://dnb.d-nb.de abrufbar.

6. Auflage 2025

Verlagsgruppe Patmos in der Schwabenverlag AG
Senefelderstr. 12, 73760 Ostfildern
www.patmos.de

Umschlaggestaltung: Finken & Bumiller, Stuttgart, unter Verwendung eines Portraits Dostojewskis von Vasiliy Perov (1833–1882)
Druck: CPI books GmbH, Leck
Hergestellt in Deutschland
ISBN 978-3-8436-0235-8

Inhalt

Vorwort

Wer Dostojewski liest, dem wird er zum Ereignis werden. Anderenfalls wird er ihn nach ein paar Seiten schon gelangweilt an die Seite legen. Diese russischen Nächte mit ihren endlosen Monologen, fiebrigen Phantasien und paranormalen Charakteren ... Man braucht den Hintergrund der gleichen Not, des gleichen Suchens und der gleichen Sehnsucht, um Dostojewskis Art, die Welt zu sehen, als «notwendig» im wahrsten Sinn des Wortes zu begreifen. Was dieser Autor bietet, ist, je nachdem, Gift oder Arznei. Man kann an seinem Werk auf viele Jahre hin so seelenruhig vorübergehen wie an der Auslage einer Apotheke oder an dem Sprechstundenschild eines Arztes; doch irgendwann ist es so weit: Da braucht man ihn und findet ihn als einen längst bekannten, vertrauten Gefährten, Freund, Begleiter, Helfer ...

Allenfalls bei der Lektüre Sören Kierkegaards ereignet sich etwas Vergleichbares: Alles ästhetische Vergnügen zerbirst unter dem Druck einer unbedingten Wahrhaftigkeit; bei jeder Zeile muß der Leser sich fragen, wer er selbst denn ist angesichts der hier gezeichneten Gestalten und Gedanken; der Raum, sich auszuweichen, wird von Mal zu Mal enger; und am Schluß, wenn die Fluten sich verlaufen, dicht an der Gezeitenzone des Abgrunds, entdeckt sich in überdeutlicher Klarheit das Entweder-Oder von Heil und Unheil, Rettung und Untergang, Schuld und Gnade. Von nichts anderem wirklich kann ein Mensch leben als von dem Vertrauen, trotz allem umfangen zu sein von etwas, das er nicht kennt noch beweisen kann und das ihn doch besser kennt als er sich selbst und das ihn doch als berechtigt erweist inmitten einer Welt sonst unauflösbarer Widersprüche. Glauben – das ist durch Verzweiflung vermittelte Unmittelbarkeit, meinte der dänische Religionsphilosoph. Alle Romane und Erzählungen des russischen Dichters sind wie ein Beleg für die Richtigkeit dieser These, nur daß Dostojewski in lebendigen Schicksalen zeigt, was KIERKEGAARD in begrifflicher Klarheit darzulegen versucht hat. Beide hinterlassen deshalb eine recht unterschiedliche Wirkung. Je länger man KIERKEGAARD liest, desto spürbarer wird die Gewißheit, kein «Christ» in seinem Sinne zu sein; je länger man Dostojewski liest, desto spürbarer wird die Gewißheit, überhaupt nur als «Christ» ein Mensch sein zu können. KIERKEGAARDS Bemühen war es, die Herde der Kirchenfrommen allererst in jene Bestürzung zu setzen, aus welcher allein eine tiefere Form des Vertrauens zu retten vermag; Dostojewski sah allerorten Verzweifelte, und alles, was er schrieb, war wie ein Werben um Einlaß für gerade diese Verlorenen.

Ich selbst habe Dostojewski wiedergefunden, als ich endgültig nicht weiterwußte. In der Absicht, eine bessere «Seelsorge» betreiben zu können, hatte ich Psychoanalyse zu studieren begonnen, doch das seelenlose dogmatische Sprechen von Gott in der Kirche und das gottlose Sprechen von der Seele des Menschen in der Psychoanalyse FREUDscher Herkunft wollte und sollte zu einer sinnvollen Vermittlung zueinander nicht finden. In mir selbst widersprach sich alles, und ich wußte nur, daß ich irgendwie, auf Sein oder Nichtsein, die drei *«Brüder Karamasow»* an einen Tisch holen mußte: das geistige Ringen um Gott in der Gestalt Iwans, das Begreifen der Dynamik von Trieb und Gefühl in der Person Dimitris und die Reinheit eines gütig gewordenen Glaubens in dem jungen Mönch Aljoscha. Damals bedeutete Dostojewski für mich mehr, als jedes Medikament mir zu geben vermocht hätte. Es war seine Dichtung, die mir die Augen öffnete für eine mögliche Synthese von Existenzphilosophie, Psychoanalyse und christlichem Glauben, gelagert um die Frage nach Angst und Vertrauen, Verzweiflung und Selbstfindung, Ablehnung und Annahme des eigenen Daseins. Seither steht es mir fest, daß Religion überhaupt nur wirklich ist, wo Prophetie und Therapie als existentielle Dichtung eine Einheit bilden; das aber kann nur sein, wenn, wie im Werk Dostojewskis, bei allem Sprechen von Gott, Mensch und Welt das Gefühl sich verbreitet, zugelassen zu sein und in allen wesentlichen Fragen des Lebens auf Verstehen, statt auf Verurteilung zählen zu dürfen.

Gewidmet der Frage nach dem Glauben, nach Gott und nach Christus, gehen drei der fünf hier gesammelten Beiträge zum Werk und zur Person Dostojewskis auf Tonbandabschriften von Vorträgen zurück, die in freier Form an den Evangelischen Akademien in Hamburg und Wittenberg gehalten wurden; die in ihnen angeführten Zitate sind sinngemäße Gedächtnisreferate, keine philologisch genauen Wiedergaben der Dostojewskischen Texte; sie dienen in dieser Form einzig dem Zweck, das Anliegen des russischen Dichters durch persönliche Betroffenheit dem Erleben näherzubringen. Die Zitate in den beiden anderen Beiträgen sind jeweils den Übersetzungen entnommen, die in der Bibliographie genannt sind. Die Umschrift der russischen Eigennamen und die Angabe der Titel folgen nicht den Regeln der Sprachwissenschaftler, sondern der Gewohnheit der Übersetzer und Herausgeber. Das sollte tolerierbar sein. Schließlich schreibt außerhalb eines slawistischen Seminars niemand Fëdor Miḥailovič Dostoëvskij; und WERNER BERGENGRUENS Übersetzung von *«Schuld und Sühne»* steht dem Deutschen gefühlsmäßig immer noch näher als das kalte «Verbrechen und Strafe» …

«Die Sanftmut besitzt eine ungeheuere Kraft»*

Ganz herzlich danke ich der Dostojewski-Gesellschaft und der Evangelischen Akademie, zum heutigen Abend, am Reformationstag, über Dostojewski sprechen zu dürfen. Es ist eine ebenso sinnreiche wie mutige Wahl, diesen Termin für einen solchen Vortrag vorzusehen. Beide nämlich, Dostojewski wie MARTIN LUTHER, haben eine fundamentale Gemeinsamkeit in der Sicht auf den Menschen.

Äußerlich sind beide vereint in ihrem Protest gegen Rom. Am Vorabend von Allerheiligen im Jahre 1517 schlug (der Legende nach) MARTIN LUTHER an die Schloßkirche von Wittenberg seine Thesen. Der Anlaß war gewissermaßen ein üblicher: die Ausbeutung der menschlichen Angst zum religiösen Geschäftemachen. Dies sollte nicht mehr länger gelten, daß man Gott verleumdet und glaubt, Seelen zu retten durch Machtbesitz und Reichtum. 86. These: «Wenn denn der Papst St. Peter bauen will zu Rom, wo er selbst der reichste Crassus ist, warum nimmt er dann nicht wenigstens sein eigen Geld statt das der armen Gläubigen?» Das ist wuchtig geredet. Es hat aber eine zutiefst religiöse Frage im Hintergrund. Keine Reformation beginnt, außer man vereinigt die Not der Menschen mit der Botschaft Jesu und schließt jede Scheinvermittlung aus. «Das hat JAN HUS nicht begriffen», sagte MARTIN LUTHER, «daß man muß mit der Bibel fechten, das ist der Gans an den Hals gegriffen.»

Theologie und Seelsorge, das macht die Reformation. Da wird die Freiheit eines Christenmenschen gegen den römischen Zentra-

* Vortrag, gehalten am 30. 10. 1996 an der Evangelischen Akademie Nordelbien, abgedruckt in: *«Orientierung»*. Berichte und Analysen aus der Arbeit der Evangelischen Akademie Nordelbien, 2/97, S. 7–26.

lismus gesetzt, gegen die Verwaltung der Sache Jesu im Stile einer gewissermaßen monarchistischen Staatsform der Renaissance, im Nachfahrentum römischer Cäsaren.

In der großen Legende vom Großinquisitor in den *«Brüdern Karamasow»*, völlig unabhängig von MARTIN LUTHER, von dem ich sage, daß Dostojewski ihn weder wirklich gelesen noch auch bloß annähernd gekannt hat, besteht doch eine große Gemeinsamkeit zwischen dem deutschen Reformator und dem russischen Dichter in diesem Punkt: Rom möchte die Herrschaft über die Menschen und folgt damit dem Geist der Wüste, es nimmt dem Menschen seine Verantwortung, es delegiert sie an die Herrschenden, – die wissen um Schuld und ermöglichen scheinbar Unschuld. Sie verteilen entsprechend der Versuchung Jesu durch den Teufel (in Matthäus 4) das Brot, sie verwandeln Steine in Nahrung, sie faszinieren die Menschen durch Magie und Wunder, und sie treiben die Menschheit damit immer weiter fort von Gott. Soweit der antirömische Affekt bei LUTHER wie bei Dostojewski.

Das wirklich entscheidende Thema aber, das Dostojewski und MARTIN LUTHER gemeinsam ist, hat nicht zentral zu tun mit einer bestimmten Konfession im Christentum, ob protestantisch oder orthodox, – der Kritikpunkt mag für alle Spielarten des Christlichen austauschbar sein, entscheidend ist das tragende Motiv dahinter, die Frage, die uns heute abend im Sinne Dostojewskis am meisten beschäftigen muß: Ist es möglich für den Menschen, ein Mensch zu bleiben ohne Gott?

MARTIN LUTHER hat diese Frage in den zwanziger Jahren des 16. Jahrhunderts in einer großen Debatte mit dem damals wohl größten Humanisten seiner Zeit, mit ERASMUS VON ROTTERDAM, geführt. Es ging um die Frage nach der Freiheit des Willens, eine Problemstellung, die in dieser Weise heute sich kaum wiederholen läßt. Sie hat sich delegiert im Grunde zunächst an die Philosophie, schließlich an die Neurobiologie. Was MARTIN LUTHER jedoch damals bereits fühlte, sagen wollte, war die Unmöglichkeit eines Menschen, sich frei zu entscheiden, ohne sich auf ein Gegenüber zu beziehen, das ihn absolut, gleich wie seine Entscheidungen ausfallen werden, umfängt mit Gnade. Der Mensch verliert sich in seinem Kern, wenn nicht im Grund seiner Freiheit dieser Hintergrund fühlbar wird.

Ich möchte Ihnen zeigen, daß alles, was Dostojewski, ringend, fragend, klagend, zweifelnd, verzweifelnd, ermutigend, verstehend, begleitend, über den Menschen zu sagen versucht hat, auf dieselbe Evidenz hinausläuft, die Sie in den Schriften der sogenannten Rechtfertigungslehre MARTIN LUTHERS finden. Nur schreibt hier kein Theologe, er legt nicht formal die Bibel aus, er argumentiert nicht entsprechend bestimmter tradierter Denkmuster, er zeigt uns vielmehr in seinen Romanen und Erzählungen menschliche Porträts, Identifikationsflächen für uns selbst. Als sein Gesprächsgegenüber aber, fiktiv, möchte ich einleitend aus dem 20. Jahrhundert, um die Aktualität der Dostojewskischen Gedanken, Betrachtungen und Visionen zu zeigen, den französischen Existentialisten ALBERT CAMUS in den Dialog bringen, fiktiv für Dostojewski, nicht für CAMUS, der sich auf Dostojewski immer wieder bezogen hat. In den Schriften CAMUS' spielt Dostojewski den Kronzeugen für das Königtum des Absurden. Nehmen wir also statt ERASMUS VON ROTTERDAM und den Humanismus des 16. Jahrhunderts zunächst die Frage auf, die CAMUS in seinem Roman *«Die Pest»* stellt: Kann man ohne Gott ein Heiliger sein? Dr. Rieux, der so fragt, fügt hinzu: Es ist dies die wichtigste Frage, die es überhaupt zu stellen gibt. CAMUS hat diese Frage vorbehaltlos bejaht. Er hat den Glauben an Gott als eine Flucht vor der Evidenz der menschlichen Absurdität selber gekennzeichnet. Um zu verstehen, was er meint, gilt es, die kleine philosophische Schrift über den *«Mythos von Sisyphos»* zu zitieren. Die Frage, meint CAMUS dort, ist nicht länger, ob es zehn Kategorien gibt, zwölf oder vierzehn, als erstes gilt es, Antwort zu geben und standzuhalten auf die Frage, warum wir leben. Warum nicht dem Leben ein Ende setzen durch den Selbstmord? Warum nicht zum Mord schreiten, wenn das menschliche Leben beliebig ist? Absurd ist unsere Existenz bereits durch die blutige Mathematik über unseren Köpfen. Jeder Mensch repräsentiert in sich eine ganze Welt, verkörpert in sich selbst etwas Unendliches an Wert und Bedeutung. Aber die gleiche Natur, die ihn hervorgebracht hat, nimmt ihn schonungslos, gleichgültig, durch einen beliebigen Zufall wieder zurück. Daß Menschen Menschlichkeit suchen und sie in der Natur Schritt für Schritt widerlegt finden, dieser Zynismus gehört offenbar zur menschlichen Existenz, und es ist zunächst keine Antwort zu haben, wofür wir als Spielball dienen sollen inmitten einer Welt, die Menschlichkeit weder zum Interesse noch zum Ziel hat; das allein schon macht die unabweisbare Absurdität unserer Existenz aus.

Was aber folgert nun daraus? Wir könnten es unerträglich finden, die Last unserer Existenz weiterzutragen. Wir könnten – heute noch – unserem Leben ein eigenes Finale setzen. Aber damit würden wir die Absurdität auflösen. Wir würden uns verlieren als Menschen. Menschlich zu leben – so ALBERT CAMUS – bedeutet, die Absurdität zu akzeptieren, ihr heroisch standzuhalten. Gegenüber der Beliebigkeit des menschlichen Daseins, gegenüber vor allem der Manipulierbarkeit der Menschen durch die Machthaber, hat CAMUS die Auseinandersetzung und schließlich das Zerwürfnis mit seinem zeitweiligen Weggefährten JEAN-PAUL SARTRE in Kauf genommen. In seinem Essay «L'homme révolté» – im *«Menschen in der Revolte»* – überträgt CAMUS das Argument gegen den Selbstmord auf die Frage nach der Erlaubtheit des Mords: «Wir leben in einer Zeit, in der die Unschuld auf der Anklagebank sitzt und sich rechtfertigen muß, warum sie nicht genug gemordet hat.» Mit diesen Worten beginnt das philosophische Werk *«Der Mensch in der Revolte»*. Das ist die Herausforderung CAMUS', und um sie zu aktualisieren, kann man nur sagen: Wem sie nicht auf den Nägeln brennt, der wird die ganze Thematik nicht verstehen.

Denn so weit sind wir im 20. Jahrhundert: Hiroshima war nicht genug, Nagasaki war nicht genug, wir mußten weiterschreiten im Massenmord. Vierzehn Tage später, im August 1945, mußten wir Kamerateams in die zerbombten und verwüsteten Städte schicken und die Hekatomben von Hunderttausenden von Toten möglichst detailgenau vor der Kamera aufnehmen, nicht, um das Grauen rund um den Globus so weit wie möglich sichtbar zu machen, auf daß es sich nie mehr wiederhole, in einem schreienden Fanal des Protestes, sondern ganz im Gegenteil, um gleich beim nächsten Mal noch besser die gleichen Bomben einsetzen zu können, um das Testprogramm zur Weiterentwicklung der Bomben in Auftrag geben zu können. Eine Uranspaltbombe langt nicht, wir brauchen eine Wasserstoffbombe. Eine Wasserstoffbombe langt nicht, wir brauchen eine Neutronenbombe. Eine Neutronenbombe langt nicht, wir brauchen Trägerwaffen im Weltall. Es gibt keine Grenze, und alles das drapiert sich mit geschichtlicher Notwendigkeit, mit sittlicher Verantwortung, mit dem Kampf gegen das Böse. Durch wie viele Lachen und Meeresarme von Blut müssen wir schreiten, um diese Art von Verantwortung zu exekutieren! Und das war doch die westliche Militärlogik, der wir selber zugehören, bündnistreu und tapfer. Der Osten damals hatte seine eigene Form des Grauens. 1952, als ALBERT CAMUS *«Der Mensch in der Revolte»* schrieb, galt der Gulag für notwendig, galten die Massenmorde an der eigenen Bevölkerung für notwendig, damit der Fortschritt der Menschheit, die Zukunft gewonnen würde.

Der STALINismus rechtfertigte sich im Ausgriff auf eine phantastische Gerechtigkeit, die global sich herstellen lassen sollte. Es ist eine paradoxe Frage international: Hat es in dieser blutrünstigen Ära, die jetzt zu Ende geht unter dem Namen des 20. Jahrhunderts, je ein Volk gegeben, dem man seine Freiheit ohne eine Phase des Terrors, der Gewalt und des Mords gegeben hätte?

Der Algerienfranzose ALBERT CAMUS wußte, wovon er redete. Noch ist die FLN in Algier nicht bereit, gegen das Kolonialsystem der «grande nation» zurückzuschlagen, aber es bebt in der Kasbah von Algier. Irgendwann *muß* die Revolution ausbrechen, außer das französische Mutterland entläßt Menschen, die französisch denken und französisch schreiben und zugleich die arabische Kultur beherrschen, endlich in ihre nationale Eigenständigkeit. Ist Dien Bien Phu nicht längst genug gewesen? Hat der Vietnamkrieg mit seinen Hunderttausenden von Toten eine Rechtfertigung für den Anspruch Europas auf Weltherrschaft?

Die Antwort ALBERT CAMUS' auf diese Frage wird lauten, daß es kein Recht, keinerlei Recht gibt zum Töten. Denn auch mit der Rechtfertigung des Tötens würde man die Absurdität, die zur menschlichen Existenz gehört, verleugnen. Statt die metaphysische

Revolte gegenüber einer nichtmenschlichen Natur einzuleiten, würde in der Revolution ein gutes Recht zur Gewalt proklamiert, das nicht mehr absurd ist, sondern in seiner geschichtlichen Logik unausweichlich. Da soll die Dialektik die Wahrheit ersetzen! Doch gegenüber HEGEL erklärt ALBERT CAMUS, daß eine Wahrheit, die in der Geschichte noch kommt, nichts weiter ist als die Unwahrheit der Existenz heute. Entweder wir wagen es, jetzt zu tun, was stimmt, oder wir werden bei der Wahrheit nie anlangen. Die Wahrheit ist nicht das Resultat, sondern der Weg.

Man hat ALBERT CAMUS vorgeworfen, daß er die Gegensätze der Sozialgeschichte hineinprojiziere in die Natur, daß er den Konflikt zwischen den Menschen auflöse in eine Dramaturgie zwischen Mensch und Welt, ja, daß er im Grunde nicht begreife, worum die Menschen eigentlich ringen. ALBERT CAMUS' Antwort auf diese Angriffe war, daß wir uns solidarisieren sollten, gemeinsam, im Schatten des Todes gegen den Tod, statt ihn, diesen einzigen Feind aller Menschen, zu instrumentalisieren zum Zwecke des Kampfs aller gegen alle.

Wenn es denn feststeht, daß kein einziger von uns länger als auch nur ein paar Jahrzehnte auf dieser Erde weilen wird, worum eigentlich kämpfen wir dann, statt zu sehen, wie hilfsbedürftig und hinfällig wir alle sind, und nähmen uns bei der Hand und kämpften brüderlich gegen unseren alleinigen Gegner, den Tod, und gäben dem Leben seine Würde zurück und sogar seine Schönheit!

CAMUS hörte nicht auf, in seinem kleinen Artikel *«Helena im Exil»* ein mittelmeerisches, fast griechisches Denken wieder zu beschwören, indem er das Spiel von Licht und Schatten über den Gassen seiner Heimatstadt Algier von jedem Blickpunkt aus wahrnahm, geöffnet zum Licht und zum Meer hin, atmend die Brise, die hochströmt am Hang; und so lehrte er die Menschen, daß es ein Unvergleichliches gibt, dessen Zeuge ein jeder einzelne ist. Das Gefühl der Absurdität und der Schönheit gehörten für CAMUS zusammen in einem eigentümlichen Spiel der Sensibilität. Es ist dem Menschen vergönnt, heilig zu werden hier auf Erden, und zwar ohne Gott, in vollständiger Verantwortung und unbedingter Freiheit – nur, es gibt kein Entrinnen.

Camus hat von Dostojewski zur Begründung seiner These im *«Mythos von Sisyphos»* eine längere Passage über eine der Romangestalten des russischen Dichters aufgeboten.

In den *«Dämonen»* hat Dostojewski auf seine Weise in der Gestalt des Kirillow nachgedacht über den Menschen, den Tod und den Atheismus. «Mein Leben lang», erklärt sinngemäß Kirillow, «hat mich Gott gequält.» Und je tiefer er nachbohrt, worin diese Gottesqual liegt, findet er, daß sie einzig gründet in der Angst vor dem Tod: «Der Mensch entwirft sich seinen Gott, weil er Angst hat vor dem Tod. Aber warum hat der Mensch Angst vor dem Tod? Da liegt am Hang ein großer Stein, und der könnte herunterrollen und mich treffen. Davor habe ich Angst. Aber es ist nicht der Tod, den ich fürchte. Es ist der Schmerz, der den Tod einleitet.»

Wenn es möglich wäre, daß die Menschen aufhören würden, den Schmerz des Todes zu fürchten, gäbe es keine Macht der Welt mehr, die sie einschüchtern könnte, die sie zu Sklaven erniedrigen könnte. In diesem Falle würden die Menschen frei. Also beschließt Kirillow, aus pädagogischen Gründen, zur Erziehung der Menschheit, sich selber das Leben zu nehmen, damit die Demonstration möglich werde: kein Mensch braucht den Tod zu fürchten. Ein Mensch, der aufhört, sein Sterbedasein wie eine Zumutung zu erleben, braucht keinen Gott mehr, sondern er wird selber Gott.

Diese Idee des Mensch-Gottes tritt an die Stelle des christlichen Erlösungsmythos. Kirillow bedenkt, daß das Schicksal des Todes für alle Lebewesen das gleiche ist und alles Leben angesichts des Todes gleichwertig. Da kriecht eine Spinne, doch sie zu töten ist genauso grausam und genauso unverantwortlich wie einen Menschen zu töten, oder ist es genauso verdienstvoll, genauso pflichtgemäß wie einen Menschen umzubringen? Wer will das unterscheiden und entscheiden? Die Zeit bleibt gewissermaßen stehen; eine quasi auf den Augenblick ohne jeden weiteren Entwurf, ohne jede Planbarkeit des Lebens zusammengeronnene Zeit geht für Kirillow von Sekunde zu Sekunde dahin, das Leben löst sich auf. Albert Camus gibt diese Erfahrung wieder durch die Kategorie des Augenblicks, ein Wort, das begrifflich entlehnt ist dem Existenzphilosophen Sören Kierkegaard, der mit «Augenblick» die Schnittstelle von Zeit und Ewigkeit bezeichnete. Albert Camus bedient sich Kirillows als eines Kronzeugen für das erste Porträt der heroischen Existenz des Absurden. Er findet sich selbst in dieser Dostojewskischen Gestalt wieder; argumentativ, existentiell, emotional sieht er sich dort vollkommen ausgesprochen. Denn auch *das,* meint Camus, ist die Wahrheit: Der Mensch lebt als Schauspieler, von Augenblick zu Augenblick; er tritt auf die Bühne und redet, und jedes Wort, das er sagt, ist mit dem Schall in der Luft verloren. Nur *der Moment* gehört ihm, nichts wird von ihm bleiben. Auch das ist Teil der Absurdität. Aber es ist möglich, den Augenblick auszukosten, so intensiv, als es nur geht.

Freilich, bei Camus dreht sich das Gefühl des Absurden ins Humane. Es ist für ihn nicht möglich, wie z. B. in der *«Pest»* – am Anfang noch, Tarrou –, die Zeit damit zu verbringen, daß man in einer Kinoschlange sich anstellt, obwohl man ein Billett gar nicht kaufen will. Oder im Wartesaal eines Zahnarztes Platz nimmt mit gesunden Zähnen. Tarrou lernt es nach und nach, an der Seite Dr. Rieux' die Pest zu bekämpfen und um Menschenleben zu ringen.

Der Arzt ist für Camus der Gegenmythos zur Unmenschlichkeit. Ein Mensch tritt für den anderen ein, im Kampf um das Leben gegen den Tod. Einen Sieg indessen werden wir nie gewinnen. *«Der Mythos von Sisyphos»* zeigte das schon im Titel. Es ist möglich, die Pest aus Oran zu vertreiben, aber in den Tüchern, die dem Mediziner bleiben, ist das Wissen mit eingelagert, daß die Seuche wiederkommen wird, irgendwann, und sie ist nur eine Chiffre für all das, was den Menschen bedroht.

Wir haben in der Mitte des 20. Jahrhunderts so ziemlich in jedem Schulunterricht in Deutsch Gedanken dieser Art unsere Kinder gelehrt. Wir sind damit aufgewachsen, unter einem Himmel zu leben, der sich geöffnet hat, der keinen Gott mehr benötigt, vor dem selbst die Frage nach Gott unzeitgemäß geworden zu sein scheint wie ein Gespenst, das sich auflöst bei schärferem Hinsehen.

Eben deswegen ist es mir heute, am Reformationstag, ein Anliegen, mit Dostojewski noch einmal die gleichen Fragen zu stellen, von denen auch Camus sprach, bohrend, suchend, quälend, beängstigend, aber auch tröstend, besänftigend, – eine Logik, ganz wie sie im Werk des Reformators Martin Luther lag: im Konterfei einer gnadenlosen Welt zu reden von der Gnade, im Schatten der Verzweiflung zu sprechen vom Glauben, angesichts der Ausweglosigkeit Orte zu zeigen, an denen Hoffnung blüht.

Wer von Dostojewski spricht, kann nicht über ihn reden, wie man sonst einen literarischen Vortrag über ein bestimmtes Gegenstandsgebiet der Germanistik oder Slawistik halten würde. Es kann aber auch nicht sein, daß wir einfach Dostojewskische Texte zu Gehör bringen, also hier einen Leseabend veranstalten. Dostojewski wollte weder, daß man ihn zitiert, noch daß man über ihn redet, er wollte, daß man sich mit ihm auseinandersetzt. Er wollte uns als Menschen in die Augen schauen, und das war schon der Grund seiner Art, zu schreiben. Es ist berichtet, wie er z. B. in der Schweiz irgendwo auf dem Trottoir plötzlich stehenbleiben konnte und hinter einem Menschen hersah. Wie sah der aus, was war sein Gesicht, wie seine Kleidung, wie sein Gang? All diese Beobachtungen werden Sie später in seinen Romanen wiederfinden, fast stereotyp in der immer gleichen Abfolge: Zunächst das Wohnzimmer, das Interieur, die Einrichtung, dann die Art, sich zu kleiden, dann langsam öffnen die Menschen ihren Mund, doch was sie reden, werden Sie niemals hören auf den Straßen. Kein Mensch bei Dostojewski spricht so, wie Menschen sprechen. Sie alle sprechen so, wie sie reden müßten, wenn sie dabei wären, sich selber zu verstehen oder mindestens verstehen wollten. Die Dostojewskischen Romane sind im Grunde Dramen in Prosa. Die Kraft, die sie vorantreibt, ist der Monolog und der Dialog, wobei beides so ineinander übergeht, daß man kaum weiß: redet hier jemand mit sich selbst oder mit einem anderen, der nur ein Teil seiner selbst ist. Stefan Zweig brachte diesen merkwürdigen Umstand einmal in Betrachtungen über Dostojewski auf die Formel, daß die Menschen, die dieser russische Dichter entwirft, eigentlich gar keinen Körper besitzen; sie kennen keine Müdigkeit, sie kennen keinen Schlaf, sie verbringen eine russische Nacht nach der anderen, grundsätzlich enden ihre Gespräche im Morgenaufgang. Was sie treibt, ist eine Seele, die vollkommen bloßliegt, telepathisch verbunden miteinander sind sie alle. Mitunter verstehen sie schon beim Anblick des Bildes eines Menschen die Seele des anderen ganz. Der «Idiot» etwa, Fürst Myschkin: gleich am Anfang wird ihm ein Medaillon gezeigt von Nastassia Filippowna. Alle halten sie für eine Kokotte, alle amüsieren sich über sie und mit ihr, aber der Fürst, kaum daß er ihr Bild sieht, weiß, sie ist eine, die sich für eine unendliche Scham zu Tode grämt und sich selber schändet aus Schamgefühl, eines der immer wiederkehrenden Dostojewskischen Themen.

Will man einen solchen Menschen in seinem Werk verstehen, dann nur, indem man mit ihm in ein inneres Gespräch eintritt.

Es geschieht, wenn Sie Dostojewski zu lesen anfangen, daß er langsam Platz nimmt in Ihrer Wohnung, er setzt sich immer näher zu Ihnen und redet so, wie wenn Ihr Wohnraum mit einem Spiegelkabinett von Gestalten sich immer mehr beleben würde. In einem flackernden Licht tanzt es vor den Augen Ihrer Seele, und Sie tauchen ein in eine Welt, von der Sie begreifen, daß Sie in ihr immer schon gelebt haben, nur ohne es zu wissen. Dostojewski beginnt Sie zu trösten in den Einsamkeiten, die Sie nie fühlen wollten, in den Abgründen, die Sie verweigert haben anzuschauen, Sie fühlen sich begleitet in den Ungeheuerlichkeiten Ihrer Empfindungen.

Es gibt bei Dostojewski eigentlich nur drei Themen, die immer wiederkehren: die *Armut,* die *Schuld* und der *Tod.* Oder umgekehrt: das Erbarmen, das Verstehen und die Unsterblichkeit der Seele. Antwortet nicht das eine auf das andere, können Menschen nicht existieren, können sie nicht gut sein, vielmehr hören sie auf, Menschen zu sein. Im *«Idioten»* werden die Argumente sich hin bis zum Barbarischen steigern, bis hin zu den Erklärungen, daß ein Mensch, der nicht an Gott glaubt, augenblicklich in den Kannibalismus zurücksinkt. Das alles scheinen zunächst wüste, maßlose Übertreibungen zu sein, Ausgeburten eines echten «russischen» Romanciers. FRIEDRICH NIETZSCHE, der meinte, die Nachwelt werde finden, daß er als Psychologe einzig Dostojewski etwas verdanke, schrieb gleichwohl von den «Gestalten wie aus einem russischen Roman», – kranke, arme Leute, pathologische Charaktere, *die* brauchten Religion. Was Dostojewski indessen zeigen will, ist, daß die Gottesfrage für den Menschen unausweichlich wird, wenn er einmal beginnt, die Welt zu sehen aus der Perspektive der Leidenden, und sich eingesteht, daß es eine andere Welt als die der Leidenden überhaupt nicht gibt.

Die Armut hat für Dostojewski autobiographisch ebenso wie in seinen Romanen zunächst eine sehr materielle Außenseite. Bereits in dem frühen Roman *«Erniedrigte und Beleidigte»*, angelehnt an CHARLES DICKENS' Werk, wird die soziale Kritik oder die soziale Frage entlang des Problems der Armseligkeit, die aus der Armut entwächst, zum Thema Dostojewskis. Die kleine Nelly wird dort geschildert mit ihrem Hündchen Asorka, ein Mädchen, das an der Seite seines Mütterchens keine Chance hat, weder zu leben noch glücklich zu sein. Es wird sterben, dieses Kind, der Machenschaften des skrupellosen, zynischen Walkowsky wegen. Das ist ein Mensch, der an gar nichts glaubt und eben deshalb sich jegliches Recht nimmt. «Selbst wenn die Sintflut hereinbricht», phantasiert er, «werden wir wie Champagnerkorken obenauf schwimmen.» Und er hat recht: solche Leute überleben immer. Aber Dostojewski wird die kleine Nelly sagen lassen, was ihre Mutter gesprochen hat, bevor sie starb: «Es ist keine Sünde, arm zu sein, aber es ist eine Sünde, die Armen zu schänden und zu verachten.»

Das schreibt ein Mann, der sein Leben lang gelitten hat an Armut, ganz anders als sein großer russischer Kontrahent, LEO TOLSTOI, ein Großgrundbesitzer, der die Armut suchte, um Christus nachzufolgen, und wenige Wochen vor seinem Tode denn auch endlich tat, wonach er sich sehnte: Er ließ alles zurück. TOLSTOI hatte sich für die Sozialreform in Rußland, für die Aufteilung des Landbesitzes, für die Beseitigung der Großgrundbesitzer eingesetzt. Von all dem findet sich bei Dostojewski nichts Vergleichbares. Ihm war die Armut auf den Leib geschrieben: Immer auf der Flucht vor seinen Gläubigern, entstehen seine Manuskripte, im Hinterherschreiben hinter den Geldforderungen, die schon kassiert sind, ehe er mit dem Geschriebenen die Gelder überhaupt erst verdient, von denen er leben möchte.

Manche von Ihnen werden die Szene kennen, in der er buchstäblich gerettet wurde: Er hatte den ganzen Sommer verbracht, ohne eine einzige Zeile zu schreiben, wie es doch nötig gewesen wäre, um seine Schulden loszuwerden, die sich schon wie die Hand der Gläubiger um seinen Hals schlossen. Ganze drei Wochen noch hatte er Zeit, und das einzige, wovon er thematisch glaubte, in dem Moment, aus dem Stegreif, etwas schreiben zu können, war das Problem des «Spielers». Er hatte annonciert für jemanden, der ihm nach Diktat das Manuskript erstellen könnte. Und er hatte das unglaubliche Glück, die junge ANNA GRIGORJEWNA zu finden. Der Roman war kaum fertig, als sie beide heirateten. Und sie entführte ihn, einfach weg aus dem Durcheinander. Sie wurde sein innerer Halt. Wie es mit den beiden weiterging, muß ich später noch erzählen, denn die ganze Thematik im Hintergrund hat auch zu tun mit diesen Eindrücken.

Armut als Mangel an Geld wird Dostojewski in seinen Themen bis zu den merkwürdigsten, groteskesten Gestalten seiner Romanfiguren treiben.

Einer seiner späten großen Romane, *«Der Jüngling»* etwa, spielt zeitlich äußerst gedrängt über achthundert Seiten. Es ist sozusagen der längste Roman über den kürzesten Tag, JAMES JOYCE gewissermaßen um ein halbes Jahrhundert vorweggenommen. Es geht um die Gestalt des jungen Arkadij, der beschlossen hat, ein Bettler zu sein, um an der Straße durch das Mitleid von Menschen zu einem Rothschild zu werden – das ist seine Idee. Der Grund für diese Phantasie besteht darin, daß er erkannt hat, Geld sei das einzig Demokratische auf dieser Erde. «Wenn jemand Geld hat», schreibt Dostojewski sinngemäß schon in den *«Dämonen»*, «ist es möglich, jedes Genie abhängig zu machen. Jeder Napoleon wird seine Armee sich bezahlen lassen von denen, die das Geld haben, ein SHAKESPEARE kann seine Bücher nur drucken lassen von denen, die das Geld haben, kein Genie gilt für irgend etwas ohne Geld. Das Geld ist das einzig Demokratische, denn es schafft alle Unterschiede zwischen den Menschen, den Persönlichkeiten, den Begabungen ab und entwertet sie zum Nichtigen. Wer etwas besitzt, kann jeden antreten lassen als seinen Lakaien.» Wenn es so steht, ist es überaus wichtig und kostbar, Geld zu bekommen.

Das alles aber denkt Arkadij nur, wie Dostojewski schreibt, als Vertreter einer «zufälligen Generation von Söhnen». Wersilow, sein Vater, hat ihn zwar gezeugt, dann aber bei seiner Mutter zurückgelassen; als seinen Pflegevater hat er den umherwandernden Pilger Makar Iwanowitsch eingesetzt. Arkadij selbst ist unter diesen Umständen ein Vagabund der Seele und der Gedanken, ein hilflos Suchender, das Kind eines schizophrenen Vaters auf der Suche nach Sinn, doch er wird einen solchen Sinn erst finden, indem er die Armut *in der Seele* der Menschen entdeckt.

Und die nun wird Dostojewskis wahre Genialität.

Die soziale Armut ist für ihn gewissermaßen nur die Haut, die ein Elend überspannt, das in Wirklichkeit aus den Nerven gebildet wird, aus den Gedanken, aus dem Selbstentwurf und der Selbstentwertung der menschlichen Existenz.

Die bohrendste Frage Dostojewskis gilt deshalb nicht dem Problem, wie wir die Menschen durch soziale Gerechtigkeit beglücken können, sondern wie wir den Menschen retten vor dem Abgrund seiner Nichtigkeit, erfahren allzumeist *als Schuld.*

Was Dostojewski da beschreibt, möchte ich Ihnen wiedergeben in einer Staffel von Gestalten.

Nehmen wir aus dem *«Idioten»* die Gestalt des lungenkranken Ippolit. Er ist ein junger Student voller Hoffnungen, voller Begabungen, mit hohen Erwartungen an sich selber. «Ich», spricht er, «hätte etwas tun können, die Menschheit zu beglücken. Ich hatte so hohe Vorstellungen vom Leben.» Aber Ippolit ist lungenkrank auf den Tod, und die Ärzte bescheinigen ihm, daß er nur noch wenige Wochen überhaupt zu leben hat. In seiner Tasche trägt er stets den Revolver mit. Und also philosophiert Ippolit sinngemäß: «Was denn hängt davon ab, wenn ich heute noch, statt mich selber umzubringen, einen Mord begehe? Ich würde entsprechend der Gerechtigkeit des Staates und des Weltenlaufes warm beheizt, wohlgenährt in irgendeinem Gefängnis die letzten Tage meines Lebens verbringen. Und was käme darauf an! Ich muß mich wundern, daß diese so lächerliche Idee nicht in den meisten Köpfen längst Fuß gefaßt hat. Es ist möglich, das Leben eines Menschen straflos auszulöschen, weil die Strafe der Gerechtigkeit einen Menschen gar nicht mehr erreichen kann, der vom Tode gezeichnet ist. Es ist die Natur selber, die den Menschen aburteilt. Ich selber werde in dieser Welt nicht einmal Spuren hinterlassen haben, keine Idee, die ich hätte verbreiten können, nichts, nicht einmal einen Fußabdruck. Ich werde vergehen, wie wenn es mich nie gegeben hätte.» Eines Nachts in einem Alptraum sieht Ippolit vor sich, wie ein schwer beschreibbares Ungeheuer in seinen Raum eindringt. Es ist ein braunes Tier, etwa 20 cm lang, am Kopf sehr dick, dann immer schmaler werdend, sehr behend. Ippolit hat große Angst; er möchte in sein Bett flüchten, aber er nimmt wahr, daß das Tier unter den Schrank, unter den Tisch, auch unter sein Bett kommen könnte. In dem Moment tritt seine Mutter ein mit einem Kind. Die Mutter führt einen Hund bei sich, der sich kläffend auf dieses Unwesen stürzt. Es öffnet sein riesiges Maul, schnappt nach diesem tarantelähnlichen Wesen, das aber verbeißt sich in seine Zunge, weißer Saft läuft aus, – eine ekelhafte, scheußliche Szene, mit der Ippolit aufwacht.

Lesen wir hundert Jahre nach Dostojewski diesen Traum mit den Augen der Psychoanalyse, müßten wir denken, wir hätten hier die Vision eines schweren Kastrationskomplexes vor uns: ein koitales Symbol, die Vereinigung von Mann und Frau als eine grausige, sadistische Phantasie. Und wir begreifen plötzlich, daß Dostojewski als Mensch und als Dichter hinter der Angst Ippolits vor dem Tod eine ganz andere Angst wahrnimmt, die darin gründet, das Leben zu fürchten, weil die Liebe furchtbar ist und die Annäherung zwischen Mann und Frau als etwas zutiefst Bedrohliches empfunden wird. Ippolit ist ein Einsamer, weil er die Liebe fürchtet. Die Frage lautet deshalb: Wie beantwortet man die Todesangst eines Menschen, außer, man verleiht ihm einen Wert, den er als Individuum besitzt, und wie geht das anders, außer, man gewinnt ihn lieb und versucht, ihn gegen den Tod anzulieben? Jedoch, ist eine solche Möglichkeit überhaupt vorstellbar?

Dostojewski steigert gewissermaßen den Einsatz dieser Thematik, indem er als Herausgeber des *«Tagebuchs eines Schriftstellers»* im Jahre 1876 dieselbe Problematik noch mal aufgreift, eigentlich, um sein Publikum, seine Leserschaft herauszufordern. Er schildert dort einen jungen Mann, einen Studenten, der über sein Leben und seine Situation in der Welt etwa wie folgt nachdenkt: «Ich leugne nicht, daß es womöglich ein unsterbliches Leben und einen Gott gibt, aber ich selber bin meiner bewußt geworden als ein erkennendes Wesen und also unglücklich, denn ich erkenne, daß die Natur, die mich hervorgebracht hat, mich weder meint noch will. Sie hat mich zum Tode verurteilt, mich, ein Wesen, das nie beschlossen hat, zu existieren. Da ich nicht gefragt wurde, ob ich leben will, kann ich mindestens beschließen, wann ich sterben will. An dieser Stelle pflegt man mich zu trösten mit der Anweisung, ich solle doch mein Leben für etwas Nützliches einsetzen, aber ich frage Sie, was denn das ist, das Nützliche? Das Leben besteht darin, zu essen, ein Nest einzurichten und neue Bewohner auf die Welt zu schicken. Also besteht das Leben wesentlich im Rauben und im Schmutzen, und selbst wer sagen würde, Essen in unserer kultivierten, fortgeschrittenen Gesellschaft sei noch nicht identisch mit Rauben, dem muß man sagen: Der Kreislauf des Raubens und Schmutzens wird kein Ende finden! Und selbst wenn es nicht so wäre, selbst wenn wir zugehen würden auf eine spätere Gesellschaft, die wohlgeordnet ist, in der alle Menschen glücklich sind, fände man denn dann wohl eine Antwort auf den unsäglichen Schmerz, der nötig war, um diese prachtvolle Zukunft zu ermöglichen? Ja, und selbst wenn es eine Welt gäbe, in der alle Menschen glücklich wären, werden wir erleben, daß die Natur selber all das wieder in die gleiche Null zurückverwandelt.»

Diese vollkommene Sinnlosigkeit des Todes im Leben jedes einzelnen, jeder Generation und sogar der ganzen Menschheit treibt diesen jungen Studenten dahin, Anklage zu führen gegen die gesamte Natur und sie wegen ihrer erwiesenen Unmenschlichkeit zum Tode zu verurteilen, gleichzeitig mit sich selbst. «Da ich aber die Natur nicht zum Tode verurteilen kann, beschließe ich allein, meinem Leben ein Ende zu setzen. Ich gebe die Eintrittskarte ins Leben zurück.»

Wenn wir eingangs sprachen von der Vision ALBERT CAMUS', sich zu engagieren als Arzt gegen den Tod, zum Nutzen und zum Glück der Menschen, begreifen Sie plötzlich die ganz und gar veränderte Sehweise Dostojewskis. Die Lösung für Dostojewski kann nicht darin bestehen, daß wir in die Rolle des Arztes flüchten, also dessen, der das Leid bekämpft. Bei Dostojewski werden der Leidende und der Arzt vollkommen identisch – ein Thema, wie wir es in FRANZ KAFKAS *«Landarzt»* finden: Es gibt keinen Unterschied zwischen Patient und Arzt, und so ist es unmöglich, daß wir gewissermaßen als Ritter der Menschlichkeit in die Welt reiten könnten, wie auf dem DÜRERschen Bild von *Ritter, Tod und Teufel* gewissermaßen. Die Menschen leiden an dem Tod, und daran gehen gerade diejenigen ihrer Kräfte förmlich zugrunde, mit denen sie den Widerstand aufbringen könnten, sich zu solidarisieren.

Kaum geschrieben, fielen die Rezensenten über Dostojewski her. Ein gewisser Herr ENPE – in der Wochenschrift *«Die Unterhaltung»*, tatsächlich schon so genannt! – revoltierte gegen den Aufruhr Dostojewskis: was das für ein Typ von Student sei in unseren Tagen! «Es gibt», sprach er, «Selbstmorde mit Betrachtung und solche ohne Betrachtung. Selbstmorde mit Betrachtung waren früher häufiger als jetzt. Jetzt kommen sie kaum noch vor, und selbst wenn sie vorkommen, sind sie nichts weiter als ein Beweis für den Egoismus ihrer Täter. Jetzt nämlich leben wir in einem Zeitalter der gußeisernen Begriffe, der aufrechten Fahnen, der starken Charaktere. Der Autor aber der *‹Dämonen›*, der einen solchen Studenten erfindet, o diese Falstaffs, o diese Ritter auf Stelzen.»

Dostojewski, gleich in der nächsten Ausgabe seines *«Tagebuchs»*, nahm sich Herrn ENPE vor und argumentierte gegen ihn jetzt so – es wird die innere Achse von allem bilden, was wir heute abend auszubreiten haben: – ob denn nicht zu merken sei, daß dieser junge Student, weit entfernt, ein Egoist zu sein, in Wirklichkeit ein Verzweifelter sei, eine hochherzige Seele, die ringe um einen Sinn, den sie nicht finde. «Kann es nicht sein», schreibt Dostojewski sinngemäß, «daß Eltern, die ein Kind lieben, es aber in ihrer Armut nicht erziehen können, beginnen werden, es zu hassen? Das natürlich werden die Leute mit den gußeisernen Begriffen nicht verstehen. Ich aber behaupte, daß es sich immer wieder so verhält. Der junge Student möchte die Welt erlösen, aber er findet, daß sie nicht zu erlösen ist. Nicht einmal, wenn er sich opfert, was er gerne täte für ein zukünftiges Glück der Menschheit, ist in Zukunft das Glück der Menschheit zu retten.»

Es ist in all den Überlegungen dieses Studenten nicht ein einziger Fehler enthalten, bis auf eine Voraussetzung, über die er nicht nachdenkt, die aber er, Dostojewski, unbedingt herausdestillieren möchte. Die ganze Selbstmordphantasie seines «Studenten» wird aufgeboten eines Postulats wegen, das selber in dem ersten Artikel nicht genannt, jetzt aber offen ausgesprochen wird: Der «Fehler» des Studenten besteht darin, daß er nicht glauben kann, ja, gar nicht einmal denken konnte, daß es die Unsterblichkeit der Seele geben könnte. «Werdet Ihr die den Menschen nehmen, raubt Ihr ihnen alles.» Dostojewskis Grund, daß ein Mensch sich versöhnen könne mit sich selbst inmitten einer Welt, die den Tod hervorbringt, unausweichlich, planungsvoll, berechnend, ist dieses Vertrauen, diese Hoffnung, jeder einzelne Mensch sei bestimmt für etwas Unendliches. Keine Lösung auf Erden, aber alles möglich auf Erden unter dieser Perspektive, – das ist die Überzeugung Dostojewskis. Er flicht diese Überzeugung heraus als ein Rettungsseil gegen den Abgrund des Elends. Die Naturwissenschaften mögen erklären, daß das Leben auf diesem Planeten unter den Mangelbedingungen der Energie nie etwas anderes sein könne als Fressen und Gefressenwerden. Mag das «EUKLIDisch» vernünftig sein, mag das wissenschaftlich sein, mag es biologisch ganz unausweichlich sein, so werden Leute von der Art dieses Studenten, so werden die Dostojewskischen Menschen sich dennoch weigern, in dieses Fressen und Gefressenwerden einzustimmen. Sie werden den Appetit verlieren am Fressen und Gefressenwerden. Sie werden diese Arkadijs oder diese Iwan Karamasows werden, die etwas suchen, das es auf Erden durchaus nicht gibt außerhalb der Vision von Unsterblichkeit.

Prüfen wir diese Idee Dostojewskis an einer Reihe seiner Folgegestalten. Wir sehen in den *«Brüdern Karamasow»* eine Schar von

Pilgern wandern zu dem Starez Sosima, dem Lehrer des jungen Aljoscha, unter ihnen Leute wie jenen philanthropischen Arzt, der erklärt: «Ich bin entzündet von einer großen Liebe zur Menschheit; allein es verhält sich mit mir so, daß, je mehr ich entflamme in der Liebe zur Menschheit, ich um so mehr den Menschen zu hassen beginne, der gerade vor mir steht. Und je mehr ich ihn hasse, desto mehr entzündet sich für mich die Begeisterung an der Menschheit im allgemeinen.»

In dem Hexenkessel solcher Gedanken taucht auch eine Frau, «eine vornehme Dame», auf, wie Dostojewski sie nennt, und sie fragt erschüttert den Starez, ob er denn glaube an die Unsterblichkeit. «So merkwürdige Gedanken sind jetzt in Verbreitung», erklärt sie, «daß auf dem Grab nichts weiter sein werde, als daß die Klette wachse. Das ist doch ungeheuerlich, wie kann denn ein Mensch damit leben? Aber wie kann ich glauben an Unsterblichkeit?» Starez Sosima fordert die Dame auf, sie möge nicht versuchen, an irgend etwas zu glauben, sie möge sich vielmehr der tätigen Liebe an der Seite von Menschen widmen, «denn durch werktätige Liebe», verspricht Starez Sosima, «wirst du selber sehr bald überzeugt sein von der Unsterblichkeit des menschlichen Lebens.»

Was bei Dostojewski an dieser Stelle nicht ausgesprochen wird, ist ungefähr dies: Man kann über das Schicksal der Menschheit im allgemeinen und sogar über die Vorstellung vom Schicksal vieler einzelner sehr nihilistisch und zynisch dahinreden, aber es ist völlig unmöglich, zynisch zu bleiben, wenn es denn gilt, auch nur einen einzelnen Kranken zu pflegen oder ein einzelnes armes krankes Kind wie die Nelly. Sobald man sich einläßt auf eines Menschen wirkliche Not, beginnen alle Gedanken sich zu ändern. Das aber ist es, was am Ende womöglich auch einen Ippolit erlösen und befreien könnte, einen Menschen, der die Liebe förmlich fürchtet.

Wie kann es sein, daß der Selbsthaß angesichts des Abgrunds der Nichtigkeit unserer Existenz verschmilzt mit einem Gegenüber der Liebe?

Diese Frage rankt Dostojewski wie einen Brückenbau über die Thematik der *Schuld*.

Setzen wir, um es richtig zu verstehen, Dostojewski noch einmal ALBERT CAMUS gegenüber: Man hat Dostojewski psychoanalytisch bescheinigt, daß er über die Phantasie eines Massenmörders verfüge – THEODOR REIK drückte sich so aus. Davon ist so viel wahr, daß es keinen einzigen Roman Dostojewskis gibt, in dem nicht mehrere Menschen durch Gewalt das Leben lassen. Auch bei ALBERT CAMUS hörten wir, daß die Frage nach dem Mord, nach dem Töten, eine große Rolle spielte. Aber schauen Sie durch das Werk ALBERT CAMUS', so finden Sie eigentlich nur *drei* Motive, die den Menschen zum Töten, zum Mord an anderen Menschen treiben: Da ist in dem frühen Roman *«Der Fremde»* vor allem *die Zufälligkeit,* die einen Gleichgültigen heimsucht. In *«L'étranger»* haben wir einen Mann vor uns, der, weil aufgefordert, eigentlich ohne weitere Absicht, an einem glühendheißen Strand mit einer Pistole steht, aus der sich ein Schuß löst, – er hat dabei überhaupt kein Gefühl, er hat durchaus keinen Mord begehen wollen. Es ist die Absurdität, mit der das ganze Leben imprägniert ist, die diesen Mord am Ende zustande kommen läßt, eine Tat ohne Täter – so bei CAMUS.

Ein Stück weiter finden wir den *zynischen* Mord, dargestellt in *«Kaiser Caligula».* «Die Menschen sterben, und sie sind nicht glücklich.» Wenn das so ist, kommt es auf sie nicht weiter an.

Das *dritte* Motiv findet sich in dem Drama *«Die Gerechten»:* Da geht es um die Bewegung der Volksfreunde, der Narodniki, um 1905. Attentate gegen das zaristische Regime, gegen die Tyrannei der Macht, werden geplant zur Befreiung des Volkes, das in Dumpfheit und Armut gehalten wird. Aber: Darf man eine Bombe werfen auf die Kalesche des Zaren? Darf man es, wenn darinnen die Frau des Zaren oder sein Kind sitzt? Darf man es, wenn man wie zur Sühne für das Verbrechen beschließt, selbst mit der Bombe zu sterben, und opfert sein Leben für den Tod?

So tatsächlich gehen die Gedanken der Narodniki, die CAMUS aufgreift in den *«Gerechten»*, daß ja nur die Gebildeten den Unterschied zwischen Schuld und Unschuld überhaupt machen könnten; nicht das einfache Volk wird begreifen, daß ein Mord Schuld ist, einzig die moralisch entwickelteren Charaktere; *die* aber verdanken ihre Erziehung und Entwicklung der Ausbeutung der Armen. Sie müssen also in ihrem revolutionären Mord ihre Unschuld opfern, um die Schuld ihrer amoralischen Entscheidungsfähigkeit zu sühnen. Mit solchen Gedanken setzte sich CAMUS in seinem Drama auseinander, um dem *«Menschen in der Revolte»* noch einmal jetzt an einem konkreten historischen Schicksal zu begegnen und die Legitimation des Terrors zu widerlegen. *«Die Gerechten»* sind die Ungerechten. Die absolute Forderung in der menschlichen Geschichte ist selber unmenschlich. So bei CAMUS; dies die Probleme des französischen Existentialisten.

Ich gebe dieses Beispiel, um Ihnen die völlig andere, erneut konträr entgegengesetzte Weltsicht bei Dostojewski zu schildern.

Sowenig Sie bei ihm die Möglichkeit finden, den Arzt gegenüber dem Patienten ans Bett treten zu lassen, sowenig können Sie bei ihm ein Mordmotiv finden, das gewissermaßen in der Rettung anderer seinen Grund fände, oder das verübt würde im Gefälle der Herrschaft der Mächtigen über die im Grunde gleichgültigen Untertanen. Für Dostojewski ergibt sich die Frage nach Mord und Selbstmord, Leben und Tod, auf dem Hintergrund, daß wir selber als Menschen uns gleichgültig werden können, bis zum äußersten sogar gleichgültig werden müssen. Und die Frage ist nur, wie wir damit leben können.

Ganz so lautet die Frage des Menschen in den *«Aufzeichnungen aus dem Kellerloch»*, eines Mannes, der nicht leben will und nicht leben kann, der aber erklärt, daß Leute seiner Art auf Erden nicht aufhören zu existieren, – der Tod wird sie, schon um sie zu bestrafen, erst sehr spät erreichen. Sein ganzes Dasein ist ein «Leben im Nagen». Ein Mensch, der seit Kindertagen, auf dem Schulhof schon, sich verachtet fühlte, haust wie ein Gefangener in den Alpträumen seiner Angst, seiner Schande, seines Hasses auf sich selbst. Parallel zu dieser Geschichte in den *«Aufzeichnungen aus dem Kellerloch»* erfindet Dostojewski einen seiner größten Romane: *«Schuld und Sühne»*. In der Gestalt des Rodion Raskolnikow schildert er einen jungen Studenten, der äußerlich leidet unter *seiner* Armut und der Armut seiner Familie. Er hat miterlebt, wie man seine eigene Schwester verkaufen will, lediglich, um die Misere finanziell zu überbrükken, in die die Familie schuldlos geraten ist. Rodion haßt den Mann zutiefst, der seine Schwester erniedrigen will und sie einkauft wie einen Gegenstand. Aber viel tiefer geht für Raskolnikow die Frage nach der inneren Armut und Armseligkeit seiner Existenz. Seine Phantasie beschäftigt sich unablässig mit der Frage, was denn Recht und Gerechtigkeit eigentlich sei. Ist nicht das Recht – wie FRIEDRICH NIETZSCHE gesagt hätte – nur die Festsetzung der Macht? Sind nicht die Gesetze lediglich erlassen, die starken Charaktere zu binden, gewissermaßen das Ressentiment der Menge festzusetzen gegen die großen Individuen der Geschichte? Schaut man genau hin, wer denn die sind, die man «groß» nennt in den Geschichtsbüchern von ALEXANDER DEM GROSSEN bis hin zu NAPOELON, findet man dann nicht immer wieder Menschen, die die Grenzen überschritten haben? Bestand nicht ihre Größe gerade darin, daß sie alle Gesetze, die erlassen wurden, für ungültig erklärt haben? Ein Mann wie NAPOLEON wird selbst nach der Schlacht bei Wilna, wenn Tausende für ihn gestorben sind, völlig sinnlos, das Champagnerglas erheben auf einen Toast – so sind sie! Also erklärt Rodion sinngemäß schließlich der Dirne Sonja: «Ich stand vor der Frage, was denn ein Napoleon gemacht hätte, bevor ihm Toulon gehörte oder Ägypten? Nehmen wir an, er hätte zum Gewinn von Toulon oder Ägypten irgendein Nichts, eine Konsistorialrätin, vernichten müssen, versteh' mich recht, seines Fortkommens wegen, hätte er denn auch nur einen einzigen Augenblick gezögert, es zu tun? Hätte er sich nicht schon geschämt, auch nur Skrupel zu haben bei dem Gedanken, unbedingt gerade das tun zu müssen?»

Rodion Raskolnikows Frage drängt sich in seiner Absteige von Wohnraum, im Milieu äußerster Armut, unabweisbar auf, und sie geht dahin, ob er selbst als Kakerlak sich fühlt oder ob er ein Mensch wird. Ein Mensch, – das bedeutet für ihn, selber die Gesetze setzen zu können, statt sich durch sie festsetzen zu lassen. Also wird er hingehen und sich zwingen zum Mord, einfach um die Gleichgültigkeit des Lebens anderer Kakerlaken sich zu beweisen und sich selbst als bedeutend, als Menschen, zu entwerfen. Was Raskolnikow dabei tut, hat Dostojewski aufs tiefste mitempfunden in dem Traum, den er der Tat voranschickt. Nicht nur, daß Raskolnikow sich von der Brücke stürzen möchte, daß er sich selbst das Leben nehmen möchte, – es ist, daß er wenig zuvor, ehe er zwei alte Frauen mit der Axt erschlägt, sich selbst, einen Jungen, ein Kind noch, an der Hand eines Mannes, seines Vaters, gehen sieht, und auf der Straße ein Pferd, rehbraun, kleinwüchsig und schön, mit sehr sanften Augen, aber daneben ein Kutscher, der auf es einprügelt, mit einer Brechstange auf es einprügelt; der kleine Junge fleht seinen Vater an: «Vater, sie schlagen das Pferdchen.» Aber der Vater kann nichts tun. In dem Moment schlägt dieser wütende Kutscher dem Pferd das Rückgrat entzwei.

Rodion Raskolnikow wird zum Mörder, will dieser Traum sagen, indem er sich selbst doppelt umbringt. Er vernichtet sich moralisch, um einer bestimmten genialischen Wahnidee von Moralität wegen, und er vernichtet das bettelnde Kind in sich seiner fiktiven Überlegenheit wegen. Er verdrängt jegliches Gefühl. Der Untersuchungsrichter Porfirij Petrowitsch wird später sagen: «Dies ist ein ganz modernes Verbrechen, ausgeübt von jemandem, der von Gedanken gezogen wurde. Er stand wie auf einem hohen Turm, aber dann, durch seine eigenen Gedanken fasziniert, wurde er schwindelig und stürzte ab.»

Die Frage stellt sich jetzt: Wie kann man Menschen buchstäblich *erlösen* von der Dynamik in einer Welt solchen Leids, solcher Vergeblichkeit, einer Nichtigkeit, die sie nötigt, bis zur Vernichtung ihrer selbst und anderer zu schreiten?

Die Antwort, die Dostojewski in dem Roman *«Schuld und Sühne»* darauf zu geben versucht, wird auf zwei Personen verteilt. Da ist zum einen dieser noch junge, Ende der Dreißig stehende Untersuchungsrichter, der sich selber immer wieder als überaltert, als dickbäuchig, als ganz abgetan und behäbig schildert, gewissermaßen ein weise Gewordener am Elend, das er zu sehen bekam. Porfirij ahnt genau, daß Rodion Raskolnikow der Mörder ist, aber er weigert sich, als Untersuchungsrichter die Verhaftung vorzunehmen. Er möchte, daß der junge Student seine eigene Schuld allererst kennenlernt, sie sich selber eingesteht, um sie dann zu gestehen.

Dostojewski versucht in dem Roman *«Schuld und Sühne»,* die normale Logik eines staatlichen oder kirchlichen Gerichtsprozesses aufs äußerste ins Absurde zu setzen. Menschen stehen da und richten über Menschen, aber die so Betroffenen wissen gar nicht, wofür sie gerichtet werden. Sie sehen in der staatlichen Gewalt nichts weiter als ein Herrschaftsinstrument. Folglich muß es darum gehen, den Delinquenten, den Schuldiggewordenen allererst bis dahin zu begleiten, daß er sich selbst in der Ungeheuerlichkeit seines Tuns begreift.

Das aber geschieht entscheidend erst in einer anderen Verlorenen, in der Tochter des Alkoholikers Marmeladow, der jungen Sonja. Marmeladow hat sie auf die Straße geschickt, 16jährig, um für ihre lungenkranke Mutter Katharina und für ihre Geschwister Geld zu verdienen. Als sie nach Hause kommt am ersten Abend und sich aufs Lager wirft, hat Katharina ihre Füße geküßt, «Golubka, mein Täubchen», hat sie gestammelt; er aber hat nicht nur ihre Schuhe versetzt, was in der Welt, in der er lebt, gewissermaßen noch in der natürlichen Ordnung der Dinge geblieben wäre, sondern sogar ihre Strümpfe. Und mit den Kopeken ist er hingegangen, alles zu vertrinken. Diese sich opfernde Sonja begegnet Raskolnikow. Sie ist diejenige, die mit einer der ermordeten Frauen, mit Lisawjeta, einer Gottesnärrin wie sie selbst, die Bibel gelesen hat. Schon Porfirij Petrowitsch hat den jungen Studenten gefragt: «Glauben Sie an die Auferweckung des Lazarus (im 11. Kapitel des *Johannes*-Evangeliums) ganz wörtlich? Glauben Sie?» Irgendwann sinnt Raskolnikow darüber nach, was aus Sonja werden könnte. Sie hat nur drei Möglichkeiten, denkt er: Entweder sie wird wahnsinnig werden, oder sie wird in den Kanal springen, oder sie wird zu einer richtigen Dirne und sich identifizieren mit der Unzucht, die das Herz versteint und den Geist betäubt – eins von den dreien. Physisch, moralisch oder geistig wird sie vernichtet sein. Einen anderen Weg kann es überhaupt nicht geben. Sonja aber lebt von einem Geheimnis, und das ist diese Geschichte von der Auferweckung des Lazarus. Die liest sie, die Dirne, dem Mörder vor: «Da ist jemand krank und liegt drei Tage im Sarg und stinkt bereits. Er aber tritt an das Grab und ruft laut hinein: ‹Lazarus, komm heraus!› Und zu den Umstehenden spricht er: ‹Bindet ihn los.›» Mehr kann Sonja nicht vorlesen und will sie auch an diesem Abend nicht lesen.

Sie aber begreifen beim Lesen dieser Szene, daß Dostojewski den Glauben an die Unsterblichkeit, buchstäblich wie die alten Kirchenväter ihr *pharmacon athanasias,* als Medikament des ewigen Lebens setzen möchte gegen die Verzweiflung am Leben in dieser Endlichkeit. «Es gibt für dich», wird Sonja später sagen, «Rodion, nur eine einzige Lösung: du mußt niederknien und die Erde küssen und offen sagen, was du getan hast.» Sie wird ihn begleiten nach Sibirien, so wie es im zaristischen Rußland möglich war: Wenn irgend jemand zum Dorf hinaus in den Ostrog geschickt wurde, konnten die Frauen am Dorfrand stehen, küßten dem zum Mörder Gewordenen die Hände und bekreuzigten sich tief. Denn, dachten sie, dieser hat ja nur stellvertretend für uns die Schuld auf sich genommen.

«So mußt du denken», sagt Sosima einmal in den *«Brüdern Karamasow»* zu Aljoscha, «wenn du jemanden siehst, der etwas Furchtbares getan hat: Wenn denn ich ein Heiliger wäre, könnte es denn dann sein, daß er dieses getan hätte?»

Alle «Schuld» im Strafrecht der Menschen dient lediglich dazu, Menschen auseinanderzureißen: hier sind die Unschuldigen, da sind die Schuldigen, hier die Guten, da die Bösen, hier die Bürger, da die Kriminellen, hier die Ordentlichen, da die Verbrecher, und die «Gerechtigkeit» ist nichts als der Stacheldraht zwischen den Menschen, ist das eiserne Gitter vor den Gefängnistoren, und immer ist es dabei den «Guten» klar, daß man sich auf Gott berufen muß, daß man sich auf die Moral berufen muß, um den Menschen «gut» zu machen. Und stets sitzt der eine zu Gericht über den anderen. Wie aber, wenn das alles gar nicht geht, wenn die Menschheit sich nicht teilen läßt zwischen Arzt und Patient, zwischen Rettenden und Verzweifelten, wenn sie alle ein und derselbe sind, die Mörder und die Selbstmörder und die Hoffenden, das heißt die langsam zur Liebe Reifenden? Dann gibt es keine Trennung unter den Menschen, sondern alle Schuld ist nur eine tiefere Anfrage, was denn in Menschen vor sich geht, wenn sie schuldig werden, und anders kann es gar nie sein, als sich in der Schuld des anderen gefragt zu sehen nach sich selbst.

In dem *«Traum eines lächerlichen Menschen»* schildert Dostojewski einmal einen Menschen, der, als er nach einem Abendspaziergang nach Hause zurückkehrt, unbedingt sich das Leben nehmen möchte. Aber noch bevor er das tut, schläft er erschöpft ein, und da träumt er, auf einem fremden Planeten zu sein, auf dem alle ganz glücklich sind, nur er, durch eine einzige Lüge, wird das Glück dieses ganzen Planeten zerstören. Wenn es so steht, daß alle Menschenschuld bei mir selbst beginnt, gibt es nichts mehr zu richten, nichts mehr zu urteilen, nur noch zu verstehen.

Damit Sie diesen entscheidenden Gedanken wirklich begreifen, muß ich Dostojewski wohl noch ein wenig biographisch schildern. Es gibt in seinem Leben zwei große Schlüsselerlebnisse, das erste davon spielt, als er gerade 29 Jahre alt war. Er hatte unmittelbar nach seinem frühen Roman *«Arme Leute»*, einem Briefroman, – weil er den «Westlern» zugerechnet wurde –, mit politischer Verfolgung zu rechnen; er wurde inhaftiert in der Peter-und-Pauls-Festung und zum Tode verurteilt. Man erlaubte sich ein Possenstück: Man ließ ihn mitsamt den anderen Angeklagten an den Pfahl binden, die Augen mit der Binde umschnüren, man ließ anlegen und den Schießbefehl erteilen, nur um im letzten Moment die Begnadigung auszusprechen. Eine unglaubliche Farce, die aber Dostojewski sein Leben lang, merkwürdigerweise, dankbar gemacht hat für den Zaren. SIGMUND FREUD hat später gemeint, darin den Ausdruck des Kastrationskomplexes bei Dostojewski erkennen zu sollen: Er wurde von einem kritischen Menschen zu einem autoritätshörigen. Doch diese Auffassung ist nur teilrichtig. Denn die wirkliche Entwicklung Dostojewskis geschah im Ostrog in Sibirien, wohin er auf vier Jahre verurteilt wurde. Es war eine eigentümliche Entwicklung, die er dort durchmachte. Dostojewski wird das menschliche Rechtswesen, die Justiz, immer wieder als Unrecht bezeichnen, schon einfach deshalb, weil sie nach ihren blinden Paragraphen für eine Tat die Länge von Strafen festsetzt, dabei aber nicht sieht, daß z. B. zwei Jahre Sibirien für einen sensiblen Menschen eine Hölle auf unendliches Zeitmaß bedeuten können, während ein roher Charakter die Ortsveränderung kaum bemerkt. Dostojewski, mit einem Wort, leidet im Ostrog unter den Menschen, unter denen er lebt. Er läßt sich ihre Geschichten erzählen, es sind Mörder dabei, mehrfache Mörder. Manche von ihnen haben die Frau umgebracht, die sie am meisten liebten, und sie wissen dafür kaum einen Grund. Entsetzliche Dinge haben sie getan, und Dostojewski ist dabei, sie alle zu verachten. Da geschieht es am zweiten Ostertag, daß Dostojewski, auf der Pritsche liegend, sich erinnert an eine Kinderbegebenheit. Er war etwa acht Jahre alt, als er an einem heißen Sommerabend durch die Maisfelder lief und hörte, daß jemand schrie: «Ein Wolf kommt.» Und er selber, davon so erschrocken, lief und lief: «Der Wolf, der Wolf!», als der Bauer Marei ihm entgegenkam. «Jungchen», hat er gesagt, «hast du eine Angst», und hat ein Kreuz mit seinem erdbeschmutzten Daumen auf seine Stirn gestreichelt. «Und Christus behüte dich», hat er gesagt.

An diesem Ostermorgen beginnt Dostojewski darüber nachzudenken, ob denn dieser glattrasierte, pockennarbige Kerl, der da neben ihm sitzt, nicht auch so ein Bauer Marei sein könnte. «Kann ich denn in seine Seele schauen? Ist er denn ein Verächtlicher, nur weil er nicht Bücher liest und schreibt?» Später wird Dostojewski sagen: «Das ganze russische Volk halten sie für ungebildet und schon deshalb für unchristlich. Ich aber sage, dieses Volk hat in den Jahrhunderten seines Leids Christum kennengelernt.»

Das ist, was Dostojewski in Sibirien lernt, seine erste Auferstehung: Es gibt nichts mehr, was man Menschen vorwerfen könnte, es gibt nur noch ein Suchen nach Verständnis, um selbst dem Verbrecher sein menschliches Antlitz zurückzugeben. Den anderen zu verstehen ist stets identisch damit, sich selber zu verstehen. Dostojewski wird deshalb die Trennung zwischen dem Heiligen und dem Sünder auf immer verwerfen; stets wird ihn sein psychologisches und dichterisches Genie an einer solchen Zweiteilung hindern.

Das schlimmste oder je nachdem großartigste Beispiel dafür ist *«Der Idiot»*.

Fürst Myschkin soll das Porträt eines Christus unter uns sein, eines Narren, eines Gottesnarren, eines reinen Menschen in unseren Tagen, der unfähig ist zu jeglicher Gewalt und sie durch Verstehen ersetzt. Psychoanalytisch könnte man sagen, die latente Mordabsicht, den anderen zu vernichten aus Verachtung, sei bei Dostojewski in dieser Figur seit jenem Erlebnis vom zweiten Ostertag in den Willen umgeschlagen, zu verstehen und die «Aggression» im wörtlichen Sinn zu nutzen, um in seine Seele einzudringen und sie von innen her zu begreifen, statt sie zu zerstören. Fürst Myschkin jedenfalls ist ein solcher Mensch, der vollkommen «sanft» ist, und Dostojewski spürt den Grund dafür in gerade dieser Weise äußersten Kontrastes: Er, der Epileptiker, wird vor jedem schweren Anfall in eine Aura vollkommener Harmonie versetzt werden. Alle Aggression ist in der Epilepsie restlos verdrängt und ersetzt worden durch ein Gefühl der Weltumarmung, durch einen solchen Zustand des Glücks, daß der «Idiot» sich fragt, wenn doch dies Krankheit sei, ob denn dann das Glück, das sie begleite, nicht schon ein Erweis für ihre Menschlichkeit und in gewissem Sinne auch für ihre Gesundheit sei. Dostojewski aber erfindet nun parallel zum *«Idioten»* die Gestalt des Parfen Rogoshin, eines Wüstlings, eines Mörders. Beide, der Heilige wie der Mörder, weiß Dostojewski, sind im Grund ein und derselbe: Sie tauschen das gleiche Kreuz, sie lieben die gleiche Frau, und sie werden schließlich beide am Katafalk ihres Sarges stehen, und auch Fürst Myschkin wird schuldig an ihrer Ermordung sein, weil er, statt die junge Aglaja zu lieben, die Frau retten wollte, die er im Grunde selber in seinem «Bruder» Rogoshin bedrohte, er selber ein tragisches Beispiel der Unmöglichkeit menschlicher Erlösung im Zustand innerer Zerrissenheit. Welch einen Ausweg gibt es unter solchen Umständen noch? Schlimmer als *«Der Idiot»* endet, kann ein Roman nicht enden: das Scheitern des Christus, nicht indem er gekreuzigt wird, sondern indem der Mensch auf der Schlachtbank endet, der durch ihn gerettet werden soll!

Bis heute habe ich keine Interpretation dieses großen russischen Romans auf diese äußerste Verzweiflung hin gefunden. Die meist christlichen Rezensenten schwärmen von der Christusmystik des *«Idioten»*, wer aber beantwortet Dostojewskis eigene Frage, die da all die Zeit LUTHERisch lautet: Kann ein Menschen ohne Gott gut sein? Kann man mit Gott gut sein? Ist die Erlösung des Christus überhaupt auf uns Menschen anwendbar?

Es gibt zur Beantwortung dieser Frage, als Zusammenfassung gewissermaßen, als Schlußstein in einem gotischen Gewölbe, noch einmal eine Romangestalt, den schon erwähnten Vater Sonjas, den Alkoholiker Marmeladow, und es gibt daneben den selber suchtkranken Dostojewski und sein eigenes persönliches Zeugnis, und es gibt darüber hinaus zwei Worte von Menschen, die ihm näher standen als alle anderen: seine Frau und seine Tochter.

Marmeladow hat in *«Schuld und Sühne»* gerade erlebt, was ein guter Mensch tut, ein grundguter, grundgütiger und schon deshalb mustergültiger Mensch, einer, der mit zwei Beinen fest auf der Erde steht, Herr Afanasjewitsch. Herr Afanasjewitsch hat Marmeladow gerade eine neue Stelle gegeben, unverdientermaßen. Er hat ihm sogar eine Vorauszahlung gegeben für einen Neuanfang, – so gut, so weich wie Wachs unter den Augen Gottes ist Herr Afanasjewitsch, rühmt Marmeladow. Er aber ist ein solches Ungeheuer, daß er hingeht, selbst die Vorauszahlung dieses Mannes in die Wirtschaft zu tragen. Und da sitzt er nun, flucht auf sich ein: «Ein solches Schwein wie mich soll man kreuzigen», sagt er. Und die Leute sagen: «Halt's Maul, Mensch, wer wird dich kreuzigen?» Genialer als die meisten Psychiater heute, ahnt Dostojewski, wie die Gegenbewegung über einem solchen Abgrund der Selbstverachtung im Bewußtsein eines Menschen sich malt, im Zustand des Delirium tremens: «Wenn er kommen wird», lallt Marmeladow, «alle Menschen zu richten, dann wird er sagen: ‹Kommt her, ihr Guten, kehrt ein in die Hallen meiner Freude, die euch bereitet sind.› Aber dann wird er sagen: ‹Jetzt kommt her auch ihr, Säufer, Huren, Mörder, Verbrecher, kommt her auch ihr.› Und die Guten werden sagen: ‹Aber Herr, warum denn berufst du sie? Sie tragen das Antlitz des Viehs!› Und er wird sagen: ‹Eben deshalb berufe ich gerade diese, weil kein einziger von denen je hat glauben können, daß er dessen würdig sei.› – Dann werden alle alles verstehen. Dann werden alle alle verstehen. Dein Reich komme.»

Dostojewski hat in der Gestalt dieses Säufers ohne Zweifel sich selber gemalt, der er ein Spielsüchtiger war, viele Jahre seines Lebens lang.

Später hat er zudem in der Gestalt des Dimitri Karamasow das Gefühl eines solchen triebhaften unterirdischen Menschen geschildert. «Mag man uns von der Erde vertreiben, so werden wir doch in den Bergwerken mit Ketten an den Füßen die Freude entdecken.» *Unschuldig* verurteilt, das ist kein Mensch, weiß Dostojewski. Aber schuldig? Dimitri hat seinen Vater nicht ermordet, aber er hat Gefühle gehabt wie ein Mörder, und das genügt für das Schuldgefühl. Die Sucht, wie Dostojewski sie erlebt und schildert, besteht eigentlich darin, von einem gewissen Punkt der Schande an geradezu ein Bedürfnis nach Erniedrigung zu spüren. Und darin gibt es kein Ende. So hat er auf dem Höhepunkt seiner Spielsucht selbst den Mantel seiner Frau ANNA GRIGORJEWNA versetzt. Immer wieder hat er ihr versprochen, er werde nicht wieder die Spielbank betreten. In Wiesbaden können Sie sie noch heute sehen, diese Spielbank, und den Weg nachgehen, den Dostojewski ging, immer mal wieder, wenn er dorthin kam; immer im Wahn: das Glück finde sich ein mit einem System. Er ist ein Verlorener, ein Geschändeter, ein Marmeladow, ein Dimitri, ein Raskolnikow. Aber an einem Abend in Wiesbaden wird Dostojewski einen Brief schreiben, mit den Worten etwa: «Anja, diesmal mußt du es mir glauben, ein neuer Mensch erstand in mir. Jetzt werde ich arbeiten und dich und meine Kinder glücklich machen.»

Kein Mensch, behaupte ich, begreift bis heute wirklich, wie eine Sucht sich auflöst. Und doch gibt es dieses Wunder: An irgendeinem Morgen um drei Uhr tut ein Mensch das, was er hundertmal versprochen hat und doch niemals tun konnte. Das Geheimnis ist, daß er eine *Rechtfertigung* findet, zu leben! Er spürt, daß er derjenige nicht länger mehr ist, der sich schämen und eben aus seiner Scham heraus schändlich machen muß, so wie Nastassja Filippowna im *«Idioten»*. Er ist doch ein Mensch und also fähig zur Liebe und sogar zu dem Glauben, geliebt zu werden.

Das ist das Wunder der ANNA GRIGORJEWNA. Sie hat das ganze Elend Dostojewskis durchgetragen, bis zum Ende, und sie hat ihn erlöst. Sie hat in gewissem Sinne bewiesen, daß es möglich ist, selbst das Verbrechen durch Verstehen zu überwinden. Dostojewski wird nicht nur aufhören zu spielen, er wird sogar seine hysteroepileptischen Anfälle verlieren. Er wird kurz vor seinem Ende in Rußland selber den Durchbruch seiner schriftstellerischen Tätigkeit in der Wertung des Publikums finden. Man lädt ihn ein, bei einer Gedenkfeier für PUSCHKIN eine Rede zu halten. Und er, der Panslawist Dostojewski, – dessen politische Tiraden zu verstehen ganz offenbar bedeutet, ihn mißzuverstehen – er, der den Krieg der Russen gegen die Türken wie einen Kreuzzug feiert, der das russische Volk für das höchste unter allen Menschen findet, der in dem Roman *«Der Jüngling»* den jungen Krafft Selbstmord begehen läßt, weil er durch phrenologische Studien entdeckt hat, daß der russische Mensch nur ein Charakter zweiter Klasse sein kann und nicht berufen ist zur Krone der Menschheit, eben dieser Dostojewski wird in seiner PUSCHKIN-Rede den Russen schildern als einen Pionier der Menschlichkeit, als die höchste Stufe der Menschlichkeit. Worin aber wird diese höchste Stufe der Menschlichkeit eines Russen liegen? Dostojewski wird sagen: «Der Russe ist der Mensch, der alles verstehen kann.» Das ist das Ende des nationalen Egoismus und Triumphalismus, das ist der Beginn, alle Grenzen zwischen den Völkern zu entgrenzen. Ein Russe ist ein Mensch, der alle verstehen kann. Und Sie verstehen jetzt, warum. Der Grund des Allesverstehens ergibt sich einzig daraus, aus Leid Menschlichkeit gelernt zu haben und auf Armut zu antworten durch Erbarmen, auf Schuld durch Güte, und auf den Tod durch eine Liebe, die den anderen entdeckt als unsterblich. – Es gibt ein Dokument, in dem die Tochter Dostojewskis, AIMÉE DOSTOJEWSKAJA, in ihrer Biographie den Tod ihres Vaters schildert. Was sie dort schreibt, ist, soweit ich es beurteilen kann, eine Legende, denn ANNA GRIGORJEWNA schildert den Tod ihres Gatten anders. Doch auch als eine Legende enthält diese Darstellung eine menschliche Wahrheit, weil sie alles, was Dostojewski ausmacht, und jedenfalls alles, was wir heute abend über ihn gesagt haben, zusammenfaßt.

AIMÉE DOSTOJEWSKAJA schildert nämlich, wie ihr sterbender Vater nach zwei Blutstürzen am Ende einer unruhigen Nacht zum Evangelium griff. Er bat seine Frau, seine alte Bibel aus dem Zuchthaus auf gut Glück zu öffnen und die ersten Zeilen zu lesen, die ihr in die Augen fallen würden. «Ihre Tränen verbergend», schreibt AIMÉE, «las meine Mutter mit lauter Stimme: ‹Aber Johannes wehrete ihm und sprach: Ich bedarf wohl, daß ich getauft werde von dir, und du kommst zu mir! Jesus aber antwortete und sprach zu ihm: Halte mich nicht zurück, also gebühret es uns, alle Gerechtigkeit zu erfüllen.› Nachdem mein Vater diese Worte gehört hatte, dachte er einen Augenblick nach und sagte dann zu seiner Frau: ‹Hast du's gehört? Halte mich nicht zurück. Meine Stunde ist gekommen.›»

Dostojewski verlangte dann nach einem Priester, beichtete und empfing das Heilige Abendmahl. Und nun – Zitat –: «Nachdem der Geistliche weggegangen war, ließ er uns in sein Zimmer kommen, nahm unsere kleinen Hände in die seinen, bat meine Mutter nochmals, die Bibel aufzuschlagen und uns die Geschichte vom verlorenen Sohn vorzulesen. Er hörte der Vorlesung mit geschlossenen Augen und im Nachdenken versunken zu. ‹Meine Kinder, vergeßt nicht, was ihr eben gehört habt›, sagte er mit schwacher Stimme zu uns, ‹habt unbedingtes Vertrauen auf Gott und verzweifelt niemals an seiner Verzeihung. Ich liebe euch sehr, aber meine Liebe ist nichts neben der unendlichen Liebe Gottes für alle Menschen, die er geschaffen hat. Wenn es euch sogar geschehen sollte im Laufe eures Lebens, ein Verbrechen zu begehen, verzweifelt doch niemals an Gott. Ihr seid seine Kinder. Demütigt euch vor ihm wie vor eurem Vater, erfleht seine Verzeihung, und er wird sich über eure Reue freuen, wie er sich über die Heimkehr des verlorenen Sohnes gefreut hat.›»

«Später geschah es wohl», schreibt AIMÉE DOSTOJEWSKAJA, «daß ich der Todesstunde von Verwandten oder Freunden beiwohnte, aber keine war so leuchtend wie die meines Vaters. Es war der wahrhaftige christliche Tod, ein Tod ohne Schmerz und ohne Scham. Dostojewski hatte nur von der Schwäche gelitten, er hat das Bewußtsein erst im letzten Augenblick verloren. Er hat den Tod nahe kommen sehen, ohne ihn zu fürchten. Er wußte, daß er sein Talent nicht vergraben hatte. Er war bereit, furchtlos vor seinem ewigen Vater zu erscheinen in der Hoffnung, daß Gott zum Lohn für alles, was er gelitten, für alles, was er in diesem Leben erduldet hatte, ihm ein anderes großes Werk zu wirken geben möge.» Am Ende schreibt AIMÉE DOSTOJEWSKAJA das wohl schönste Wort, das man von einem Menschen sagen kann, den man sehr, sehr geliebt hat und von dem man durch den Tod getrennt ist. Sie sagt: «Er kehrte zurück und hat mich nicht mehr verlassen, in Augenblicken des Kummers, des Unglücks, hält er sich so nahe bei mir, daß ich glaube, ihn mit der Hand berühren zu können. Dank seiner lieben Gegenwart habe ich niemals in meinem Leben Angst gehabt.»

Ich wollte, ausgehend von der Frage «Wie überwindet man Angst und Verzweiflung durch Vertrauen in Gottes Gnade, mit Hilfe der ‹Rechtfertigung› im Sinne MARTIN LUTHERS?», Ihnen Dostojewski so nahe bringen, daß er Ihnen zu einer vergleichbaren Antwort wird und vielleicht sogar ein Stück der Erfahrung Ihnen ermöglicht, keine Angst mehr zu haben, nicht vor der Armut, nicht vor der Schuld und nicht vor dem Tod. Dann wäre es ein guter Beginn des kommenden Novembers.

«Wie aber kann er denn leben ohne Gott?»[*]

Es scheint bei den gelehrten Herren, als wollten sie die Daseinsfrage nach Gott so gemütskalt erörtern, wie wenn es um die Existenz eines Kraken oder Einhorn gehen würde, klagte JEAN PAUL im *«Siebenkäs»*, und um diesen Wasserträgern des Intellekts Beine zu machen, dichtete er *«Die Rede des toten Christus vom Weltgebäude herab, daß kein Gott sei»*. Es ist, wie wenn eine ewige Nacht sich über das Universum breiten und eine nie mehr sich aufhellende Kälte das Haus des Menschen heimsuchen würde.

Dostojewski hat wie kein anderer diese Perspektive auf eine Welt ohne Gott aufgenommen, um dem Menschen zu zeigen, bis zum äußersten Rand, daß er ohne Gott gar nicht zu leben vermag. Man hat ihm das vorgeworfen. Er sei, so ist zu lesen, ein Dichter der Restauration und der Reaktion auf der Seite des Zaren auf Erden und des Allmächtigen im Himmel. Er habe die Impulse der Aufklärung, statt sie ins Politische und Menschliche zu treiben, boykottiert und am Ende sogar den Byzantinismus der orthodoxen Kirche im gewissen Sinne geteilt. Was läßt sich lernen von Dostojewski bei der Frage nach Gott?

Die Theologen müßten nur einmal die Bibel wieder aufschlagen, um zu begreifen, was es bedeutet, wenn sie in den alten gewohnten Worten sagen, der Mensch bedürfe, um ein Mensch zu sein, um frei zu sein und die Kraft zu gewinnen, gut zu werden, unbedingt der Gnade Gottes. Schon daß die Rede geht von Gnade, weist uns auf eine falsche Spur, so als träufele da etwas vom Thron der hohen Herren herab auf die Niedrigkeit des Volkes. Wenn die Bibel erzählt,

[*] Vortrag, gehalten am 11. Dezember 1997 an der Evangelischen Akademie Nordelbien, Tagungsstätte Hamburg.

wie Menschen leben, leben müssen ohne Gott, dann, bereits im dritten Kapitel der Genesis, in Gestalt des ewigen Dramas der Menschheit, personifiziert in *dem* Menschen und in *dem* Leben, Adam und Eva: Sie beginnen, das Gefühl ihrer Daseinsberechtigung im Leben zu verlieren, und sie fangen an, sich voreinander zu schämen, ja, sie fürchten den Blick dessen an ihrer Seite, den sie eben noch zu lieben meinten – seine Kritik, seine entblößende Zudringlichkeit. Wer hält dem stand, in dem deutlichen Gespür seiner Verletzbarkeit? Die Bibel erzählt, daß wir Menschen seither Flüchtlinge und Exulanten des Daseins seien, ständig bestrebt, die verlorene Berechtigung in unserer Existenz wiederzusuchen. Unendliche Opfer seien wir geneigt darzubringen, um die verlorene Gunst im Absoluten uns zurückzuerobern, erzählt die Bibel, aber wir würden gerade dabei zu Mördern des einen am anderen. Das Drama von Kain und Abel wiederhole sich immer von neuem. Es liege nicht einmal an der bösen Absicht der Menschen. Sie könnten im Getto eines gottfernen Daseins nicht anders, als sich wechselseitig als Konkurrenten aus dem Felde zu schlagen. Selbst wenn sie sich inmitten einer radikal gnadenlosen Welt zusammenraufen wollten, um nicht mehr Kain und Abel zu sein, sondern in einem gemeinsamen Werk zusammenzufinden, das bis an den Himmel reicht, um ihren Stolz, ihre Würde, ihre Größe, ihre Einheit und unverbrüchliche Treue zueinander zu dokumentieren, würde schließlich, wie in der Geschichte vom Turmbau zu Babel in Gen 11,1-9, der eine die Sprache des anderen nicht mehr verstehen. Denn wer versteht den Abgrund der Angst vor sich selber?

«Ein Mensch kann nicht leben ohne die Gnade Gottes.» Daraus ist die pietistische Orthodoxie erwachsen, also das Langweilige am Sonntagvormittag und das Belastende im Alltag einer starren Ideologie. Aber *so* betrachtet, hineingestellt in die vereiste Herzenslandschaft der Kälte, der Grausamkeit, der Erbarmungslosigkeit und des Zynismus, die sie allesamt fast schon zur Pflicht erheben – erlebt man das Sentiment, das es im biblischen Sinne bedeuten kann, als Mensch ohne Gott leben zu müssen.

Dostojewski hat alle wichtigen philosophischen Gedanken des

neunzehnten Jahrhunderts in der Religionskritik in seinem Werk verarbeitet, aber auf seine russische Weise. Er hat nicht antworten wollen noch können auf die philosophischen Dispute, vor allem an deutschen Hochschulen. Aber er hat versucht zu zeigen, was all diese Ideen bedeuten und aus dem Menschen machen.

Auf sechs Stufen ist er die Steilwand in den Abgrund des Atheismus hinuntergestiegen, um in Gegenfiguren einen Ausweg zu suchen. Niemand unter den Dichtern der westlichen Kultur hat es so vermocht zu zeigen, wie Menschen krank werden können an falschen Gedanken. Wir sind in der Psychoanalyse gewöhnt, bestimmte bizarre Raisonnements im Reiche des Geistes als Rationalisierung abgewehrter Triebbedürfnisse zu interpretieren. Die Perspektive geht da von unten nach oben, zeigt, wie an einem brütenden Sommertag die Wolken aufsteigen über dem Meer, aber Dostojewski zeigt in seinen Romanfiguren, wie der Wind vom Meer über das Festland weht und die Wolken an die Berghänge peitscht, bis daß sie im Sturmgewitter herabregnen. Was sich zusammenbraut zwischen Himmel und Erde, unter den Gedanken von Menschen, die unmenschlich sind – das als erstes aufzuspüren und nachzuweisen, ist der Sinn der Beschäftigung mit dem Werk Dostojewskis, das wie kein anderes dem Thema der Gottesferne gewidmet ist.

Was es zeigen will, spricht sich bereits in dem Titel eines der großen Romane aus: «*Die Dämonen*». Es soll Menschen beschreiben, uns allesamt, als existierend in der Hölle. Das Motto des Romans wird genommen aus dem fünften Kapitel des *Markus*-Evangeliums. Berichtet wird dort von einem Mann, der sein Leben fristet in den Grabhöhlen in der Nähe von Gerasa. Jeder, der in seine Nähe kommt, wird von ihm erlebt als Gegenmensch, als Unmensch, als Sklavenhalter und Kettenträger, gegen den er sich wehren muß, um seiner verzweifelten Freiheit willen. Immer wieder haben die anderen versucht, ihn mit Gewalt zu fesseln und anzuketten, er aber hat alle Energie seiner Persönlichkeit dareingesetzt, die Ketten zu zersprengen und die Binden zu zerreiben. Dabei sehnt er sich von weitem nach der Nähe anderer, ringend um eine unmöglich scheinende Erlösung. Bei Tag und Nacht schlägt er mit Steinen auf sich ein, ruft und schreit. Aber was wie ein anonymes Flehen um Hilfe gemeint ist, wird von den anderen erlebt wie bedrohlich –, jeder geht ihm aus dem Wege. Als Jesus im Evangelium zu ihm hintritt, läuft dieser Mann auf ihn zu, und jeder, der den Text nicht kennen würde, müßte mutmaßen, er flehte ihn an, die Dämonie, die Besessenheit aus seinem Herzen zu nehmen. Er aber schreit Jesus an: «Was habe ich mit dir zu schaffen, du Sohn des Allerhöchsten?»

Kann es sein, daß ein Mensch nur leidet und leidet an sich selbst und allen anderen und hat sein Zuhause im vollkommenen Unzuhause, fristet sein Leben dort, wo gar kein Leben mehr ist, er aber wehrt sich am allerheftigsten gegen seine mögliche Heilung, ist so verschmolzen und verbunden mit seiner selbstzerstörerischen Erkrankung, daß er sie verteidigt wie den letzten Rest seines Selbst, zerrissen in endlosen Widersprüchen?

Dieser biblische Text wurde in den *«Dämonen»* für Dostojewski zur Vorlage seines Romans.

Was sind wir, müßte daher wohl die Frage an uns selber lauten, eigentlich für Menschen? In bürgerlichem Sinne sind wir wohl *Gottgläubige*, egal ob als Kulturprotestanten, als Traditionskatholiken, der Kirche vielleicht fern, aber im ganzen doch nicht ungläubig, jedenfalls nicht bis zu dem Punkt, daß uns die Gottesferne auf den Nägeln brennen würde. Oder fühlen wir eher so ähnlich, wie es jene vornehme Frau erlebt, die zu dem Starez Sosima kommt und darüber klagt, daß sie kaum jemanden findet, der von der Möglichkeit auch nur erschrocken sei, die als Tatsachenbehauptung bis ins Feuilleton vordringe – die Idee einer Unsterblichkeit sei etwas Lachhaftes? «Da wächst auf dem Grab eine Klette. Und das ist alles. Und wissen Sie», sagt sie zu Sosima, «das Allerschrecklichste ist, daß ich mit meiner Angst ganz alleine bin. Niemand scheint darin auch nur ein Problem wahrzunehmen.» Erst so wird die Frage ernst.

1

Dostojewski schildert bei seinem sechsstufigen Hinabstieg in den Abgrund als eine erste Figur der latenten Verzweiflung Stepan Werchowenski, einen Mann, der sich durchaus auf moderne Art einen

Gläubigen zu nennen versteht. Gott ist für ihn im HEGELianischen Sinne in der Weise des deutschen Idealismus das zu sich selber kommende Bewußtsein des Absoluten. «Ich», spricht er von sich, «bin in gewisser Weise ein moderner Heide. So etwa wie GOETHE.» Werchowenski ist davon überzeugt, daß die Schönheit im menschlichen Leben wichtiger ist als alles andere, und seine Not ist es, daß die heranwachsende Jugend seinen Ästhetizismus durchaus nicht teilen will. Wer begreift schon, daß SHAKESPEARE immer noch wichtiger ist als ein paar Stiefel? Aber Werchowenski muß sich fragen lassen, was sein ästhetisches Weltbild bedeutet, was es denn heißen soll, daß in ihm ein Gott die Augen aufschlägt in der Morgenröte des Bewußtseins. Wie war das, als er sich ein Vergnügen machte und verspielte all sein Geld in der Bank und ging dann hin und verkaufte den von ihm abhängigen Fedka ans Militär? Was bedeutet Schönheit, wenn sie nichts weiter ist als ein literarisches Geschwätz, als ein sich Wärmen der Seele am Herd, während es draußen kalt ist und die Menschen erfrieren? Wieviel Ernst liegt in einem Leben, das sich professoral über die Stilkunst eines Autors unterhält?

Nach Meinung vieler Rezensenten ist Dostojewski als Literat so groß nicht anzusiedeln. Viele stilistische Fehler, hindiktiert von der Knappheit der Zeit und des Geldes, kaum durchkorrigierte Manuskripte, rausgestoßen dann in die Druckerei, unausgewogen in der Komposition – es gebe Besseres in der Literatur, meinen sie. Aber vielleicht geht es im Werk Dostojewskis überhaupt zunächst nicht um Literatur, sondern um die Schilderung der Not von Menschen und um das Suchen nach einem Medikament für ihre Not.

«Gott», wird der alte Werchowenski drei Tage vor seinem Tod sagen, aber auch dann erst, «brauchen die Menschen schon deshalb, weil er das einzige ist, was man sein ganzes Leben lang lieben kann. Das ganze Geheimnis des Menschen ist, daß er nicht nur leben will, sondern unbedingt eine Vorstellung davon braucht, wozu er leben soll. Ohne eine solche Vorstellung wird er gar nicht mehr leben wollen und sich vor lauter Gram und Verzweiflung selber zugrunde richten.»

2

Das Beispiel dafür, daß es sich eben so verhält, läßt sich in dem Roman *«Die Dämonen»* zeigen an der Gestalt des Nikolai Stawrogin. Auch er hat einen wichtigen Gedanken des deutschen Idealismus in sich aufgenommen. HEGELS Meinung war es, daß die Religion identisch sei mit dem Volksgeist, der sie trägt, mit der staatlichen Verfassung, mit der objektiven Vernunft der Gesetze, und daß die Zeiterscheinungen, die ihre konkrete Gestalt in bestimmten Kulturen und bestimmten Völkern gewönnen, eine Stufenleiter des werdenden Reifens der menschlichen Geschichte zum Absoluten selber bildeten.

Stawrogin folgert daraus, daß in der menschlichen Geschichte jedes Volk noch versucht hat, sich selbst in der Vorstellung seines Gottes absolut zu setzen; denn welch einem Volk sein Gott nicht unbedingt als etwas Absolutes erscheine, das, so glaubt Stawrogin, zerfalle von ganz alleine, wie der babylonische Turm. Es höre sofort auf, ein Volk zu sein, und verwandele sich in ein ethnographisches Material. Glühend hat Stawrogin deswegen die Gedanken der Panslawisten geteilt. Das russische Volk besitzt seiner Meinung nach eine besondere Mission für die gesamte Menschheit.

In einem anderen Roman, im *«Jüngling»*, zeigt Dostojewski in der Gestalt des Studenten Krafft, wohin die Enttäuschung allein an dieser HEGELianischen Idee führen kann und führen muß. Krafft nämlich hat aufgrund phrenologischer Studien, so meint er, herausgefunden, daß der russische Mensch schon aufgrund seiner Kopfform niemals so genialisch sein könne, daß er der gesamten Menschheit die Fackel des Fortschritts und der erleuchteten Vernunft voranzutragen vermöge. Der russische Mensch sei von Natur aus dazu bestimmt, etwas Zweitklassiges zu sein, ein Übergang zur Hervorbringung der wirklichen, eigentlichen Werte der menschlichen Geschichte. Es ist Krafft, der mit diesem Gedanken nicht leben kann und sich deswegen das Leben nimmt. Stawrogin aber ist viel zu intelligent, um am Panslawismus auf Dauer zu hängen.

Wenn jedes Volk die Absolutheit seiner Kultur und seines Gottes behauptet, ist es dann nicht vollkommen gefangen in dem Exklusivitätsanspruch eines reinen Nationalegoismus? Und wem das alleine noch nicht schlimm erscheinen wollte: begreift man denn nicht, daß, wenn jedes Volk die Absolutheit seiner Weltanschauung predigt und seine eigenen Angehörigen glauben machen will, schon die Verschiedenheit der Absolutheitsansprüche sich gegenseitig relativiert?

Wenn das Absolute nur hervorgeht aus der Relativität seiner eigenen Behauptung, kann es nichts anderes sein als selber relativ. Das ganze Empfinden nötigt Stawrogin, an etwas Absolutes zu glauben, aber es ist sein Verstand, der ihm sagt, daß alles, was geglaubt wird, unglaubwürdig ist. «Wenn Stawrogin glaubt», wird Kirillow sagen, «dann glaubt er nicht, daß er glaubt; und wenn Stawrogin nicht glaubt, dann glaubt er nicht, daß er nicht glaubt.» Stawrogin ist ein Mensch, der in ständiger Zerrissenheit mit sich keinerlei Einheit findet, vor allem nicht in der Art, wie er die Welt und den Menschen und nicht zuletzt sich selber betrachten soll. Er beschließt, das zu werden, was ALBERT CAMUS später im *«Mythos von Sisyphos»* genannt hat: ein Zar des Absurden. Aber diese Verehrung kommt ihm in Dostojewskischer Schätzung ganz unmöglich zu. Er nämlich wird in der Enttäuschung eines glühenden Idealismus zu einem puren Zyniker. Er beschließt, seine Genialität fortan darein zu setzen, auf skandalöse Weise die Menschen zu provozieren, so daß sie in tausend Jahren noch sollen an ihn denken müssen. Dabei findet sich, daß Stawrogins Leben zu schwach ist, um überhaupt zu irgendeiner entschiedenen Entscheidung fähig zu sein. «Auf einem Pfahl könntest du einen Strom durchqueren, aber auf einem Span geht es nicht.» Stawrogin findet, daß im Grunde alles egal ist, ob man lebt oder stirbt, aber zu beidem mangelt ihm die Energie, nicht einmal zum Selbstmord findet er den Weg.

3

Ganz anders, als eine dritte Gestalt, ist da Dostojewskis Kirillow. Er ist ein Mensch, der von allen anderen und sogar von der eigenen russischen Erde so weit sich entfernt hat, daß er die russische Sprache im Ausland verlernt hat. Kirillow ist schlechterdings unter den Menschen ein Ausgesetzter, ein Fremder, ein Kind Evas jenseits des Paradieses, auf der Suche nach einer Heimat, die ihm verwehrt bleibt für ewig. Kirillow nimmt einen dritten Gedanken der Religionskritik des neunzehnten Jahrhunderts auf, der sich verbindet mit der frühen Form der Religionspsychologie LUDWIG FEUERBACHS.

Kirillow wird gequält sein Leben lang von dem Gottesproblem, und er fragt sich, warum die Menschen eigentlich an Gott glauben und was sie meinen, wenn sie von Gott sprechen, was sie mit seinem Namen als eine Wirklichkeit in ihrem Leben, über ihrem Leben bezeichnen. Und er findet sehr bald, wenn die Menschen von Gott sprechen, dann eigentlich nur, um sich zu trösten gegen den Schmerz, den es bedeutet, in dieser Welt leben zu müssen, und gegen die Furcht, die in jedem Augenblick das menschliche Herz heimsuchen kann, im Wissen, daß der Tod um die Ecke wartet.

Das menschliche Leben ist geprägt von unsäglichem Leid, aber merkwürdigerweise wagt es niemand, freiwillig aus diesem Leben zu gehen, wieder, weil er gehindert wird von Furcht und Schmerz. «Da hängt am Steilhang ein Stein und droht herunterzufallen. In dem Stein ist kein Schmerz, aber die Furcht vor dem Stein macht den Schmerz. Ich habe nie begreifen können», erklärt Kirillow, «wie es möglich war für die westlichen Atheisten, Gott abzuschaffen, ohne im selben Moment den Entschluß zu fassen, den Menschen zum Gott zu erheben.»

Das Christentum erklärt: Von Schmerz und Furcht habe die Gestalt des Christus die Menschheit erlöst. So müßte es sein; aber kann es wirklich so sein? Ist es überhaupt denkbar, daß es eine Erlösung vom Schmerz und von der Angst gibt, es sei denn, buchstäblich, im Tod? «Da hingen drei Männer am Kreuz, unter einem sich verfinsternden Himmel. Und der eine sagte zu dem anderen: ‹Noch heute Nacht kommst du mit mir in das Paradies.› Alle drei starben. Aber da war nichts! Danach war nichts!»

«Wenn alle Gesetze der Welt dazu bestimmt waren», denkt Kirillow «*ihn* hervorzubringen, sogar als die Rechtfertigung all ihrer Grausamkeiten, wenn *er* das Ziel all der Unternehmungen der gesamten Natur war, alle Naturgesetze aber ihn nicht nur nicht vor dem Tode bewahren konnten, sondern ihn sogar zum Tode verurteilten, zeigt sich dann nicht, daß alle Gesetze dieser Welt und die Welt im ganzen eine einzige Lüge sind? Er am Kreuz starb für eine Lüge!»

Christus ist für Kirillow keine Erlösung, sondern ein Irrtum, das glaubt er zu wissen, und er weiß es zugleich mit so vielen Parallelgestalten aus anderen Romanen im Werk Dostojewskis.

Andrejew zum Beispiel im Roman *«Der Jüngling»*. Er hat all das Geld seiner Schwester vertrunken, aber nun liegt er da und erklärt, es sei alles egal, es gebe kein Gutes, es gebe kein Böses. Er ist nur noch verzweifelt. «Und wissen Sie», sagt sein Freund, «des Nachts manchmal beginnt er zu weinen, schluchzt auf eine Art, wie es kein Mensch sonst tut. Dabei ist er groß und stark. Irgendwann wird er sich das Leben nehmen.» Es gebricht aber den Menschen an Kraft zu diesem letzten Schritt.

«Wir leben weiter», konnte JEAN-PAUL SARTRE im *«Ekel»* schreiben, «aus Angst und Schwäche.» Und was er schilderte, war das lebendige Vermodern. Dostojewskis Kirillow schaut in die absolute Tiefe des Lebens hinein und beschließt, die Freiheit von der Angst vor dem Schmerz selber zu leben. In dem Moment, wo die Menschen aufhören, den Tod noch zu fürchten, brauchen sie keinen Gott mehr, sondern sie werden selber zu Gott.

Was bedeutet es aber, wenn es keine Auferstehung gibt und keine Unendlichkeit gibt und keinen Gott gibt, wenn nur dieses Leben ist, an dessen Ende, unabsehbar, wann es denn sein wird, der Tod wartet? Bedeutet es nicht, daß uns Menschen einzig der Augenblick bleibt? Kirillow fängt an, die Uhr anzuhalten. Es gibt keine Zukunft, keine Hoffnung, keine Planung, nichts zu wünschen, nichts zu erwarten, nur im Moment jetzt sich festzumachen. – «Da kriecht eine Spinne an der Wand, und ich bin ihr dankbar, daß sie sich bewegt», sagt Kirillow. «Als ich zehn Jahre alt war, schloß ich die Augen, und ich stellte mir ein grünes Blatt vor, über dem die Sonnenstrahlen spielten. Dann öffnete ich die Augen und war enttäuscht, daß ich ein wirkliches Blatt sah. Ich schließe wieder die Augen. Vor mir hat der Wind ein herbstblaues Blatt hergeweht, an den Rändern eingerissen und modernd.» Kirillow lehrt und lernt das Glück der geschlossenen Augen, eine Welt in der Vorstellung, jeder Moment darin kostbar, in gewissem Sinn ein Ort unendlicher Dankbarkeit, indem die Dimension des Ewigen zusammenschrumpft auf das, was im Maße der Zeit als einziges uns gehört: auf den Augenblick jetzt.

Um die Menschen zu befreien von der Furcht vor dem Tod, beschließt Kirillow, die Erlösungstat des Gottmenschen Christus vom anderen Ende her zu verwirklichen durch die Idee des Menschgottes, der den Tod nicht mehr fürchtet. Pädagogisch möchte er die Menschheit lehren, daß die Angst vor dem Tode nicht sein muß. Er möchte offen und klar in den Tod gehen, um zu zeigen, zu welch einem Unmaß der Freiheit ein Mensch fähig ist. Kirillow wird sich das Leben nehmen, um den Menschen zu ermöglichen, in der Kürze ihres Daseins menschlich zu bleiben.

Aber ist das möglich, so zu denken, lautet gleich die nächste Frage.

Wenn denn FEUERBACH recht hat und die Menschen haben Gott nur erfunden aus Angst und es gibt gar keinen Gott, wie leben sie dann vor allem mit dem Gefühl ihrer Entbehrlichkeit, Überzähligkeit, Minderwertigkeit? Wie antworten sie dem Haß auf sich selbst, der entsteht aus dem Empfinden der Unbedeutendheit, der Nichtgenialität, der zu niedrigen Größe im Konkurrenzvergleich?

4

Diese Frage personifiziert sich in dem Sohn Stepan Werchowenskis, in dem jungen Pjotr. Er selber ringt darum, eine tragende Idee für sein Leben zu gewinnen, aber er zeigt sich außerstande, ein solches Projekt selber zu entwerfen. Die Motive, die ihn voranpeitschen, sind Neid, Haß, Minderwertigkeitsgefühle und ein verzweifeltes Verlangen, alle Menschen gleich zu machen. Seine Art, die Menschheit zu betrachten, besteht darin, die Unterschiede zu nivellieren. Unterschiede gibt es in der Bildung – sie macht Menschen aristokratisch, sie macht sie eingebildet darin zu glauben, sie seien etwas durch den Stand ihres Wissens, aber das Wissen ist etwas Zufälliges, Parasitäres, nach den Ideen, die in Rußland in jenen Tagen umgingen, vor allem in der Narodniki-Bewegung: Die Gebildeten haben ihre Bildung den armen Leuten auf dem Lande gestohlen; sie haben das Geld nur zusammengerafft durch die Ungebildetheit der Menge. Und nun sitzen sie da und tun sich wichtig! – Pjotr steuert auf geradem Kurs gewissermaßen in die neue Idee eines humanen oder inhumanen Atheismus hinein. Es gibt keine Größe unter den Menschen. Es darf keine geben, damit die eigene Kleinheit nicht so grell erscheine. Also gilt es, jedem SHAKESPEARE seine Zunge abzuschneiden. Also kommt es darauf an, jeden Napoleon zu enthaupten, bevor er auf das Schlachtfeld tritt. Es gilt, alle Menschen in einer Art POL POT-Sozialismus gleichzuformen. Und es gilt, die Idee der Gerechtigkeit als absolute Idee der Egalität zu zelebrieren.

Was aber ist es dann mit dem Unrecht auf der Welt? Anders als Pjotr in den *«Dämonen»* gibt es Gestalten im Werke Dostojewskis, die an dieser Frage unsäglich leiden. Iwan Karamasow zum Beispiel wird immer wieder in das Problem hineingezogen, wie es auf dieser Welt möglich ist, daß Unschuldige leiden. Selbst die Idee des Christentums, die Krankheiten, die Übel der Welt, seien eine Strafe für eine vorangegangene Sünde, muß scheitern an dem Leid der ganz sicher unschuldigen Kinder. Iwan Karamasow hat Zeitungsberichte gesammelt, die allesamt davon handeln, wie man Kinder foltert, malträtiert, alleine läßt in ihrer Einsamkeit, mißversteht in ihren zärtlichsten Gefühlen. Was ist das für eine Welt, in der Kinder leiden müssen, und wie kann man es ändern, so daß wenigstens die Unschuldigen eine gewisse Chance zum Glück behalten?

Das sind die Gedanken, in denen Iwan Karamasow kreist. Es ist ein neues Argument des Atheismus: die Ungerechtigkeit und das Leiden der Unschuldigen in dieser Welt. Sie widerlegen Gott. Aus den Gründen der humanen Moral ist es unmöglich, an einen Gott zu glauben.

Aber augenblicklich kehrt die Frage zurück, wie es denn möglich ist, moralisch zu sein ohne Gott.

«Es werden», sagt schließlich in seiner Teufelsvision Iwan Karamasow sich selber, «die Menschen sich zusammenrotten, und sie werden aus diesem Leben alles herausziehen, was ihnen möglich ist, jedwedes Glück, mit aller Brutalität, denn es gibt keine Ewigkeit, und sie leben nur hier.» Aber wenn sie das tun, was soll sie dann hindern, bis zum Kannibalismus zu gehen? Wo soll eine Grenze sein? «Ohne Gott ist alles erlaubt», schreit förmlich Iwan und möchte so nicht denken, aber es ist wie ein Zwangssystem in seinem eigenen Kopf und seiner eigenen Seele. Die Dämonie lebt in ihm selbst, im Schatten eines leergewordenen Himmels. Es ist aber möglich, phantasiert Iwan, zur Rettung der Menschheit einen Glaspalast, ein Glückseligkeitszuchthaus zu errichten. Die Idee ist gar nicht so neu. Sie findet sich nicht nur im Sozialismus, sondern in dessen religiöser Vorform bereits in der Idee des römischen Kirchenstaates. Dostojewski denkt, wenn auch nicht nur, in der Legende vom Großinquisitor vor allem an das Papsttum in der katholischen Kirche mit dem beruhigenden, alle Freiheit vernichtenden Anspruch auf absolute Wahrheit. Und hat der römische Absolutismus psychologisch nicht recht?

Läßt sich nicht erkennen, daß die Menschen am meisten erschauern vor ihrer eigenen Freiheit? Ist das Geschenk, das Kirillow ihnen neu machen will, wirklich so kostbar oder nicht im Grunde gar eine Überforderung für sie selber? Keine Last liegt auf den Schultern der Menschen unabwendbarer und unheimlicher als die Qual, sich in jedem Moment selbst entscheiden zu müssen, im Vollbesitz aller Verantwortung, im Zustand der Undelegierbarkeit des eigenen Tuns, im Wissen, daß all das, was entschieden wird, auch falsch sein kann und in Schuld zu führen vermag. Wie aber, es gäbe eine Instanz, die den Menschen die Freiheit nehmen würde, indem sie selbst die Satzungen über das, was die Menschen schuldig spricht und was sie freispricht, in einem Sakrament der Vergebung verwaltet? Wie, wir setzten an die Stelle Gottes eine gottgleiche Behörde, in der die Wissenden den Menschen erläutern, daß sie für ihr Leben nicht zuständig sind, wenn sie nur den Weisungen dieser Erhabenen folgen, der Kardinäle, der Bischöfe, des römischen Papstes? Kein anderer Weg scheint den Menschen bestimmt zu sein, um auf Erden glücklich zu werden, als man wendet den Fluch ihrer Freiheit von ihnen.

War das nicht der große Gedanke des Teufels in der Wüste? Viertes Kapitel im *Matthäus-* und im *Lukas*-Evangelium: Da trat er heran an Jesus und forderte ihn auf, alle Welt werde ihm zu Füßen liegen, alle Königreiche sein eigen werden, wenn er nur niederfalle und bete den Widergeist des Göttlichen an! «Du warst zu schwach», sagt sinngemäß der Großinquisitor dem wiedergekehrten Christus in den Gassen von Sevilla; «du hast den Menschen nicht wahr gesehen. Du hast ihm eine Freiheit zugetraut, die ihn quält, und du hattest nicht den Mut, dich zu bekennen zu seinem Glück. Das aber tun wir: In der Wahl zwischen dem Geist in der Wüste und deiner Verweigerung haben wir mit unendlicher Vernunft dem Geist der Wüste Recht geben müssen!»

Der Christus, der wiederkommt, wird vom Großinquisitor gebeten, nur ja sich nicht mehr zu zeigen, damit die Allmacht der Kirche so lange besteht wie die Welt und in ihren Mauern glückliche Herdenmenschen, die das Brot empfangen, das man ihnen spendet, die die Vergebung erhalten durch die Beichtväter, die man ihnen verordnet, und die im übrigen unter Gott nichts weiter verstehen als ein wohlgeordnetes Gemeinwesen, das sich auf der Kehrseite dieser Art von Bourbon-Katholizismus bereits vorbereitet im kommunistischen Sozialismus, im Atheismus, der sich bis in die Politik hineinschiebt.

5

Der atheistische Kommunismus findet Gestalt im Roman *«Die Dämonen»* in der Person Schigaliows. Er ist gewissermaßen der geistige Ziehvater des Pjotr Stepanowitsch Werchowenski. Schigaliow ist ein ganz und gar düsterer Mensch. Schon wenn man ihn betrachtet, sieht man, wie Finsternis ihn umgibt. In Wirklichkeit haßt er die Menschen, aber sein System lautet so: «Ausgehend von der absoluten Freiheit gelangte ich mit geistiger Notwendigkeit zu dem Prinzip der unbedingten Diktatur.» Schigaliow hat herausgefunden, daß, damit die Menschen leben können, es einen Teil der Menschen geben muß, der den Gang der Weltgeschichte kennt und verwaltet, und einen anderen, der dazu verurteilt ist, zu gehorchen und die entsprechenden Befehle auszuführen. Es könnte auch sein, wie Liamschin ihm vorschlägt, daß man dieses Neun-Zehntel der anderen gehorsamen Menschen, weil sie zu lästig den Wissenden und den Planenden sind, einfach in die Luft sprengt, damit endlich dann der

Sozialkörper der Menschheit gegründet sei auf Wissenschaft, Vernunft und gußeiserne Prinzipien. Bis dahin aber gilt es, das Schildkrötengekrabbel durch den Sumpf möglichst abzukürzen. Schigaliow beginnt, die Übernahme der Macht zu organisieren. Bereits in Pjotr Stepanowitsch Werchowenski lebt der NIETZSCHEsche Gedanke: Wenn Gott nicht ist, gibt es keine Werte mehr, sondern nur noch den Willen zur Macht, der keinen Wert haben kann, da er jedweden Wert begründet. Schigaliow führt diese Idee dahin, daß kein Mensch einen Wert hat, es sei denn, er wäre der Machthabende.

Im Schigaliowismus reflektiert sich, was Dostojewski bereits zuvor dargestellt hat in dem Roman *«Raskolnikow: Schuld und Sühne»*, in dem jungen Studenten Rodion, der darüber nachdenkt, ob er wirklich ein Mensch ist oder nur eine Laus. Dieser junge Mann hat in seinen philosophischen Überlegungen den Gedanken vertreten, daß es zwei Gattungen unter den Menschen gibt: die einen sind die gewöhnlichen Menschen; sie sind die Mitläufer, sie sind die Verwalter der Vergangenheit, sie sind die ewig Gestrigen und die heute Gehorsamen; aber neben ihnen gibt es die ungewöhnlichen Menschen; die diktieren die Zukunft, den Fortgang der Geschichte. Sie sind die Hefe im Brotteig; aber sie müssen gerade deswegen die bestehenden Gesetze brechen, eben damit das Alte verschwindet und durch das Neue ersetzt wird. Diese ungewöhnlichen Menschen müssen mitunter Frevel und Verbrechen begehen, um die bestehenden Gesetze zu zerstören.

Die Frage ist nur, wie man unterscheiden kann für jeden einzelnen, ob jemand ein solcher ungewöhnlicher oder nur ein gewöhnlicher Mensch ist. Kann es da, fragt der Untersuchungsrichter Porfirij Petrowitsch, nicht allerlei Verwirrung geben im Leben eines Menschen? Rodion Raskolnikow hat, um sich für seinen Kreuzzug der Genialität gewissermaßen zu verproviantieren, zwei alte Frauen, eine Pfandleiherin und deren Schwester, mit der Axt ermordet. Es ging ihm aber eigentlich gar nicht um das Geld; er wollte herausfinden, ob er die Nerven eines Napoleon besitzt. Leute wie er werden in Wilna dastehen mit erhobenem Champagnerglas und dem Untergang einer ganzen Armee von Hunderttausenden von Menschen mit einem Toast zuprosten und sich dabei betrinken. Sie werden über Leichen gehen, und die Größe ihrer Verbrechen wird am Ende den Maßstab ihres Ruhmes bedeuten. In ganz Frankreich wird man alle Straßen nach Paris führen, und im Herzen von Paris wird man den Arc de Triomphe errichten zu Ehren all der Kriege und Schlachten, die von einem Napoleon patriotisch geführt wurden. So sind sie alle, von ALEXANDER DEM GROSSEN bis PETER DEM GROSSEN. Alle wurden sie groß, indem sie über Menschenleichen hinweggegangen sind. Wenn das die menschliche Geschichte ist, wer verändert sie dann? «Ist es denn nicht richtig», philosophiert in den *«Dämonen»* Schigaliow, «womöglich über Millionen von Toten einfach quer durch den Sumpf zu fahren?»

Schigaliow, wie gesagt, vertritt den atheistischen Kommunismus in seiner brutalsten vorweggenommenen Form. Man muß fünfzig Jahre später nur STALIN reden hören in den dreißiger Jahren des zwanzigsten Jahrhunderts bei dem Aufbau des Kolchos im Agrargebiet der Ukraine: «Und ich werde meinen Kolchos bauen, selbst wenn die Mütter ihre Kinder fressen.» Tatsächlich haben sie das getan, die Mütter, vor lauter Hunger, und die Millionen Toten, von denen Schigaliow philosophierte, sind alle Wirklichkeit geworden im zwanzigsten Jahrhundert. Es gibt keine Werte mehr, außer die Macht diktiert sie.

Und glauben wir *am Ende* des zwanzigsten Jahrhunderts wirklich an etwas anderes? Was hätten wir gegen die Reduktion der Moral auf die Macht zu setzen, wenn selbst das Bekenntnis zu Gott sich verflüchtigt in den Machtwillen des Kirchenkonfessionalismus, des Durchsetzungswillens von Hierarchen und Potentaten, die wissen, daß man, um Gott zu verkündigen, zuerst Geld, viel Geld braucht, daß man mafiose Geschäfte mit den Banken, mit der Hochfinanz und dem Kapital eingehen muß, um überhaupt die Chance zu haben, Christus wirklich zu verkündigen, ihn, der von sich sagte: «Ihr müßt wählen zwischen Gott und dem Mammon» ...?

Es ist angesichts der kollektiven Raserei am Ende die Frage, ob es auf dieser Welt noch irgend etwas zu *lieben* gibt.

6

Wenn wir ausgingen von Werchowenskis Ästhetizismus, steht am Ende dieser sechsstufigen Reihe ganz im Abgrund der alte Wersilow aus dem *«Jüngling»*. Er hat eine bestimmte Frau geliebt, solange sie jung war, er hat sie sogar ihrem Mann abgekauft und mit ihr Arkadij gezeugt; er hat ihr den Westen gezeigt, er hat mit ihr Bildungsreisen unternommen. Nun aber ist er wieder dabei, sich in eine andere junge Frau zu verlieben, und zwar just in die Geliebte seines eigenen Sohnes.

Kann ein Mensch überhaupt einen anderen lieben, kann es ein Wersilow? Da ist die Idee der Menschenliebe im allgemeinen, philosophiert er, aber je näher du dem anderen kommst, mußt du als erstes dir die Nase zuhalten, unbedingt als erstes die Nase. «Ich», philosophiert in den *«Brüdern Karamasow»* gegenüber dem Starez Sosima jemand, «liebe die Menschheit, aber mit mir verhält es sich so, daß kaum, daß jemand an meiner Seite ein Schnäuztuch herausholt, ich anfange, ihn zu hassen. Dabei bin ich im selben Moment bereit, mein Leben zu opfern für die Menschheit im ganzen!»

Wie kann man einen Menschen konkret in seinen Schwächen, in seinen Hilflosigkeiten, in seiner Ohnmacht wirklich lieb gewinnen, und wie können Menschen dahin finden, sich selber zu mögen, wo sie oft so geschändet und mißbraucht sind?

Im *«Jüngling»* schildert Dostojewski das kurze Leben der jungen Olga. Einfach durch wirtschaftliche Armut ihrer Mutter ist sie dahingekommen, einen reichen Mann um einen Kredit zu bitten. Er aber hat sie hinübergeschickt, wo sie ihr Geld verdienen könnte durch ihre Schande. Seitdem ist Olga so verletzt, daß sie gar nicht mehr leben will und auch gar nichts mehr annehmen möchte, das einer Hilfe ähnlich sieht. Selbst als Wersilow versucht, sie wirtschaftlich ein wenig zu unterstützen, lehnt sie das ab. «Ich will überhaupt kein Mitleid.» Sie wird sich das Leben nehmen und ein kleines Zettelchen auf dem Tisch hinterlassen; da steht: «Mamachen, liebe du; ich habe es vorgezogen, mein Lebensdebüt zu beenden.» So buchstäblich lebensnotwendig ist die Frage der Liebe im Leben eines Menschen.

Ein Wersilow aber wird eine Verzweifelte nicht retten, schon weil er selber ein Verzweifelter am Rande der Schizophrenie ist. Sein eigener Sohn Arkadij wird ihn fragen, woran er denn glaubt, – eine Idee für sein Leben muß er doch haben, stellvertretend für eine ganze Generation von zufälligen Kindern! Doch Wersilow wird eine Antwort in der Art geben, wie der Ex-Bürgermeister von Hamburg, HELMUT SCHMIDT, sie vor ein paar Jahren gab. Gefragt: «Was macht man mit einer ganzen haltlos gewordenen Jugend?» erklärte er: «Die sollen sich halten an die Zehn Gebote, oder, wenn das nicht genügt, an die Verfassung der Stadt Hamburg.» Und er meinte, damit etwas sehr Klares ausgesprochen zu haben. Dostojewski, vor hundertzwanzig Jahren, wußte, daß die Zehn Gebote nicht genügen, wenn nicht ein Gefühl dafür da ist, daß Gott unendlich viel mehr ist als ein Gesetzgeber, ja, wenn kein Gefühl dafür da ist, daß er überhaupt ist.

Die bürgerliche Ordnung an sich begründet nichts, – das erfahren all die Gestalten, die Dostojewski schildert. Die Genfer Ideen, die Humanität ohne Christus ermöglicht überhaupt keinen Halt. Denn wer soll den Menschen lehren, sich einzuordnen in den Gang einer Welt, die voller Angst, voller Leid, voller Haß und voller Gleichgültigkeit ist?

In dem Roman *«Der Idiot»* schildert Dostojewski zum Beispiel die Übergangsfigur des jungen Ippolit. Er ist schwer lungenkrank. Er leidet unter Alpträumen. Er sieht des Nachts etwas über sich kommen wie eine riesige blutsaugende Spinne. Die ganze Natur hat ihn in ihr Gewebe eingeflochten, und sein Körper, seine Gesundheit wird nur dazu da sein, in dem Stoffwechselhaushalt des Allgemeinen aufgesogen zu werden. Ständig hat er in seiner Tasche ein kleines Terzerol, mit dem er sich erschießen könnte, gleichzeitig aber weiß er von sich, daß er einer ganzen Menschheit unendlich viel zu sagen hätte. Sein glühender Idealismus würde sich darbringen zum Wohle der Menschheit.

Aber nun muß er sich fragen: «Was soll denn einen Menschen wie ihn, mit dem sicheren Tod vor Augen, von irgendeinem Verbrechen abhalten, wenn der Tod viel schneller kommt als jede Strafe, die irgendein Gesetz, ein Gericht verhängen könnte? Ist es nicht sonderbar, daß es nicht viele Menschen gibt, die längst auf diese Idee gekommen sind? Was ist denn schrecklich an all dem, was Menschen über Menschen bringen können, wenn der Tod so gewiß ist, und es steht nur hin im Wartestand des Augenblicks, wann er eintritt?»

Wie lassen sich all die Figuren Dostojewskis, die wie ein einziger Schrei sind gegenüber der Not einer ganzen Zeit und der Qual ihrer Herzen, dahin führen, buchstäblich das Leben von vorne zu lernen?

Niemand der genannten Figuren ist fähig zu existieren, und der Schauder vor sich selber fährt, wie in der Geschichte bei *Markus* die Dämonen aus dem Besessenen in die Schweine, so aus dem Herzen des Komitees um Pjotr Stepanowitsch Werchowenski in die Umgebung. Damit die Menschen sich dem Terror des Nihilismus und des Atheismus und Kommunismus fügen, muß man sie gefügig machen, indem man sie in Verzweiflung stürzt, indem man Häuser anzündet, indem man jede Gemeinheit fördert, indem man bis zum Alkoholismus die Leute verführt und sie dahin treibt, daß sie gar nichts mehr glauben. Dann sind sie reif für die Übermacht der Macht derer, die ihre eigene Schande zu beenden trachten, indem sie sich an die Spitze aller stellen. Keine Diktatur ohne die geheime Selbstverachtung ihrer Anhänger!

Aber dann gibt es Leute wie jenen Erkel. Er wird schließlich den unschuldigen Schatow mitermorden – im Auftrag des Komitees. Er ist gewissermaßen ein moderner Täter, im zwanzigsten Jahrhundert fast die Normalausgabe. Man kann einem Erkel einen gewissen Idealismus nicht absprechen, aber es verhält sich so, daß seine geistige Kraft nicht ausreicht, in reinen Gedanken sein Ideal anzusiedeln. Er muß sich binden an eine Person, in deren Gestalt jenes Ideal sich verkörpert, und was diese Person dann sagt, wird ihm zum unbedingten Befehl.

Dostojewski, als er das schrieb, konnte nicht wissen, wie in Deutschland in der Mitte des zwanzigsten Jahrhunderts Diktatur und Führerkult eine Menschenmasse, die verzweifelt war, an sich binden würde in unbedingtem Gehorsam. Er hat nicht ahnen können, daß damals, ob Deutsche Christen oder Bekennende Kirche, *alle* Kirchen in Deutschland ohne Ausnahme kein Wort der Kritik fanden, in all der Zeit nicht, als man 1935 heranging, jeden Achtzehnjährigen zu verpflichten, unter Androhung der Todesstrafe, auf dem Kasernenhof den Fahneneid zu leisten mit dem unbedingten Gehorsam zu dem Führer aller Deutschen, ADOLF HITLER, bis zur Todesbereitschaft und, man muß sagen, bis zur Verbrechensbereitschaft: unbedingten Gehorsam! «Man muß Gott mehr gehorchen als den Menschen», so steht es in der *Apostelgeschichte*. Aber woher bekommen Menschen einen Glauben, es gebe da etwas Höheres als den Menschen? Wie vermeiden, daß die Menschen selber zum Menschgott werden müssen, nachdem der Gottmensch entlarvt wurde als Illusion und Lüge?

Es ist nicht möglich, denkt Dostojewski, auf all diese unheimlichen Gedanken, die ihn selber durchwühlen und zerquälen, eine spekulative Antwort zu geben, ein neues antiHEGELianisches System zu entwerfen. All diese Gedanken sind so vernünftig, die ganze EUKLIDische Vernunft so mathematisch genau, die Entseelung des mechanizistischen Getriebes der NEWTONschen Physik als Generalerklärung der Welt so plausibel! Die Technik geht gerade heran, sich als nützlich zu zeigen. Ganz Rußland wird durchzogen von Eisenbahnlinien, als wäre der Stern Wermut der *Apokalypse* auf die Erde gefallen. Wie ist es möglich, Menschen wiederzufinden?

*

Man kann aus dem Werke Dostojewskis parallel zu der Stufenfolge in den Abgrund über sechs Sprossen einer Leiter hinauf wieder ans Licht kommen, wenn wir jeder der gezeichneten Persönlichkeiten eine andere entgegenstellen, die in ihrer Verzweiflung und in ihrem Bemühen außerhalb jeder logischen Begründung eine Alternative verkörpert.

1

Der Frage gegenüber: Ist es möglich, einen Menschen zu lieben, ohne sich die Nase zuzuhalten, läßt sich aus *«Raskolnikow»*, aus *«Schuld und Sühne»*, die Gestalt der jungen Dirne Sonja zeigen. Sie ist gewissermaßen die Seelenfigur, der gute Engel des Mörders Raskolnikow selber. Der, eines Tages, wird dieses junge Mädchen, das sich für die Not seiner Familie opfert, fragen: «Sonja, was gibt dir dein Gott?» Und sie, hauchend mehr als redend, gibt ihr Geheimnis preis: «Alles gibt er mir.»

Das ist ganz wörtlich zu nehmen.

Sonja schilderte eben noch, wie ihre Mutter Katharina Iwanowna, bevor ihr Gatte, der Trinker Marmeladow, unter eine Kutsche kam und tot nach Hause gebracht wurde, davon erzählte, wie sie in ihrer Armut irgendwann ein Heim einrichten würde für junge Mädchen, und welch schöne Kleidung die Mädchen tragen würden. «Sie hat so viel Geschmack, meine Mutter», sagte Sonja. Aber sie weiß, daß das alles nichts ist als verzweifeltes Wunschdenken; dahin wird es niemals kommen. In der Realität gibt es keinen Halt, der sie tragen könnte, und nicht einmal ihr eigenes Opfer wird einen nennenswerten Erfolg haben für ihre Mutter, für ihre Geschwister. Raskolnikow sieht mit der Präzision seines Denkens die, wie er meint, unvermeidlichen Folgen voraus: es gibt nur drei Wege, weiß er; entweder die Dirne Sonja wird wahnsinnig oder sich selbst das Leben nehmen, oder sie wird zu einer richtigen Dirne und anfangen, ihre Schande zu lieben.

Aber Sonjas Geheimnis ist, daß alles dieses drei nicht passiert. Sonja weiß, daß sie keinen Tag existieren kann, ohne daß es so etwas gibt wie Vergebung. Über ihrem ganzen Leben! Sie, die Geschändete, hat den Mut zu glauben, da sei eine Liebe, aus deren Hand sie nie entlassen werde. Deshalb, als Raskolnikow ihr schildert, daß er der Mörder der beiden alten Frauen, sogar von Sonjas Freundin Lisawjeta ist, wird sie, statt ihm Vorwürfe zu machen, ihn umarmen und sagen: «Was mußt du gelitten haben!» Sonja ist völlig unfähig, über irgendeinen Menschen richtend den Stab zu brechen. Sie selber fühlt, daß es sehr wohl Gutes gibt und Böses, aber daß es völlig unmöglich ist, Menschen nach diesen Maßstäben zu werten. Es gibt Schuldige, ja – aber sind sie nicht alle irgendwo zugleich Unschuldige? Und ist das, was sie retten kann, jenseits jeden Schuldspruchs, nicht einzig ein begleitendes Verstehen wegen ihrer Einsamkeit und Not in dem Abgrund ihrer Selbstverachtung? Sonja, die ganz und gar Verachtete, leuchtet aus dem Dunkel hervor im Glanz einer Würde, für die es in ihr selber keinen Grund gibt. Aber dieser unbegründbare Grund für eine menschliche Würde – das zum ersten verdient den Namen Gott oder Glauben an Gott.

Was wir hier lernen, ist keine Theorie mehr über das Leben; es ist etwas, das bleibt, nachdem alles weggeschmolzen wurde, was an Überflüssigem da war. Auf die Frage, was das Leben noch trägt jenseits allen Zierats, bleibt nur dies Aufgenommensein in jeder Schändlichkeit und Schande, die Menschen über Menschen bringen können. Ist es möglich, daß jemand mitten in der Schmach sich behält als Person und findet den Menschen wieder sogar in jemandem, der zum Verbrecher wurde?

In den modernen Ideen der Sozialphilosophie und -psychologie scheint es sehr fraglich, ob es ein Verbrechen überhaupt gibt. Dostojewski, vor allem in dem Roman «*Die Brüder Karamasow*», setzt sich auseinander mit der Theorie, daß jegliches Verbrechen im Grunde eine Krankheit sei; aber die Sozialphilosophie seiner Tage ist sehr viel weitergegangen; sie entmündigte den Einzelnen, statt ihn zu sich selber zu führen, seiner Verantwortung, ganz so wie die frühe anarchistische Bewegung in den fünfziger Jahren des neunzehnten Jahrhunderts in Rußland denn auch zu denken anfing: das Verbrechen sei eine Revolte gegen eine korrupte Bourgeoisie und ein krankmachendes Sozialgefüge; ein Verbrechen zu begehen, sei aus Gründen des Protestes gegen die herrschende Clique daher gewissermaßen eine innere Notwendigkeit.

So eng verschmolzen können die Paradoxien in diesem Betracht sein, daß Dostojewski als Mensch, als Psychologe, als Glaubender in der Gestalt Raskolnikows durchaus sieht, daß jeder Mensch sehr genau weiß, was er tut, aber daß es wie zwanghaft ein verletztes Gefühl geben kann, das am Ende hart wird, um einen anderen zu verletzen. «Du mußt niederknien», wird Sonja zu Rodia sagen, «und die ganze Erde, alle Menschen um Vergebung bitten.» Das aber ist gerade die Haltung, welche die staatliche Justiz niemals zu erzeugen vermag. Der Untersuchungsrichter Porfirij Petrowitsch etwa tut redlich sein Werk. Er beginnt eine Art Katz- und Mausspiel mit dem jungen Studenten, aber er ahnt sehr genau, daß nichts damit gewonnen ist, in einem Indizienprozeß ihn nach Sibirien zu liefern. Worauf es ankommt, ist, daß Raskolnikow überhaupt wieder ein Gefühl für das bekommt, was er durch seine eigene Tat in sich selbst zerstört hat und was längst in ihm zerstört worden sein muß, ehe er zu der zerstörerischen Tat imstande war. Das aber kann weder ein Untersuchungsrichter noch überhaupt ein Richter ihm geben. Es ist ganz buchstäblich die Wahrheit aus dem siebenten Kapitel des *Matthäus*-Evangeliums, als Jesus am Ende der Bergpredigt eindringlich sagt: «Richtet ihr nicht über Menschen. Denn nach dem Maß, mit dem ihr urteilt, verurteilt ihr euch nur selber.» Die Dirne Sonja weiß, daß ein Mensch nur leben kann in dem Gefühl eines absoluten Vertrauens, da gebe es eine Berechtigung jenseits aller Rechtfertigungen, da gebe es eine Liebe selbst dort noch, wo man sie bis zum äußersten mißbraucht und mißhandelt. Ja, kann es nicht sogar sein, müßte man dem päpstlichen Großinquisitor und Schigaliows Glückseligkeitszuchthaus entgegenhalten, daß der Staat sein Urteil spricht, und er verhängt es fälschlich?

Diese Frage wirft Dostojewski auf in der Gestalt des Dimitri Karamasow. Er soll verurteilt werden wegen Mordes an seinem eigenen Vater, er aber hat den Mord nicht begangen. Er läuft Gefahr, als Unschuldiger in Ketten nach Sibirien gebracht zu werden. Da beginnt in dem sehr triebhaft bis dahin dargestellten Dimitri eine neue Überlegung, und sie ist die Auferstehung eines neuen Menschen in ihm. «Es kann ja sein», sagt er, «daß man Gott von der Erde vertreibt. Aber dann werden wir, die unterirdischen Menschen, ihm das Hosianna singen. Wir werden in Ketten sein, aber wir werden unsere Freiheit haben.» Alle sind ja Schuldige, alle verdienten Verurteilung. Aber wie läßt sich spüren, daß in Fesseln zu gehen nicht heißen muß, gefesselt zu sein? Der Mensch ist unendlich viel mehr als die Gesellschaft, unendlich viel mehr als der Staat. Selbst der Anspruch, der Staat solle sorgen für Gerechtigkeit, wo er so oft Unrecht schafft und verübt, kann überwunden werden von einem Menschen, der Höheres glaubt.

Dostojewskis Gedanke hier erinnert an die Szene aus dem zwölften Kapitel des *Markus*-Evangeliums, die so mißbräuchlich von den Kirchen zitiert wird: «Gebt dem Kaiser, was des Kaisers ist.» O ja, das tun sie, die Staats- und Kirchenbeamten, und setzen sich mit Vorliebe an Gottes eigene Stelle. Aber der Zusatz, nach dem Jesus gar nicht gefragt wurde, auf dem ihm indessen wirklich das Gewicht liegt, lautet ganz einfach: «Gebt doch Gott, was Gottes ist.» Sagen wir so: Alles Geld, alle Erlasse, alle Paragraphen, die der Staat druckt, spiegeln nur sein eigenes Bild wider. Die Münze, die ein Kaiser prägt, gehört dem Kaiser, der sie schuf; aber in eurem Herzen lebt das Bild Gottes, dem ihr euch selbst verdankt. Dieses Bewußtsein nicht zu verlieren, ist die ganze Menschlichkeit. Selbst in den Katakomben der Bergwerke Sibiriens ist es doch möglich, den Himmel zu sehen. Das ist die Vision des Dimitri. «Wir werden die Freude finden», sagt dieser Karamasow – dem grimmig dreinschauenden Schigaliow in den *«Dämonen»* zum Trotz und zum Trost.

2

Wie ist es des weiteren möglich, Stepan Werchowenski und seinen Sohn bei der Hand zu nehmen und ihnen eine andere Welt zu zeigen?

Gegenüber der Selbstverachtung Pjotrs steht vielleicht am deutlichsten die Lichtgestalt des Fürsten Myschkin aus dem *«Idioten»*. Gibt es wirklich einen Grund, auf Menschen herabzublicken? Myschkin, dieses ewige Kind, dieser Mensch, der mit Geld kaum umzugehen versteht, dem all die Ziele von Macht und Einfluß, an welche die anderen glauben, so unwert erscheinen, wird hinübergehen, um Nastassja Filippowna in gewisser Weise zu erlösen. Diese Frau verachtet sich selber. Sie ist geschändet worden. Sie soll verheiratet werden in eine Generalsfamilie hinein, die eben den Mann, der sie erniedrigte, in ihre Nähe ziehen möchte. Sie ist ein Spielball in den vornehmen Kreisen von Petersburg, aber Fürst Myschkin sieht, daß sie dabei ist, sich zu ruinieren aus einem gekränkten Stolz heraus, aus einem Herzen, das man zutiefst verletzt hat und das den eigenen Untergang sucht, wie um eine Schuld abzutragen, für die es keine Vergebung gibt.

Wie lehrt man einen Menschen, an sich selber wieder zu glauben, wenn er jegliches Vertrauen zu sich verloren hat? Macht – was beweist sie, außer daß die Komödie fremder Staffagen und absurder Auftritte auf der Bühne des vermeintlich Wesentlichen im Raum der Politik weitere Komödianten findet! Wäre es nicht denkbar, wir benötigten gar nicht den Umhang des Paletots der uniformierten Stärke und besännen uns auf das, was wir selber sind, gleichgültig, ob hoch oder niedrig, schwach oder stark? Was hängt von solchen Fragen ab, wenn wir die Menschen sind, als die wir aus der Hand Gottes hervorgegangen sind? Diese Hand sieht niemand, diese Hand kann niemand beweisen, doch allein der Glaube schon, in unserer Seele trügen wir so etwas wie einen Abdruck der zärtlichen Finger Gottes, die den Staub der Erde nahmen und formten ihn zu einem Gefäß der Kostbarkeit, und er atmete hinein seinen eigenen Odem – es bedeutete gegenüber aller Vergänglichkeit, gegenüber aller irdischen Nichtigkeit eine solche Größe, einen solchen Stolz!

Daran glauben zu lehren, ist die Tat des Fürsten Myschkin.

Er selber wird ein Gescheiterter sein. Er wird in gewissem Sinne dem Bild an der Wand des Parfen Rogoshin von dem gekreuzigten Christus gleichen. Dieses Bildmuster erinnert noch einmal an die Vision Kirillows in den *«Dämonen»*. Dostojewski selber im Kunstmuseum in Zürich sah vor sich den toten Christus im Grab auf dem Bilde von Holbein. Seine Gemahlin ANNA versuchte ihn immer wieder davon wegzulocken. Er aber, wie hypnotisiert von dem Abgrund, starrte auf das Bild bis zu epileptischen Zuckungen. «Wenn er», wird er sagen im *«Idioten»*, «gewußt hätte, daß er so erscheint am Kreuz, gemartert, hätte er denn dann überhaupt gewagt, all dieses Leid auf sich zu nehmen? Konnten denn alle, die ihm bis dahin gefolgt sind, seine Jünger zumal, je glauben, daß es eine Auferstehung gibt, wenn der Tod eine so furchtbare Gestalt annimmt?»

3

Das ist die nächste Frage: Wie antworten wir Kirillow – der Hypnose des Todes? Wie ist es möglich, selbst an der Leiche von Nastassja Filippowna, die Rogoshin ermordet hat, Hoffnung zu gewinnen über den Roman *«Der Idiot»* hinaus?

Diese Frage versucht Dostojewski zu artikulieren in den Gesprächen mit dem Starez Sosima: «Ist Liebe überhaupt möglich», haben wir uns gefragt. «Kann sie gelingen in der Sicherheit, leiden zu müssen, weil es den Tod gibt?»

Zu Starez Sosima kommt unter den anderen auch eine Frau, die ihr Kind, den kleinen dreijährigen Arkadi, verloren hat und voller Trauer ist. «Ich trete auf den Hof hinaus», sagt sie, «und ich höre seine Stimme, aber er ist nicht mehr da. Ich nehme sein Mäntelchen, seine Kleider, wasche sie, lege sie aufs Bett, aber er ist nicht mehr da.» Selbst als Sosima sagt: «Er ist doch einer der Engel Gottes geworden», *weigert* sie sich, gegen ihr Leid irgendeine Hoffnung zu hegen. Sosima muß erkennen, daß sie das Los einer Rachel trägt, der Ahnfrau Israels, die nach einem Wort des Jeremia nicht aufhört, in der Nähe von Anatot über ihre Kinder zu weinen; selber verstarb sie am Wege und gebar ihren Sohn, den sie sterbend Ben Oni nannte, Sohn meiner Qual. Es war Jakob, ihr Mann, der es nicht über sich brachte, dieses Geschenk seiner Liebsten mit einem solchen Namen weiterzubelehnen. Benjamin sollte er heißen, Sohn meiner Rechten, meines Glückes.

Aber woher gewinnt ein Mensch diese Kraft, im Leben anzulieben gegen den Tod, wenn alles im Leben auf die pure Vernichtung hinausläuft?

Starez Sosima spürt, daß die Liebe dieser Frau nur getröstet werden kann durch ein Versprechen, ein erneut unbeweisbares, unglaubliches in gewisser Form, aber so nötiges, daß ein Mensch, auch nur ein Kind in diese Welt zu setzen, einzig wagen wird im Glauben, daß es über den Tod hinaus ein Reich der Liebe gibt, das stärker ist als der Zwinggriff der Vergänglichkeit. Diesen Trost möchte Starez Sosima dieser Mutter auf den Weg geben, und so spricht er zu ihr: «Was soll er denn sagen, der kleine Arkadi, wenn er hier zuschaut und sieht, was für eine Verzweifelte du bist? Gehst fort von deinem Mann, bis er sich betrinkt in seinem Kummer! Wird denn das ein Zuhause sein für deinen Arkadi?»

Oft werde ich gefragt von Leuten, die darunter leiden, daß ihr Mann, ihr Kind, ihre Frau vor Jahren von ihnen ging, und möchten mit ihnen noch sprechen irgendwelche Worte, die nicht gesagt werden konnten, damals, oder die zu spät kommen, jetzt. Welch einen Trost hätten wir Menschen auf dieser Welt sonst, außer wir könnten denken, die Worte, die wir hier richten in den Wind zu den Sternen, sie würden gehört, und es gäbe gar nicht ein Reich der Lebenden und ein Reich der Toten, sondern nur ein einziges Reich der Liebe?

Dostojewski im *«Tagebuch eines Schriftstellers»* wird in seiner merkwürdigen Art der Argumentation das Schicksal eines jungen Studenten schildern, der sich das Leben nimmt, weil er an Unsterblichkeit nicht glauben kann; und später den irritierten Lesern wird Dostojewski sagen: Das eben wollte ich ja zeigen, daß der Glaube an Unsterblichkeit dem Menschen unabdingbar ist, um auch nur die paar Jahrzehnte hier auf Erden durchzuhalten. Ein Unendliches als Horizont benötigen wir, um die Wüstenei des irdischen Daseins zu durchschreiten. Immer wieder im Spiegel des Abgrundes zeigt uns Dostojewski deshalb die Strahlen der Sonne.

4

Was aber läßt sich sagen einem Nikolai Stawrogin? Was ist, wenn ein ganzes Volk oder, sagen wir, eine ganze Kirche den Glauben an die eigene Absolutheit des Gruppenzusammenhaltes einbüßt durch die Aufklärung, durch die Anwendung von ein wenig Vernunft, durch die Erkenntnis der Absurdität aller Exklusivitätsansprüche?

Die Antwort darauf hat Dostojewski, soweit ich sehe, in keiner Romangestalt gegeben, sondern vor allem im *«Tagebuch eines Schriftstellers»*. «Man sagt», erklärt er dort, «das russische Volk sei ungebildet und roh und in diesem Sinne eigentlich gar nicht fähig zum Glauben, aber ich sage: Rußland hat kennengelernt seinen Glauben in den Jahrhunderten des Leids, und so trägt es Christus in seinem Herzen.»

Es gilt nicht, an ein Volk zu glauben, auch nicht an eine Kirche, sondern über alle Grenzen hinaus an Christus oder Gott. Was aber heißt es nun, an Christus zu glauben oder Gott, außer man glaubt an eine Menschlichkeit, die alle bestehenden Grenzen überwindet? Das jedenfalls wird Dostojewskis Art, seinen oft grotesk anmutenden Panslawismus zu reinigen und selber zu vermenschlichen.

Äußerlich betrachtet gab es vielleicht keine glücklichere Stunde in Dostojewskis Leben als den Tag, da man ihm anbot, im Gedenken an PUSCHKIN eine Rede zu halten. Es war der Tag, an dem er selber sich versöhnte mit seinem Widersacher TURGENJEW, dem er vergrämt nicht nachsehen konnte, daß er in der Stunde seiner tiefsten Armut und Armseligkeit keinerlei Hilfe, weder seelisch noch materiell, von ihm bekommen hatte. Nach dieser PUSCHKIN-Rede anerkannten sich beide als Menschen und Dichter, und das zu Recht, denn gesagt hatte Dostojewski, von PUSCHKIN, dem Russen, könne man lernen, was es überhaupt heiße, ein Russe zu sein, und welch eine Wahrheit das russische Volk der Menschheit zu schenken vermöge: Der Russe sei derjenige Mensch, der im Stande sei, alles zu verstehen.

5

Das ist die Kehrseite der fast delirösen Vorstellung, mit der in dem Roman *«Raskolnikow»* fünfzehn Jahre zuvor der Trinker Marmeladow in der Wirtschaft saß und sich ausmalte, wie das Jüngste Gericht sein werde: Wird es so sein, wie die Menschen es sich vorstellen, getrennt zwischen Himmel und Hölle, zwischen würdig und unwürdig, fromm und unfromm, tugendhaft und lasterhaft? Er, Marmeladow, ist zum Kehricht geworden, zum Vieh geworden, aber er hofft, er hat diesen äußersten Gedanken: Wenn Er kommen wird, wird Er sie alle rufen, alle, und diejenigen am meisten, die nie glauben konnten, dessen wert zu sein, all die Säufer, die Huren, die Mörder! Das Jüngste Gericht wird eine Einladung sein an alle. «Dann», sagt Marmeladow, «werden alle alles verstehen!» Aus dem Leiden, an dem Kirillow, an dem Iwan Karamasow bis zum Atheismus sich zerquält haben, aus dem Leiden läßt sich lernen die Bereitschaft einer universalen Vergebung und eines nicht endenden Bemühens um Verstehen. Und nie wären die Menschen dichter bei Gott, als indem sie zusammenfänden auf diese Weise zu einem Mitleid und zu einem Verstehen ohne Schranken.

6

Dann bleibt nur noch die Frage, ob es so etwas wie eine Religion der Schönheit nicht doch gibt jenseits des Zynismus, jenseits der literarischen Ästhetik, ob das, was der alte Werchowenski suchte, nicht doch eine Erfahrungsmöglichkeit hier auf Erden schon ist. Im Roman *«Der Jüngling»* wird es der Pflege- und Stiefvater Arkadijs, der Pilger und Gottesnarr Makar Dolgoruki sein, der, als er krank von einer seiner gottsuchenden Ausreisen zurückkehrt, über den Doktor, den alle für einen Atheisten halten, sagt: «Dieser Mann kann kein ungläubiger Mensch sein, denn er ist fröhlich.»

Soll das heißen, daß man an Gott glauben muß, um ein fröhlicher Mensch zu sein?

Für Makar Iwanowitsch Dolgoruki ist dies eine erwiesene Tatsache: Ein fröhlicher Mensch kann kein verzweifelter Mensch sein, er ist aber auch nicht oberflächlich nach der Art derer, die gewissermaßen mit Kommißstiefeln durch den Morast der menschlichen Geschichte schreiten oder unangefochten in den gußeisernen Begriffen sich durch nichts auf Erden irritieren lassen. Dieser alte Pilger hat seine Sensibilität bewahrt: Wie wunderschön ist ein Vöglein, wie liebenswert ist ein Kind, wie herrlich sein Stimmchen, wenn es ruft, und wie wunderbar ist ein Sonnenaufgang, wenn die ersten Strahlen des Frührotes durch den Morgennebel brechen? Da ist die ganze Welt ein so unglaubliches Geschenk der Schönheit. Nichts verflüchtigt sich ästhetisch; sogar Kirillow hat recht: Die Spinne und das Blatt, jedes bißchen Leben ist eine unausdenkliche Schönheit – das, was die Menschen erträumen, gibt es doch längst wirklich! Diese Welt könnte sein wie ein Paradies, nur müßte man die Menschen an den Wächterengeln am Paradieseingang vorbei hinüber in den verlorenen Garten Eden zurückgeleiten. Das einzige wäre, sie müßten glauben, sie seien gut genug so, wie sie hervorgegangen sind aus der unsichtbaren Hand dessen, den sie ihren Schöpfer nennen.

Was ist der Mensch ohne Gott außer ein amorphes Gebilde aus Staub? Was aber kann der Mensch sein, trägt er mit jedem Atemstoß göttlichen Odem in seinem Mund und in seiner Seele? Ohne den Glauben an Gott, wird Dostojewski sagen, ist es dem Menschen vollkommen unmöglich, an das Leben zu glauben. «Siehst du, da habe ich zwei Ideen gleichzeitig in meinem Kopf. Gott ist unbedingt notwendig, und also muß es ihn geben; nun aber es ist vollkommen unmöglich, daß es Gott gibt. Kann ein Mensch existieren in diesem Widerspruch?», so fragt Kirillow.

War Dostojewski selber ein gläubiger Mensch, glaubte er sich seinen Glauben, wenn er versuchte zu glauben? Wußte er nicht an jeder Stelle, daß, wenn er die psychologische Notwendigkeit des Gottesglaubens aufzeigt, er wieder hineinfällt in die Dialektik des Verstandes?

Eben deswegen wollte Dostojewski, daß wir aufhörten, über Gott zu philosophieren und theologische Lehrstühle damit zu erobern, daß wir noch eine klügere Idee des Göttlichen entwürfen als unsere Vorgänger. Dostojewski wollte, daß wir uns wiederfänden als Menschen und uns fragten, woraus wir existierten, ob aus Angst oder Vertrauen, ob aus Selbstverachtung oder Selbstannahme, ob aus einer verurteilenden Strenge oder einer verstehenden Güte, ob aus einem Leben, das in sich selber kreist und sich individuell und kollektiv zum Selbstwert erhebt, oder aus der Bewegung einer Transzendenz, in die wir selber einschwingen im Suchen nach etwas, das uns umfängt und gemeinsam hinübergehen läßt in diese andere Welt, deren Licht schon hereinströmt in den Innenraum unseres Daseins, und es würde unser Leben wie eine dunkle Kathedrale, an deren Wänden sich Fenster zeigen, die am Morgen die Sonne offenbaren. Wir sehen das Lichtgestirn selber nicht, aber daß wir Menschen menschlich zu sehen vermögen, das ist das Göttliche. Mit den Worten des Psalms, zweimal im Gebetbuch Israels: «Denn in deinem Licht sehen wir das Licht» (*beorkha niräh or*). Da, wo ein Mensch beginnt, den anderen zu lieben – Sosima wird sogar sagen: durch werktätige Liebe –, da wird auch jene vornehme Frau bei ihrer eingangs erwähnten Frage, ob es auf dem Grab denn mehr gibt als die Klette, die da wächst, überzeugt werden von der Unsterblichkeit des Lebens.

«Werden wir uns wiedersehen?» fragen am Ende der *«Brüder Karamasow»* die Kinder Kropotkin den jungen Mönch Aljoscha, und der gibt die Antwort, die Dostojewski selbst sich erhofft, wünscht und glaubt: «Ja, wir werden uns wiedersehen.»

Die Möglichkeit zur Vergebung und zum Verstehen und die Fähigkeit, im Vertrauen auf ein ewiges Leben einander gegen den Tod anzulieben – das heißt für Dostojewski, zu glauben an Gott, so wie Jesus ihn lebte und lehrte.

«*Freunde mit dem ungerechten Mammon*»? *Dostojewski, das Geld und die Liebe*[*]

Der Dostojewski-Gesellschaft muß man danken, die Spielbank von Wiesbaden aber in gewissem Sinne bewundern, daß ein Vortrag wie dieser an dieser Stelle möglich ist. Die Spielbank von Wiesbaden – das war im Jahre 1865 die Hölle für eines der größten Genies der Menschlichkeit; und wir hier an diesem Ort sind die Wallfahrer zur Stätte seiner Leiden.

Der Spieler

Dostojewski hatte die Spielbank von Wiesbaden bereits zwei Jahre zuvor kennengelernt. Er befand sich mit seiner Geliebten POLINA SUSLOWA zum zweiten Mal im Ausland, in Paris wollte er sie treffen, als er in dieses «Roulettenburg» geriet. Noch war er unglücklich verheiratet mit MARIA DIMITRIJEWNA, die er 1854 nach seiner Entlassung aus dem Zuchthaus in Semipalatinsk kennengelernt und drei Jahre später in die Ehe geführt hatte; mit POLINA verbanden ihn die heftigsten Gefühle träumerischer Hochachtung, ganz ähnlich, wie in seinem Roman «*Der Spieler*» der junge Hauslehrer Alexej Iwanowitsch gegenüber der Generalstochter gleichen Namens: Polina, empfindet; genau wie dieser ward auch Dostojewski von seiner POLINA gelockt, aber nicht geliebt, angezogen, aber nicht angenommen, verwundet, aber nicht geheilt. Zudem steht er unter erheblichen finanziellen Belastungen; die Zeitung *Vremja,* die er mit herausgab, ist verboten worden. Kann man, das ist längst schon die

[*] Vortrag, auf Einladung der Dostojewski-Gesellschaft gehalten am 16. November 1997 in der Spielbank Wiesbaden.

Frage, einen solchen Habenichts wie ihn, einen so offensichtlich Gescheiterten überhaupt wirklich lieben?

Zum ersten Mal entdeckt Dostojewski das Spiel. Wenn er nur Geld genug hätte ...! Es würde eine Brücke zu schlagen vermögen über den Abgrund einer verlorenen Vergangenheit hinüber zu einer doch immer noch möglichen Zukunft.

Später, im *«Spieler»*, wird er erzählen, wie ein «in allem unabgeschlossener» Mensch, «der den Glauben verloren hat, sich aber nicht zum Unglauben entschließen kann, der gegen die Autorität rebelliert und sich zugleich vor ihr fürchtet», sich in Polina an eine Frau bindet, die ihm zutiefst rätselhaft, ja, wesensfremd erscheint; eine geheime Lust an Erniedrigung und Leid bestimmt seine Beziehung, als die Generalstochter, angesichts der finanzellen Misere ihres Vaters und verzweifelt über die Untätigkeit ihres französischen Liebhabers, Alexej bittet, für sie zu spielen. Alle in Roulettenburg warten wie fiebernd auf einen großen Gewinn am Spieltisch; alle erhoffen sie sich von einem einzigen Augenblick des Glücks die Befreiung von all ihren Schulden; alle leben sie auf Kredit in eine längst schon verpfändete Zukunft. Der General insbesondere rechnet ganz fest mit der Erbschaft der Großmutter, doch diese, statt, wie sie sollte, nun endlich zu sterben, erscheint triumphal selber im Spielsalon, «elle est tombée en enfance», und wirklich, wie ein trotziges Kind, das einfach nicht verlieren kann, verspielt sie im Handumdrehen ihren ganzen Besitz.

Aber sind es nicht alles kindliche Charaktere, sehnsüchtig-süchtige Närrinnen und Narren des Lebens, die in den Spielbanken glauben, ihr Glück machen zu können, indem sie die Gesetze der Mathematik außer Kraft setzen und sich zu Herren des Schicksals aufwerfen? Allen geht es um alles, um Sein oder Nichtsein, um Freiheit oder Sklaverei, um Leben oder Tod; doch ist nicht *das* schon ihr wirkliches Unglück, ihr längst schon vollzogener Untergang, daß sie eine solche Entscheidung abhängig machen von Geldbesitz? Merken sie nicht, wie sie alle Menschlichkeit verlieren, indem sie den Tod eines anderen Menschen herbeisehnen, um nur endlich selber leben zu können? «Wann kann man tun, was man will?» fragt Dostojewski in den *«Winteraufzeichnungen»* und gibt sich zur Antwort: «Wenn man eine Million hat.» Was aber ist ein Mensch ohne eine Million? lautet die Gegenfrage. Antwort: «Ein Mensch ohne eine Million ist nicht der, welcher alles tut, was er will, sondern der, mit dem man alles tut, was man will.»

Geld, so betrachtet, scheint identisch mit Freiheit, mit Selbstbestimmung, mit Unabhängigkeit. Tatsächlich aber liefert Dostojewski gerade im *«Spieler»* in allen Punkten den dämonischen Gegenbeweis für die wahre Natur des Geldes: Es versklavt, es raubt jede Eigenständigkeit, es verwandelt sich unter der Hand in ein Suchtmittel – es macht vollkommen abhängig.

Schon 1846 hatte Dostojewski die Frühsozialisten sorgfältig gelesen: SAINT-SIMON, PROUDHON: *Eigentum ist Diebstahl;* aber so denkt er nicht, auch vor seiner Verhaftung im August 1849 nicht. Er teilt ganz und gar nicht den Glauben der französischen Kommune, eine Änderung der gesellschaftlichen Verhältnisse sei gleichbedeutend mit der Besserung des Menschen. Was Dostojewski interessiert, ist nicht das Geld als gesellschaftlich-wirtschaftlicher Faktor, ist nicht das Baumaterial zur Errichtung des «Glaspalastes», dieses Sinnbilds der Londoner Weltausstellung von 1851, vielmehr spielt das Geld im Werk Dostojewskis eine überragende Rolle als menschlicher Faktor. Es ist imstande, den Menschen zu beherrschen, weil es seinem Besitzer Anerkennung und Liebe verheißt, und das Rätsel, das Dostojewski zu lösen versucht, besteht in der Frage, was für Menschen das sind, in deren Erleben Selbstachtung und Geldbesitz so untrennbar miteinander verschmelzen, daß ihnen die Jagd nach dem Gelde am Ende wichtiger wird als die Liebe.

Alexej etwa wird von der Seltsamkeit im Wesen Polinas wie magisch angezogen; in gewissem Sinne ist er bereits ein Vorläufer des Fürsten Myschkin im *«Idioten»*, der die rätselhafte, schöne Nastassja, die in Armut geraten ist, zu retten versucht; wie dieser ist auch er bereit, sich zu unterwerfen, alles zu opfern und durch Verstehen ein fremdes Schicksal zum Guten zu lenken; dann aber kommt es zu dieser Idiosynkrasie des Bilds von Polina mit dem Spieltisch. Sie, die stets Unnahbare, die ihm Unerreichbare, scheint in der Tat einen Moment lang durch einen spektakulären Spielgewinn ihm ganz nahegerückt, ein einziges Mal bietet sich ihm die Möglichkeit, wie durch ein Wunder das Leben der Geliebten auszulösen; doch gerade in diesem Augenblick erweist sich der Sog des Spiels selber als stärker: Ein hinterlistig gesetzter Aufschub bei der Auszahlung des gewonnenen Geldes genügt, und Alexej versinkt in der tödlichen Faszination der Erregung, in dem Ersatzrausch aus Qual und Beseligung, in der virtuellen Verschmelzung mit jener Geliebten, die er mit dem Einsatz seines Lebens umwarb, nur um sie jetzt, wo sich alles entscheidet, wie mutwillig zu meiden.

Was Dostojewski in der Gestalt seines *Spielers* in dieser Geschichte psychologisch virtuos andeutet, ist das Unvermögen seines jugendlichen Helden, sich seine eigene Liebenswürdigkeit wirklich zu glauben. Eben deshalb wohl «wählt» er gerade eine solche Frau zur Geliebten, die ihn mit Spott und Verachtung ebenso an sich bindet wie sie ihn von sich fernhält. Das Spiel, um das sie ihn bittet, bietet Alexej immerhin den Anschein einer erfüllbaren Liebesbedingung; doch woher dann das verhängnisvolle Zaudern und Zögern, den wider alles Erwarten eingetretenen Erfolg am Roulettetisch tatsächlich zu nutzen? Es ist gewiß nicht, daß Alexej einfach denken würde, Polina liebe einzig sein Geld, gar nicht ihn wirklich als Menschen; es ist weit eher, daß eine verborgene Scheu den jungen Mann daran hindert, sich selbst seines Gelds zu entblößen und sich schutzlos mit seiner Person Polina zuzumuten. Psychoanalytisch wird man kaum anders sagen können, als daß hier eine tiefe Angst, nicht wirklich geliebt zu werden, die Erfüllung der Liebe verhindert und deshalb die Ekstasen des Glücksspiels den Rausch einer unerfüllbaren Beseligung ersetzen müssen. Das Geld wird auf diese Weise zum Fetisch, das Roulette zur Sucht, die Spielbank zur Hölle, und so muß es sein, wenn ein Mensch aus dem Abgrund seiner Selbstzweifel mit Hilfe dieses scheinbar allersichersten Hilfsmittels, mit dem Besitz von Geld, sich zu retten versucht. Das Geld verzaubert einen jeden, der sich seiner inmitten von Gefühlen des Selbstzweifels und der Selbstablehnung als eines Zaubermittels der Liebe bedienen möchte.

Aber kann man es Dostojewski verdenken, daß er persönlich damals gerade so fühlte und gerade so tat?

Bereits sein erstes Buch, das er 1846 im Alter von 25 Jahren veröffentlicht hatte, behandelt das Thema *«Arme Leute»* – die Geschichte des müde gewordenen, in die Jahre gekommenen Amtsschreibers Makar Dewuschkin und der jungen, gekränkten, armen Warenka Dobrosjolova. Beide wohnen einander gegenüber, beide schreiben einander Briefe in der warmherzigen Sprache der «einfachen» Leute; aber schon der Name des Antihelden Dewuschkin erinnert an *dewuschka* – «Jungfrau» und müßte am besten mit «Herr Hagestolz» übersetzt werden. Dieser Mann wird – ein russischer GRILLPARZER – niemals den Mut aufbringen, Warenka gegenüber seine Liebe offen einzugestehen. Dieses Mädchen wiederum liebt eigentlich einen armen Studenten, den Sohn des alten Trinkers Pokrowski; doch dieser stirbt; und von den Umständen wird sie gezwungen, gerade den Mann zu heiraten, von dem sie – erneut eine Schwester Nastassjas – in ihrer Unerfahrenheit verführt und in Schande gebracht worden ist. Was ist das für ein Leben, muß man sich fragen, in welcher das Geld die Liebe käuflich macht und am Ende die Ehe wie eine legalisierte Form der Prostitution erscheinen läßt, während so viele ehrliche Gefühle gar keine Chance haben, auch nur gehört zu werden?

Das Stück, das N. GOGOLS *«Mantel»* nahesteht, wurde von dem sozialistischen Literaturkritiker BELINSKI wegen seines «Realismus» gelobt (vgl. *«Tagebuch eines Schriftstellers»*, 1873, 1. Zur Einführung) – im sowjetischen Rußland blieb es im ganzen zwanzigsten Jahrhundert fast das einzige Buch Dostojewskis, das im Original gelesen wurde, und zwar allem Anschein nach aufgrund eines Mißverständnisses der eigentlichen Intention des Werkes.

Noch im gleichen Jahr geht Dostojewski daran, den *«Doppelgänger»* zu schreiben – eine brillante Studie zur Psychodynamik der Schizophrenie, in der sein wahres Talent zum ersten Mal aufblitzt; doch die Irritation war groß, die Ablehnung einhellig, die Verunsicherung bei Dostojewski sehr tief. Wer war er selber als Schriftsteller?

Wie ein Tagelöhner lebt er auf Jahre hin von Vorauszahlungen, seine Geldnot ist chronisch, und so wirkt es wie ein grausames Selbstportrait, wenn er 1849 in *«Njetotschka Neswanowa»* den Roman eines Musikers beginnt, der trotz großer Begabung an seinem eigenen Ehrgeiz beziehungsweise an seinem Unvermögen, sich selber richtig zu schätzen und einzuschätzen, kläglich zugrunde geht.

Jefimow, ein armer Klarinettenspieler, ist unter der Anleitung eines Italieners zu einem vielbeachteten Geigenvirtuosen herangewachsenen, doch in seinen Genieträumen und vor allem in den Exzessen des Alkohols entfernt er sich immer weiter von der Wirklichkeit. Die entsetzliche Armut, in die er unaufhaltsam abgleitet, wird ihm mehr und mehr zu einem Alibi, gar nicht mehr zu spielen, – ja, er schwört, den Geigenbogen solange nicht mehr anzurühren, bis seine Frau, die er als Witwe in zweiter Ehe geheiratet hat, verstorben sei: Ihr und der Armut gibt er den Grund an seinem Mißerfolg. In Wirklichkeit aber ist er es selber mit seiner Ruhmsucht, der sich am meisten im Wege steht. Denn, so schreibt Dostojewski wie zur Warnung an sich selbst: «Wenn … ein solches Gefühl zum ersten und einzigen Antrieb eines Künstlers wird, so ist der Betreffende schon nicht mehr ein Künstler, da er dann den Grundtrieb des Künstlers eingebüßt hat, nämlich die Liebe zur Kunst einzig um der Kunst willen.» (3. Kap.)

Die Hauptleidtragende an der fixen Idee vom verhinderten Genie im Kopf dieses Mannes ist seine Stieftochter Njetotschka. Zwischen der Haßliebe ihrer Eltern wird sie hin und her gerissen, und so muß sie, ob sie will oder nicht, sich auf die Seite eines der beiden Rivalen stellen. Mit aller Leidenschaft ergreift sie Partei für ihren Stiefvater, für diesen, wie sie sagt, «halb wahnsinnigen Menschen, nur weil er in meinen Augen so mitleiderregend, so erniedrigt war». (2. Kap.) So oft hat Njetotschka miterleben müssen, wie ihr (Stief)Vater die letzten Kopeken fortnahm und sie in die Wirtschaft trug; das Elend der Großstadt Petersburg malt sich in ihrer Geschichte grell und breit in den Farben von EUGÈNE SUE (*«Die Geheimnisse von Paris»*,

1843) und CHARLES DICKENS (*«David Copperfield»*, 1850); und doch wird um so mehr deutlich, daß unterhalb der sozialen Armut ursächlich, sogar auch hier, eine seelische Armut liegt, die sich in dem Scheitern der materiellen Existenz gewissermaßen somatisiert. Njetotschkas Mutter bricht vor Leid schließlich zusammen und liegt wie tot auf dem Bett; es ist um dieselbe Zeit, da Jefimow soeben zu dem Konzert eines großen Violinsolisten eingeladen ist und im Spiel dieses Mannes die Wahrheit über sein eigenes Unvermögen erkennen muß. Zurückgekehrt, nimmt er die Geige und schlägt mit dem Bogen verzweifelt die Saiten; doch das, was er spielt, «waren nicht Töne einer Geige, sondern es war», erinnert sich Njetotschka, «als wenn zum ersten mal in unserer dunklen Wohnung jemandes grauenhafte Stimme erdröhnte ... Tiefste Verzweiflung schrie aus diesen Tönen, und als es schließlich zum furchtbaren Finale kam, in dem alles hervorbrach, was es an schluchzendem Weh, was es an Qual im zerquälten Herzen und an Sehnsucht in hoffnungslosem Sehnen gibt, ... da ... stürzte ich zum Vater und umklammerte ihn mit meinen Armen.» (3. Kap.) Beide gemeinsam stürzen wie in panischer Flucht aus der Wohnung. Aber auch der Vater stirbt. «Er starb», notiert seine Stieftochter später, «als auch seine letzte Hoffnung dahinschwand, als das Werk seiner Einbildung wie mit einem einzigen Schlage vor seinen eigenen Augen zerschmettert worden war und ihm plötzlich alles das klar zur Erkenntnis kam, womit er sich sein Leben lang belogen und worauf er sich sein Leben lang gestützt hatte». (Kap. 4)

Das Gut Stepantschikowo

Der großangelegte Roman über *«Njetotschka Neswanowa»*, der die Serie der scheinbaren Mißerfolge in Dostojewskis Schaffen beenden sollte, blieb ein Fragment – seine Verhaftung beendete die Arbeit daran. Doch noch in Semipalatinsk 1859 griff er das Thema von der Armut, die zur Armseligkeit wird, und von der Armseligkeit, die zur Armut wird, in *«Das Gut Stepantschikowo und seine Bewohner»* auf groteske Weise wieder auf. Auch hier geht es um die Lüge der Existenz, die zu Betrug und Selbstbetrug wird, so daß selbst materiell am Ende die Rechnung nicht aufgehen kann. Erzählt wird die Geschichte des gutherzigen Witwers Rostanew, der mit seiner Mutter und mit seinen zwei Kindern inmitten einer Trabantenschaft von Nichtsnutzen und Blutsaugern lebt, unter diesen vor allem Foma Fomitsch Opiskin, ein MOLIÈREescher Tartuffe, der den Gutsherrn und seine arglose Mutter mit den Mitteln der Frömmelei für sich einzunehmen sucht. Foma Fomitsch ist nach den Worten des Erzählers die Verkörperung «einer Eigenliebe besonderer Art, und zwar: einer Eigenliebe bei absoluter Nichtigkeit des Menschen und, wie gewöhnlich in solchem Fall, einer ständig beleidigt wordenen, durch früher erlittene schwere Mißerfolge unterdrückten Eigenliebe, die nun schon längst in Fäulnis übergegangen ist und seitdem bei jeder Begegnung mit anderen Menschen, bei jedem Erfolg anderer nur noch Neid und Gift aus sich hervorspritzt».

Die Frage, die Dostojewski an dieser Stelle aufwirft, ist psychologisch genial gestellt: «Wer weiß, ob ... die natürliche Eigenliebe durch die ständige Erniedrigung nicht etwa vermindert oder erstickt, sondern gerade durch diese Erniedrigung, durch die Narrenrolle und die ewig erzwungene Unterwürfigkeit und Unselbständigkeit nicht noch zu einer weit größeren Eigenliebe erhitzt wird? Wer weiß», fügt er hinzu, «vielleicht ist diese bis ins Ungeheuerliche entwickelte Eigenliebe nur ein falsches, früh verkrüppeltes Empfinden der eigenen Menschenwürde, die zum erstenmal vielleicht schon in der Kindheit durch fremdes Joch, Armut, Schmutz oder Verachtung mit Füßen getreten worden ist?» (I 1)

Foma Fomitsch, dieser selbstunsichere Mensch, überkompensiert seine Angst und sein Minderwertigkeitsgefühl, indem er seinen Mitmenschen mit einer um so größeren Sicherheit zu imponieren sucht. Sein Betrugs-«Kapital» dabei ist die Religion, die er auf geschickte Weise zu Geltung und Geld zu machen versteht. Doch während MOLIÈRES Charakterkomiker nichts ist als ein übler Heuchler, ist Dostojewskis Opiskin ein Mensch, der, ähnlich wie Njetotschkas Stiefvater an seine Genieträume, an seine religiösen Ideen durchaus glaubt; erst die psychologische Kritik zeigt ihn als einen Betrüger, der sich seine eigenen Lügen glauben muß, um von ihnen zu leben; selbst und gerade die Religion kann in den Händen eines solchen Mannes nichts weiter sein als ein Instrument der Herrschaft. Dieser Foma Opiskin ist in der Weltliteratur die erste Gestalt, die den Typus des unglaubwürdigen Gläubigen repräsentiert, des Predigers, der Gott zu Geld macht, und er hat tatsächlich Erfolg: Es gelingt Foma, den naiv gläubigen, lenkbar weichen Rostanew an der Leine zu führen. Erst als Foma gemeinsam mit Rostanews Mutter die mögliche Heirat seines Gönners mit der Erzieherin seiner Kinder durch öffentliche Kritik zu hintertreiben sucht, reißt dem bedrängten Gutsbesitzer der Geduldsfaden: Er wirft den Unverschämten hinaus. Der aber, gerade noch rechtzeitig, erkennt seine Lage: Er segnet Rostanews Heirat und erreicht damit, von seinem Herrn reumütig auf lebenslänglich in die Rolle des selbstlosen Weisheitslehrers und göttlichen Ratgebers eingesetzt zu werden. Religion und Geld – sie verschmelzen miteinander für Menschen, die in ihrer Selbstverachtung zu einem Leben der Liebe im Dienste anderer nicht finden.

Auch *«Das Gut Stepantschikowo»* indessen fand kaum Beachtung unter den Rezensenten der Zeit. Dostojewski kehrte nach Petersburg zurück; seine Erfahrungen in der sibirischen Verbannung faßte er in den *«Aufzeichnungen aus einem Totenhaus»* (1861) zusammen – ein Buch, das Menschen seelisch wie sozial in einer Armut zeigt, auf die es mit den Mitteln des zivilisatorischen Fortschrittsglaubens definitiv keine Antwort geben kann. Die intensivste Verdichtung dieser Überzeugung aber bildet der im gleichen Jahr geschriebene Roman *«Erniedrigte und Beleidigte»*, der vor allem das *Njetotschka*-Motiv des armen, gepeinigten Mädchens noch einmal aufgreift und es mit einer unglücklichen Liebesbeziehung nach Art der *Armen Leute* verbindet.

Die Erniedrigten und Beleidigten

Bis heute gibt es Stimmen, die gerade in diesem Werk Dostojewskis nichts weiter sehen wollen als eine russische Nachahmung der bekannten Sujets von H. Balzac und Ch. Dickens; in Wirklichkeit aber handelt es sich in den *«Erniedrigten und Beleidigten»* um Dostojewskis ersten Versuch, die Frage von Armut und Geld als ein zutiefst religiöses Thema im Sinne seiner Bekehrung im Zuchthaus zu behandeln. Nicht nur psychologisch wird dieses Thema von ihm auf unerhörte Weise vertieft, er stellt es vor allem in den weit größeren Zusammenhang von Schuld und Vergebung.

Im Zentrum der Erzählung steht die dreizehnjährige Nelly, ein armes, krankes Geschöpf, das in einem Übermaß an Empfindsamkeit denkt und urteilt wie eine an unsäglichem Leiden überrasch gereifte Erwachsene. Jahrelang, im Ausland und schließlich in Petersburg, hat sie an der Seite ihres Mütterchens mit Betteln und Hilfsarbeiten sich durchschlagen müssen. Denn ihre Mutter ist eine Verstoßene. Sie war einmal die Geliebte, ja, die Ehefrau des Fürsten Peter Alexandrowitsch Walkowsky gewesen; der aber hatte nur ihre Gutmütigkeit ausgenutzt und sie bewogen, ihrem Vater, dem englischen Fabrikanten Smith, alles Geld zu entwenden, mit dem Versprechen, es gewinnreich zurückzuerhalten. Doch das wird niemals geschehen. Walkowsky versteht es im Gegenteil, der Beziehung zu der jungen Smith eine solche Wende zu geben, daß er in den Augen der angesehenen Leute gar nicht anders kann, als sich von ihr zu trennen und sie illegal, da es eine Ehescheidung im zaristischen Rußland so wenig gibt wie in der heutigen katholischen Kirche, mit einem anderen Mann zu verkoppeln, der nach kurzer Zeit stirbt: – ein perfektes Verbrechen, dem gleich drei Menschen zum Opfer fallen: Der alte Smith ist für sein Leben ruiniert; Nellys Mutter wird alle Erniedrigungen und alles Elend auf sich nehmen als Buße für eine Schuld, die sie doch nur aus gutgläubiger Liebe begangen hat; Nelly aber wird ganz und gar von dem Stolz ihrer Mutter geprägt werden und nie in ihrem kurzen Leben etwas anderes wollen, als nach Mütterchens Weisung arm zu bleiben und redlich zu arbeiten.

Es ist Dostojewskis Kunstgriff, daß er die Menschen in Armut stets als verarmte, heruntergekommene, unschuldig-schuldige darstellt, die das nicht verdient haben, was ihnen als Schicksal auferlegt wird; zumindest sind sie seelisch imstande, ihren Zustand bewußt zu erleben. Eben das durch Bewußtheit ins Unendliche gesteigerte Leid der Entbehrung und Entehrung der Armut ist das eigentliche Thema Dostojewskis im Umgang mit Geld – die Verformung des Denkens und Fühlens im Getto von Schändlichkeit und Schande. Bisher war gezeigt worden, wie das Gefühl eigener Armut und Armseligkeit dahin führt, nach Geld und Geltung in einer Weise zu streben, die schon aufgrund ihrer inneren Verlogenheit und Verbogenheit über kurz oder lang zum Selbstruin führen muß; doch was Dostojewski nun vorstellt, ist eine ungemein komplexere Form des Leids – der Übergang zur Psychologie des *nadryv*, der Selbstsabotage aus Gründen eines Restes verbliebener Selbstachtung, der letzten Waffe der Wehrlosen inmitten einer grausamen, auf Lüge basierenden Welt.

Alles in den *«Erniedrigten und Beleidigten»* klärt sich erst vom Ende her, durch die Untersuchungen des trunksüchtigen Maslobojew, eines Schulkameraden des Erzählers Iwan Petrowitsch. Dieser bringt in Erfahrung, daß Nelly die legitime Tochter des Fürsten Walkowsky ist, so daß dieser Schurke von Mensch all die Zeit über fürchten mußte, für seine Vergehen von Nellys Mutter zur Rechenschaft gezogen zu werden. Doch genau das tut sie nicht; «auch bis jetzt noch», erklärt Maslobojew seinem Freunde das Resultat seiner Nachforschungen, ist das «ein Rätsel für mich, aber gleichwohl ist die Sache die, daß die Smith ja das allerverrückteste und überspannteste Weib auf der Welt war. Das war eine ganz ungewöhnliche Person; rufe dir nur alle Umstände in die Erinnerung. Das ist ja Romantik – das alles sind himmelhohe Dummheiten im allerwildesten und verrücktesten Maßstab. Nimm nur das eine: Von Anfang an träumte sie nur von etwas in der Art eines Himmels auf Erden mit Engeln als Menschen, verliebte sich restlos, vertraute grenzenlos, und ich bin überzeugt, sie kam nicht deshalb von Sinnen, weil er aufhörte, sie zu lieben und sie im Stich ließ, vielmehr deshalb, weil sie sich in ihm getäuscht hatte, weil er fähig war, sie zu betrügen und im Stich zu lassen. Deshalb, weil ihr Engel sich in Schmutz verwandelt und sie angespuckt und erniedrigt hatte. Ihre romantische und verrückte Seele ertrug nicht diese Umwandlung. Aber außerdem noch die Beleidigung; verstehst du, welche Beleidigung? Mit Entsetzen und vor allem in maßlosem Stolz wandte sie sich von ihm ab – mit grenzenloser Verachtung. Sie zerriß alle Bande und alle Dokumente; sie spuckte auf das Geld, sie vergaß sogar, daß es ihr nicht gehörte, vielmehr ihrem Vater, und entsagte ihm, gleich, als sei es Schmutz, als sei es nur Staub – um ihren Betrüger durch ihre seelische Hoheit niederzudrücken, um ihn für einen Dieb, der sie bestohlen habe, halten zu können und das Recht zu haben, ihn ihr ganzes Leben lang zu verachten. Und wahrscheinlich sagte sie sich damals auch, es sei eine Schande, sich seine Gattin zu nennen ...; und hätte sie ihn dann auch noch um Hilfe anflehen sollen? Entsinne dich doch, daß sie in ihrem Wahnsinn noch auf dem Totenbett Nelly sagte: ‹Geh nicht zu ihnen, arbeite, geh zugrunde, aber geh nicht zu ihnen, wer dich auch rufen möge!› Das heißt, sie träumte auch damals davon, daß man Nelly rufen und sich demnach noch einmal die Gelegenheit bieten werde, durch Verachtung niederzudrücken ‹den, der ruft›, mit einem Wort, sie nährte sich statt mit Brot mit bösen Gedanken.» (Epilog)

Wie soll ein Mensch seine Selbstachtung bewahren, außer er erklärt das Geld, das ihn in den Staub drückt, selber zu Dreck – er lehnt es ab, sich damit noch zu beschmutzen; denn nur so kann er zeigen, was für ein Schmutz die Menschen sind, die für eben dieses Geld andere Menschen in den Staub zu treten versuchen; er weigert sich, es anzunehmen, selbst wenn es griffbereit vor ihm läge! So wird Nastassja im *«Idioten»* die 100 000 Rubel, die man ihr als Kaufpreis bietet, geradewegs ins Feuer werfen. Aber das Feuer der Smith lodert abgründiger. Sie weiß nur zu gut, daß es niemanden gibt, der das demonstrative Opfer ihrer Verweigerung auch nur ansehen wird; weder für ihre Qual noch für ihren Stolz wird es irgendeinen Zeugen geben. Der einzige Adressat ihres Verzichts ist sie selbst, ihr eigenes Bewußtsein. Es ist eine Frage ihrer Würde, ihrer Identität, ihrer Selbstachtung, inmitten dieser korrupten Welt sich durch das Universalmittel der Korruption, durch das Geld, sich nicht korrumpieren zu lassen. Die Verweigerung jedes äußeren Glücks, der Wille zur Bettelarmut ist ihre Ehre, der Grund des Gefühls, selbst am Boden liegend immer noch weit höher zu stehen als der Stiefel, mit dem man sie niedertritt: – sie wird diesen Stiefel nicht auch noch küssen!

Allenfalls daß sie als letztes, kurz vor ihrem Tode, in einem Brief noch den Fürsten bittet, für die verwaiste Nelly zu sorgen. «Sie ist Ihr Kind», wird sie darin schreiben, «das ist Ihre Tochter ... Wenn Sie Nelly nicht verstoßen, dann werde ich vielleicht Ihnen dort verzeihen und am Tage des Gerichts selber vor Gottes Thron hintreten und den Richter anflehen, Ihnen Ihre Sünden zu vergeben.» (Epilog)

Nelly kennt den Inhalt des Briefes, ihr Mütterchen hat ihr alles erklärt; sie aber wird gerade deshalb «nicht zu ihnen gehen», sie wird den Brief bei sich behalten, und erst, als sie verstorben ist, wird man ihn bei ihr finden. Auch sie wird ihren Stolz bewahren und sich an die Abschiedsworte ihrer Mutter halten: «Könntest du auch dort reich sein und ein schönes Kleid tragen, ich will das nicht; sie sind böse und hartherzig, und das ist mein Vermächtnis: Bleib arm, arbeite und bettle; und wenn dich jemand holen will, so sage: Ich will nicht zu ihnen gehen! So sagte meine Mutter, als sie krank war», erklärt Nelly, «und ich will ihr mein ganzes Leben folgen ...; sie zitterte vor Erregung, und ihr Gesichtchen glühte. Mein ganzes Leben will ich dienen und arbeiten ...» (IV 8)

In einer Welt, wie Nellys Mütterchen und ihre Tochter sie erleben, bedeutet es einen ungeheueren menschlichen Vorteil, einen wirklichen Reichtum des Herzens, lieber in Unglück und Elend zu enden als nach Art eines Fürsten Walkowsky erfolgreich zu sein. Dessen «Philosophie» charakterisiert Dostojewski in dem entscheidenden Gespräch, das dieser Zyniker der Menschenverachtung mit dem Erzähler Iwan Petrowitsch führt und in dem er sich ungeschminkt zu erkennen gibt: «Alles», erklärt er dort, ist «Unsinn». «Kein Unsinn» hingegen, bekennt er, «ist die Persönlichkeit, ich selber. Alles ist für mich da, und die ganze Welt ist nur für mich geschaffen. Hören Sie, mein Freund, ich glaube noch daran, daß man auf der Welt gut leben kann. Das ist aber der allerbeste Glaube; denn ohne ihn kann man sogar nicht einmal mehr schlecht leben – man müßte sich einfach vergiften. So soll auch irgendein Dummkopf getan haben; er war in seiner Philosophie bis dahin angelangt, daß er alles zerstört hatte, alles, sogar die Geltung aller normalen und natürlichen menschlichen Verpflichtungen, und so war er endlich dahin gekommen, daß er überhaupt gar nichts mehr in Händen hatte; das Ergebnis war null, und da verkündigte er auch, das Allerbeste im Leben sei Blausäure. Sie werden sagen, dies sei ein Hamlet, dies sei eine grausige Verzweiflung, mit einem Wort, etwas derartig Hoheitsvolles, daß es uns nicht einmal im Traume einfalle. Sie sind aber ein Dichter, ich dagegen ein einfacher Mensch, und deshalb sage ich Ihnen: Man muß auf diese Dinge vom allereinfachsten, allerpraktischsten Gesichtspunkt aus hinschauen. Ich habe mich zum Beispiel schon längst von allen Fesseln befreit und sogar von allen Verpflichtungen. Ich halte mich nur da für verpflichtet, wo es mir irgendeinen Nutzen bringt. Sie können natürlich nicht eine solche Ansicht haben, weil an Ihren Füßen Ketten sind und weil Ihr Geschmack krank ist. Sie handeln nach Idealen, nach Tugenden. Aber sehen Sie, mein Freund, ich würde ja gerne selber alles zugeben, was Sie wollen; was soll ich aber machen, wenn ich ganz bestimmt weiß, daß alle menschlichen Tugenden in tiefster Selbstsucht wurzeln. Und je tugendhafter eine Sache ist, desto mehr Selbstsucht steckt dahinter. Liebe dich selber – das ist die einzige Regel, die ich anerkenne. Das Leben ist ein Handelsgeschäft; werfen Sie Ihr Geld nicht zum Fenster hinaus, bezahlen Sie vielmehr für die Bewirtung, und Sie haben damit alle Ihre Verpflichtungen dem Nächsten gegenüber erfüllt – das ist meine Moral, wenn Sie schon eine solche unbedingt nötig haben, obgleich ich Ihnen offen gestehe, daß es meiner Ansicht nach viel besser ist, seinem Nächsten gar nichts zu bezahlen, es vielmehr dahin zu bringen, daß er alles umsonst tut. Ideale habe ich nicht und will auch gar keine haben. Niemals hatte ich Sehnsucht nach Idealen. In der Welt kann man so lustig, so angenehm leben auch ohne Ideale ... und en somme, ich bin sehr froh, daß ich ohne Blausäure auskomme. Wäre ich ein wenig tugendhafter, so würde mir das vielleicht nicht gelingen, wie jenem Dummkopf von Philosophen (zweifellos war das ein Deutscher!).» «Ich kenne ja sehr wohl alle Ihre neuen Ideen, wenn sie mir auch niemals Kummer bereitet haben. Und dazu ist auch kein

Grund. Gewissensbisse habe ich niemals über irgend etwas empfunden. Ich bin zu allem bereit, wenn es mir nur gut geht. Und solcher wie ich sind Legion, und es geht uns allen tatsächlich gut. Mag alles auf der Welt zugrunde gehen. Wir leben so lange, wie die Welt besteht. Und wenn die Welt einst versinkt, werden wir auch dann noch an der Oberfläche schwimmen; das werden wir stets tun. Übrigens: Achten Sie nur auf das eine, wie lebensstark solche Leute sind wie ich! Wir sind ja beispiellos, phänomenal lebendig; ist Ihnen das noch nie aufgefallen? Wir werden achtzig, ja neunzig Jahre alt! Das bedeutet, die Natur selber ist auf unserer Seite, ha, ha, ha! Ich will unbedingt neunzig Jahre werden. Ich liebe den Tod nicht und fürchte ihn. Der Teufel weiß ja, wie man noch sterben wird! Weshalb soll man aber darüber sprechen! Dazu hat mich jener Philosoph, der sich vergiftete, verführt. Zum Teufel mit der Philosophie! Buvons, mon cher.» (III 10)

«Je tugendhafter eine Sache ist», hat Walkowsky erklärt, «um so mehr Selbstsucht liegt in ihr», und er hat psychologisch in der Tat damit eine äußerst scharfsinnige Beobachtung wiedergegeben. Ist nicht der Starrsinn, mit dem Nellys Mutter sich für das Betteln und Unglücklichsein entscheidet, in der Tat nur eine «narzißtische Befriedigung im Überich», ein masochistischer Triumph, dem sie sogar ihre Tochter zum Opfer bringt? Psychologisch könnte man so denken; man würde damit das ganze Problem in eine der Untergruppen psychoneurotischer Konflikte einordnen. Doch so einfach geht es nicht.

Was Dostojewski in den *«Erniedrigten und Beleidigten»* zeigen will, stellt zweifellos eine Form von Krankheit dar, doch so wie ein heftiges Fieber noch einen Hinweis auf die ursprüngliche Gesundheit des infizierten Körpers darstellt, so verrät auch die Reaktion von Nellys Mutter auf die erlittene Kränkung durch den Fürsten noch deutlich genug die ursprüngliche Schönheit und Größe ihrer Seele. «Krank» ist nicht sie, die Gekränkte, krank ist der so prachtvoll gesund dastehende Walkowsky, dem sogar die läuternde Katastrophe, dieses göttliche Gesetz des Alten Testamentes ebenso wie der Griechischen Tragödie, erspart, oder soll man sagen: versagt bleibt.

Eine Umwertung der Werte geschieht hier, eine geheime Revolution der gesamten Weltsicht ereignet sich da, schon indem es Dostojewski gelingt, alle Gefühle der Zuneigung, der Ergriffenheit, der Rührung und des Mitleids auf diese beiden: auf Nelly und auf ihr Mütterchen zu lenken, während die Glanzfassade des Fürsten immer mehr zerbröckelt und unter der geschickt aufgetragenen Tünche das Antlitz eines Ungeheuers hervortreten läßt.

Was aber läßt sich tun?

Selbst wenn es möglich wäre, einen Menschen wie Walkowsky mit den Mitteln des Gesetzes vorzuführen, würde man sich doch nur auf die Stufe seiner Niedrigkeit herunterbegeben. Es ist aber auch nicht möglich, über das erlittene Unrecht hinwegzusehen und hinwegzugehen. Das Glück nicht zu wollen, auf das ein Walkowsky so stolz ist, bleibt unter diesen Umständen der einzige Stolz von derart «Erniedrigten» und «Beleidigten». Gleichwohl gäbe es auch für Nellys Mutter noch eine gewisse Hoffnung, und um die fleht sie denn auch immer wieder: das wäre die Vergebung ihres Vaters, des alten Smith.

Es ist eines Tages in Petersburg, daß ein struppiger Hund ihr entgegenläuft – ihr Hund Asorka, und so erkennt sie gleich, daß auch ihr Vater in der Nähe sein muß. Wie dieser Mann ursprünglich zu handeln wußte, zeigt gerade Asorkas Geschichte, so wie Mütterchen sie Nelly erzählt: «Einmal schleiften Knaben irgendwo am Flusse außerhalb der Stadt Asorka an einem Strick, um ihn zu ertränken. Mütterchen gab ihnen aber Geld und kaufte ihnen Asorka ab. Als der Großvater Asorka sah, begann er, sehr über ihn zu lachen. Nun lief aber Asorka davon. Mütterchen begann zu weinen; der Großvater erschrak und sagte, er werde demjenigen, der Asorka zurückbringe, hundert Rubel geben. Am dritten Tag brachte man ihn auch zurück: Großväterchen zahlte hundert Rubel und begann von da an, Asorka zu lieben. Mütterchen gewann ihn aber so lieb, daß sie ihn sogar mit sich ins Bett nahm. Sie erzählte mir, Asorka sei vordem mit Komödianten durch die Straßen gezogen, er habe aufzuwarten verstanden, er habe einen Affen auf dem Rücken getragen, er habe das Gewehr zu präsentieren verstanden und noch vieles andere … Als aber Mütterchen den Großvater verließ, da hat der Großvater Asorka behalten und ist immer mit ihm ausgegangen.» (IV 6)

Im Grunde ist dieser Großvater ein gutmütiger, ein empfindsamer Mensch, der, als er eines Tages die kleine Nelly wiedererkennt, mit zitternden Händen, auf seinen Stock gestützt, zu einem Straßenhändler an der Ecke geht und dem Mädchen ein Fischchen und einen Hahn aus Lebkuchen kauft. Als Nellys Mutter davon erfährt, freut sie sich über alle Maßen. «Siehst du, Nelly», sagt sie, «ich bin jetzt krank und kann nicht ausgehen, ich habe aber deinem Großvater einen Brief geschrieben; geh du zu ihm und gib ihm den Brief. Und schau zu, Nelly, wie er den Brief durchliest und was er sagt und was er tut. Du aber knie vor ihm nieder, küsse ihn und bitte ihn, er möchte deinem Mütterchen verzeihen.» «Und Mütterchen weinte dabei sehr und küßte mich immer wieder und bekreuzte mich auf den Weg und betete zu Gott und ließ mich neben sich vor dem Heiligenbild niederknien, und obgleich sie sehr krank war, begleitete sie mich vor die Haustür, und als ich mich umschaute, stand sie immer noch da und sah mir nach.» (IV 7)

Tatsächlich aber wird der Großvater, als er den Brief liest, vor Zorn seinen Stock schwingen und Nelly zur Treppe hinunterjagen. Er wird seiner Tochter nicht vergeben. Er wird sie verfluchen, so wie er sein Leben verflucht, das durch ihre Schuld zugrunde gerichtet wurde.

Auf diese Weise wird aber auch Nelly dahin gedrängt, dem Großvater nicht zu vergeben. Immer wieder wird sie zu dem alten Mann hingehen, sie wird Asorka kleine Kunststücke beibringen, und ihrem Mütterchen wird sie alles erzählen, was sie erlebt hat; doch stets, wenn sie dem Großvater die Bitte vorträgt, der kranken Mutter zu helfen, wird der Greis seine Enkelin mit bitteren Worten beschimpfen. Eines Tages bleibt Nelly nichts anderes übrig, als den Großvater um etwas Geld für Medikamente zu bitten, und so inständig fleht das Kind, daß der alte Mann schließlich einen Beutel mit Münzen, das letzte Geld, das er selbst noch besitzt, wütend in den dunklen Flur hinauswirft. Mit einer Kerze wird er kommen und der Enkeltochter helfen, die Kopekenstückchen zusammenzusuchen; Nelly aber wird von dem Geld wohl die so dringend benötigten Medikamente kaufen, doch dann wird sie hingehen und den Rest des Geldes dem Großvater vor die Füße werfen, weil er Mütterchen nicht vergibt. Sie wird für den Großvater auf einer der Brücken von Petersburg betteln gehen – eine Szene, wie wir sie in unseren Straßen vor allem bei türkischen oder arabischen Frauen finden: wenn schon nicht dem Erwachsenen, dann doch wenigstens einem Kinde aus Mitleid wird man das Nötige geben; – der Großvater aber wird Nelly schlagen als eine Diebin, die das Erbettelte nicht vollständig abliefert.

Doch «dann, am letzten Tage», erzählt die selber schon todkranke Nelly, «rief mein Mütterchen mich gegen Abend zu sich, faßte mich an der Hand und sagte: ‹Ich werde heute sterben, Nelly!› Sie wollte noch mehr sprechen, sie konnte es aber nicht. Ich sah sie an; es war aber so, als sähe sie mich gar nicht mehr. Sie drückte nur noch fest meine Hand in ihren Händen. Leise nahm ich meine Hand heraus und lief aus dem Hause. Den ganzen Weg lief ich und kam zum Großvater gelaufen. Als er mich erblickte, sprang er vom Stuhl auf und starrte mich an, und er erschrak so, daß er ganz bleich wurde und zitterte. Ich faßte ihn an der Hand und sagte nur das eine: ‹Gleich wird sie sterben!› Da wurde er ganz unruhig; er griff nach seinem Stock und lief hinter mir her. Er hatte sogar seinen Hut vergessen, und es war kalt; ich nahm ihn und setzte ihn ihm auf, und wir liefen zusammen fort. Ich trieb ihn an und sagte, er sollte eine Droschke nehmen, denn Mütterchen würde gleich sterben; der Großvater hatte aber nur sieben Kopeken, er hielt mehrere Fuhrleute an und handelte mit ihnen, die lachten ihn nur aus. Auch über Asorka lachten sie, denn Asorka lief mit uns, und so liefen wir immer weiter. Der Großvater wurde matt und atmete schwer, er eilte aber immer noch und lief. Plötzlich fiel er hin und verlor seinen Hut. Ich hob ihn auf, setzte ihm den Hut wieder auf und nahm ihn an den Arm. Aber nach Hause kamen wir erst gerade, bevor es ganz dunkel wurde. Mütterchen lag schon tot da. Als der Großvater das sah, rang er die Hände, bebte am ganzen Körper und trat zu ihr, er sagte aber gar nichts. Da trat ich zum toten Mütterchen hin, faßte den Großvater an der Hand und schrie ihn an: ‹Siehst du, du hartherziger und böser Mann, da sieh hin! ... sieh hin!› Da schrie der Großvater auf und fiel wie tot zu Boden ...» (IV 8)

Die erniedrigende Armut und das beleidigende Elend der Familie Smith liegt, wie man sieht, nicht einfach in ihrer materiellen Not, sondern wesentlich in der tödlichen Unversöhnlichkeit, mit der ein jeder dem anderen die Vergebung verweigert: Nellys Mutter vermag schon aus Gründen der Selbstachtung dem Fürsten nicht zu vergeben, der Großvater aber bringt es nicht über sich, seiner Tochter zu vergeben, und das wiederum wird Nelly ihm nicht vergeben; noch auf dem Sterbebett wird sie ihn verfluchen, weil er ihr Mütterchen verflucht hat; er selber wird sterben in und an seiner Schuld.

Es ist das Gespür Dostojewskis, daß er mit gewissermaßen biblischer Sensibilität in den *«Erniedrigten und Beleidigten»* eine Verbindung zwischen zwei Themen herstellt, die scheinbar nichts miteinander zu tun haben: zwischen der Frage des Geldbesitzes und der Frage der Vergebung. Natürlich verfügt Dostojewski nicht über eine Wirtschaftstheorie, die ihm die Entstehung des Geldes erklären könnte, – bis heute ist eine solche Theorie unter den Wirtschaftsfachleuten umstritten. Fest aber steht, daß es nicht genügt, nach Art der Volkswirtschaftslehre das Geld einfachhin als ein universelles Tauschmittel auf dem Markt zu betrachten; denn das ist es zwar, doch spricht vieles dafür, das Geld als einen allgemeinen Titel zum Verrechnen und Weiterreichen von Schuld zu begreifen.

Diese These ist leicht zu erklären. Nehmen wir an, in den Zeiten der Naturalienwirtschaft besäße in einem Jahr der Mißernte ein Bauer nicht einmal mehr das nötige Saatgut für das kommende Jahr, – er wäre gezwungen, es sich bei seinem Nachbarn zu borgen; nehmen wir ferner an, das nächste Jahr brächte eine so gute Ernte, daß es dem Schuldner möglich würde, das geborgte Korn wieder zurückzugeben; dann würde der Wert des Korns in einem Überschußjahr natürlich weit niedriger liegen als in dem Mangeljahr zuvor; der Kreditgeber daher wird sich nicht mit der bloßen Rückgabe des geliehenen Saatgutes zufrieden geben, er wird einen Aufpreis für den eingetretenen Wertverlust fordern. Nehmen wir andererseits einmal an, auch das kommende Jahr würde eine Mißernte bringen; dann würden die Preise sogar noch steigen, der Schuldner aber könnte wieder nicht zahlen, er müßte sich weiter verschulden; der Kreditgeber hingegen wird diese Preissteigerung für das nichtgezahlte Getreide für die spätere Rückzahlung ebenso mitverrechnen wie die neue höhere Schuldensumme. Nehmen wir jetzt nur noch an, daß der reiche Bauer gar nicht an dem Korn interessiert ist, sondern daß er für alle Zeiten sich ein Anspruchsrecht zum Tauschen von allem, was ihm lieb ist, sichern möchte, so haben wir ineins die Herkunft des Geldes und zugleich mit ihm die Entstehung des Zinses. Das Geld, so betrachtet, ist nichts weiter als die verallgemeinerte Form einer Schuldforderung.

Geld, so betrachtet, stellt das Mittel dar, um die Menschen in zwei Lager zu teilen: in die schuldig Gewordenen und in die Schuld Eintreibenden, der Zins aber ist es, der diesen Unterschied in jedem Augenblick der Zahlungsunfähigkeit noch vergrößert. Vergeblich, daß Leo Tolstoi in seinem Drama *«Die Macht der Finsternis»* das Kreditgeschäft der Banken schlechthin Diebstahl nennen wird; – die Banken beginnen überhaupt erst im 19./20. Jahrhundert zu ihrer wirklichen Machtfülle aufzuwachsen; ihre ganze Macht aber, wohlgemerkt, gründet allein in dem Vorteil, den es mit sich bringt, nicht erst mit so verderblichen Waren wie mit Blumen oder Kartoffeln handeln zu müssen, sondern sogleich mit Geld auf dem Markt zu erscheinen, und am besten ist es natürlich, überhaupt nur noch mit Geld Geschäfte zu machen, eben weil das Geld für den, der es besitzt, über die so angenehme Eigenschaft verfügt, mit dem Zinsfuß ganz von allein sich vorwärts in die Zukunft zu bewegen. – Soweit die «Logik» des Gelds und der Schuld.

Was aber gibt es menschlich für ein Recht, die Schuld eines Habenichts einzufordern?

Das war die entscheidende Frage schon in der Botschaft des Mannes aus Nazareth. In meinem Buch über *Jesus von Nazareth* (Zürich 1996) habe ich zu zeigen versucht, wie dieser galiläische Jude nicht nur entsprechend dem Gesetz des Moses jede Form von Zins abgelehnt hat, sondern wie er auf die für ihn typische Art die Ordnung vom Sinai noch radikalisiert hat: «Wenn du verleihst, dann gib dem, der dir gewiß nicht zurückzahlen kann», sagt er sinngemäß (Lk14,13–14), «denn der», müßte man ergänzen, «braucht deinen Kredit am meisten». Wer die Worte Jesu in den Evangelien aufmerksam liest, wird sehr bald feststellen, daß es für ihn kein wichtigeres Thema gab als die Entschuldung des Menschen durch die reine Gnade einer bedingungslosen Vergebung aller Schuld: – kein Mensch, meinte Jesus, vermöchte zu leben ohne diese Zusicherung, die er mit seiner Person in die Welt tragen wollte, und daraus folgen würde einzig, daß auch wir vergeben müßten all unseren Schuldnern (Mt6,12). Bis ins Finanzielle, bis in die Auseinandersetzung mit dem priesterlichen Opferdienst hinein, bis zur «Reinigung» der Religion von allen Opiskinschen Geldgeschäften hinein (Mk11,15–19) wollte Jesus dieses Prinzip der Entschuldung durchgeführt sehen. Die Vergebung der Schuld war für ihn identisch auch mit dem Ende aller Geldforderungen, die die Besitzenden an die Besitzlosen richten.

Und nun ist es als erster – und bis heute als einziger – Dostojewski, der mit sicherem Instinkt diese Einheit der Entschuldung des Menschen mit dem Freispruch von Geldschuld in der bedrükkenden Not der Menschen ebenso wiederentdeckt wie in der buchstäblich «notwendigen» Botschaft Jesu. Das tragische Finale in den *«Erniedrigten und Beleidigten»* besitzt zwar nicht mehr für die Familie Smith, wohl aber für die unmittelbaren Zeugen ihres Leids eine aufrüttelnde, kathartische Wirkung, und sie sollte sie haben, natürlich, für alle.

Parallel nämlich zu Nellys Geschichte entwickelt sich in dem Roman die Tragödie Nataljas, der Tochter Nikolai Sergejewitsch Ichmenews, der bei dem Fürsten Dienst tut; Walkowsky aber ist es, der aufs neue Menschen, die einander in herzlicher Liebe zugetan sind, bis zur Feindseligkeit einander entfremdet, und wiederum sind die Instrumente seines Einflusses das Geld und die Lüge.

Seit Jugendjahren ist Natascha mit dem Erzähler Iwan Petrowitsch befreundet, ja, sie war sogar mit ihm schon verlobt, doch hat sie sich ausgerechnet in Alexej, den Sohn des Fürsten verliebt. Zum Schein, um sich als Gönner und Ehrenmann hervorzutun, stellt sich

Walkowsky, als wenn er selber diese Verlobung geradezu wünsche (III 2), in Wirklichkeit aber möchte er seinen Sohn mit Katharina, der Stieftochter der wohlhabenden Sinaida Fjodorowna, verheiraten. «Ich», spricht er zu Iwan, «liebe das Geld, und ich habe es nötig. Katharina ... hat viel davon; ihr Vater war zehn Jahre lang Branntweinpächter. Sie hat drei Millionen, und diese drei Millionen kommen mir sehr gelegen. Aljoscha und Katja passen durchaus zueinander; beide sind Dummköpfe im höchsten Maße; das brauche ich auch ... Wissen Sie, mein Dichter, daß die Gesetze die Ruhe in der Familie sichern; sie sichern dem Vater den Gehorsam des Sohnes, und wer die Kinder in ihren heiligen Verpflichtungen gegen ihre Eltern zu entziehen sucht, wird durch das Gesetz nicht geschont.» (III 10; vgl. I 12)

Mit wie wenigen Worten gelingt es Dostojewski hier, die Umfunktionierung von Recht in Unrecht im Kraftfeld des Geldes zu schildern! Sind nicht die formalen Gesetze der «zivilisierten» Menschheit je etwas anderes gewesen als just die Spielregeln, welche die Besitzenden und Mächtigen auf geradezu schamlose Weise begünstigen, und zwar nicht nur in dem Paragraphenwust des «positiven» Rechtes der Staaten, sondern inklusive sogar der einfachsten Regeln des Dekalogs? Das eigentliche Opfer der Intrigen Walkowskys aber ist neben Natascha und Alexej der alte Ichmenew: Auch er verzeiht seiner Tochter nicht; er will sich mit Walkowsky duellieren, weil dieser ihn seit zwei Jahren schon entehrt und beleidigt hat und auf dem Prozeßwege eine Summe von 10 000 Rubeln von ihm eintreiben will (II 10). Der alte Ichmenew ist gewillt, sich auf Leben und Tod an Walkowsky zu rächen; wie soll er es da verstehen, daß seine Tochter ausgerechnet sich in den Sohn seines Todfeindes verliebt? Er reißt sie sich aus dem Herzen – «ein für allemal». «Ich weine», erklärt er Iwan, «über mein verlorenes Glück, über alle vergeblichen Hoffnungen ...; ich schäme mich nicht, ... daß ich früher mein Kind mehr liebte als alles auf der Welt ... Du kannst mir sagen: ... weshalb mischen Sie sich denn in das, was jetzt dort eingefädelt wird? Darauf antworte ich: Erstens deshalb, weil ich nicht will, daß ein habgieriger und gemeiner Mensch triumphiert, zweitens aber aus dem Gefühl der allergewöhnlichsten Menschenliebe. Wenn sie auch schon nicht mehr meine Tochter ist, so ist sie gleichwohl ein schwaches, schutzloses, betrogenes Geschöpf, das man immer mehr betrügt, um es endgültig ins Verderben zu stürzen.» (II 20)

Erneut ist es die sich verraten fühlende Vaterliebe, die den alten Ichmenew, ganz wie den alten Smith, unversöhnlich hart gegen seine Tochter werden läßt; erst als seine Gattin Anna Andrejewna ergriffen die Schilderung Nellys vom Verhalten ihres Großvaters ganz und gar als ein Gleichnis für das Betragen ihres Mannes versteht, kommt Nikolai Sergejewitsch zur Einsicht: «Natascha», ruft er, «wo ist meine Natascha? Wo ist sie? Wo ist meine Tochter?» und als Natalja, wie im Fieber, das Kleid ganz durchnäßt, zur Türe hereinkommt und ihm, sich zu Füßen werfend, die Arme entgegenstreckt, vermag er sich nicht mehr zurückzuhalten; weinend küßt er ihre Hände und ihre Füße. (IV 8;9) Zu spät freilich löst sich für Natascha selber der (Alp)Traum der vergangenen Monate auf: «Wir hätten für unser Leben glücklich miteinander sein können!» sagt sie zu Iwan. (Epilog)

Das aber bleibt gerade Dostojewskis Frage: Wann werden wir je imstande sein, uns von den Geldinteressen, verkörpert in der dunklen Gestalt des Fürsten Walkowsky, freizumachen und der Stimme des Herzens, dem Flehen der Liebe zu folgen? Die Macht des Geldes wäre gebrochen, würden die Menschen begreifen, wieviel von ihrer eigentlichen Schönheit und Würde verlorengeht, beginnen sie erst einmal damit, ihre Selbstachtung zu binden an Geldbesitz.

Was Dostojewski in den *«Erniedrigten und Beleidigten»* mit psychologischen Mitteln erarbeitet, läuft deutlich erkennbar auf dasselbe Entweder-Oder hinaus, das Jesus bereits in der Bergpredigt so formuliert: «Niemand kann zwei Herren dienen ... Ihr könnt nicht Gott dienen und dem Mammon.» (Mt 6,24) Da ist eine absolute Wahl über das ganze Leben zu treffen. Entweder ein Mensch setzt seine Selbstachtung in das Vertrauen, geliebt zu sein und lieben zu dürfen – in die Idee des «Gottmenschen», christlich gesprochen, oder er setzt Macht und Geld zur Selbstbegründung seiner Selbstachtung ein – die Idee des «Menschgottes» aus den *«Dämonen»* in der zynischen Version Walkowskys; je nachdem entscheidet sich an dieser Wahl Menschlichkeit oder Zerstörung, Heil oder Unheil, Paradies oder Hölle; es ist aber ein und dieselbe Wahl ebenso zu treffen zwischen dem «Prinzip» des Schuldeintreibens durch die Besitzenden im Namen des Rechts und dem «Prinzip» des Schuldennachlasses im Namen der Rechtlosen. Zu umgehen ist diese «Wahl» nicht, und die Frage ist nur, wie wir selbst uns entscheiden.

Der Traum eines lächerlichen Menschen

In zwei kurzen Erzählungen hat Dostojewski die Alternativen beschrieben. 1873 im *«Tagebuch eines Schriftstellers»* erschien die ironisch-bittere *Aufzeichnung einer gewissen Person – «Bobok»*: Auf dem Petersburger Friedhof schläft der Erzähler auf einer Grabplatte ein, da vernimmt er die Stimmen der Toten. Sie reden immer noch so miteinander wie zu der Zeit, als sie auf Erden waren, nur jetzt weit ungehemmter, offener, schamloser. Ein letztes Mal, so wird bedeutet, sei dem Menschen nach dem Tode Gelegenheit gegeben, Stellung zu nehmen zu dem, was er war; denn erst wenn der Körper gänzlich zerfallen sei, werde auch sein Bewußtsein verlöschen. Wird aber der Mensch diese seine äußerste Chance wirklich nutzen? Kann er sie überhaupt nutzen? Das ist die Frage. Und es zeigt sich: er kann es nicht. Vielmehr wird er sich weiter in den gewohnten Bahnen seiner bisherigen Gedanken und Vorstellungen im Kreise drehen. «Es gibt hier jemanden unter uns», sagen die Toten, «der ist fast gänzlich verwest, aber ungefähr alle sechs Wochen murmelt er ein Wort vor sich hin, ein sinnloses natürlich, irgendein ‹Böhnchen› (Bobok). Böhnchen, Böhnchen – also glimmt auch in ihm noch ein Funken Leben.» Doch das auf Erden vertane Leben läßt sich nicht zurückholen, es kann sich nur fortsetzen, bis es in seiner ganzen verlebten und vertanen Nichtigkeit offenbar wird.

Oder es gibt trotz allem eine Umkehr im letzten Augenblick. Davon erzählt *«Der Traum eines lächerlichen Menschen»* (1877): Ein

Mann, der seit Kindertagen als eine lächerliche Person verspottet wurde, hat sich immer mehr in seinen Gefühlen abgestumpft; selbst die stolze Zurückgezogenheit, in die er sich eine Weile lang flüchtete, ist inzwischen einem lethargischen Desinteresse gewichen. Die Welt ist ihm gestorben, und so beschließt er, der Welt zu sterben. Doch auf dem Nachhauseweg, entschlossen bereits, sich zu erschießen, bittet ein Mädchen auf der Straße ihn um Hilfe. Wohl spürt er Mitleid beim Anblick des Kindes, doch mit groben Worten treibt er es fort – wozu auch soll er noch fremder Not helfen, wo sein Leben im Grunde schon zu Ende ist? Dann aber, in seinem Zimmer, träumt er davon, sich bereits erschossen zu haben; aus seinem Grabe wird er hinübergetragen in eine andere Welt, die ganz ist wie diese, nur daß es auf ihr die Sünde nicht gibt. Auch in dieser anderen Welt kennen die Menschen Liebe, Geburt und Tod; was sie indes nicht kennen, sind deren vermeintlich unvermeidliche Folgen: die Eifersucht, den Haß und den Schmerz. Es ist eine vollkommen glückliche Welt, und sie würde es bleiben, wenn nicht der Erzähler mit einer einzigen Lüge alles zerstören würde. Denn diese eine Lüge erscheint den Menschen dort wie eine neue Erkenntnis. Im Kampf gegen das Böse erlassen sie Gesetze, im Kampf gegen das Leiden beginnen sie, das Leben gedanklich zu erforschen, ja, sie gelangen schließlich dahin, das Wissen vom Leben höher zu schätzen als das Leben selber. Ideologien und Institutionen entstehen ... – ohne daß Dostojewski sich dessen bewußt ist, entwickelt er in dieser kleinen Erzählung eine Art Geschichtstheologie nach taoistischem Vorbild, eine Geschichte vom «Sündenfall» und vom zivilisatorischen «Fortschritt». Vergeblich sucht der Träumer seine Schuld zu büßen, – er wird nur verspottet und für verrückt erklärt, niemand vermißt mehr das Glück, das einmal bestand. Dafür erfaßt den Träumer, als er erwacht, ein unendliches Gefühl dankbaren Glücks: Er wird die Pistole beiseite legen, er wird fortan leben, und er wird den Menschen die Wahrheit verkünden, die er im Traume geschaut hat.

Gibt es für das Selbstverständnis des Dichters Dostojewski eine sprechendere Darstellung als diese? Die geschaute Wahrheit über die Entschuldung des Menschen beziehungsweise über die Rückkehr des Menschen zu seiner ursprünglichen Unschuld zu formulieren, – das wird das Ziel seines gesamten dichterischen Schaffens werden. Es sind aber zwei Seiten dieser Wahrheit, die sich jetzt schon festmachen lassen.

Da ist einmal die Frage des Geldes. *Dazu* spricht in den *«Erniedrigten und Beleidigten»* Nellys Mütterchen das entscheidende Wort: «Mütterchen sagte mir», erzählt das Mädchen erregt, «es sei keine Sünde, arm zu sein, wohl aber sei es eine Sünde, reich zu sein und die Armen zu beleidigen.» (IV 7)

Und dann ist da die Frage der Entschuldung. Sie übersteigt bei weitem die Symptomatologie der Fetischisierung des Geldes. In dem großen Roman *«Schuld und Sühne»* (1866) ist es der haltlose Trinker Marmeladow, der, wie klinisch nicht selten im Alkoholdelir, auf paradoxe Weise um Mitleid fleht für sich selber, für seine ganze Person und für alle, die so sind wie er, und so kommt er dazu, ein Plädoyer für uns alle zu halten, wenn wir nur uns selber begreifen. «Mitleid! Ja, warum Mitleid mit mir?» schrie Marmeladow plötzlich, stand auf und streckte die Hand aus; er war in einer Art Ekstase, und es schien, als habe er auf diese Worte nur gewartet. «Warum man mit mir noch Mitleid haben soll, sagst du? Ja! Man soll auch kein Mitleid haben mit mir! Kreuzigen soll man mich, kreuzigen, aber nicht bemitleiden! Kreuzige ihn, Richter, kreuzige ihn, und erst, wenn du ihn gekreuzigt hast, dann habe Mitleid mit ihm! Und dann will ich von selbst zur Kreuzigung kommen, denn ich dürste ja nicht nach Lust, sondern nach Bitterkeit und Tränen …! Glaubst du denn, du Krämer, dein halbes Maß da hätte mir Freude gemacht? Bitterkeit, Bitterkeit habe ich auf seinem Boden gesucht, Bitterkeit und Tränen, und ich habe sie gekostet, ich habe sie gefunden. Aber erbarmen wird Er sich meiner, Er, der sich aller erbarmt und der alle und alles versteht. Er ist der einzige, Er ist auch der Richter. Und an jenem Tage wird Er kommen und fragen: ‹Wo ist die Tochter, die sich für ihre böse und schwindsüchtige Stiefmutter und für diese fremden und unmündigen Kinder aufgeopfert hat? Wo ist die Tochter, die mit ihrem irdischen Vater, einem unnützen Säufer, Mitleid gehabt hat, ohne sich vor seiner tierischen Gestalt zu entsetzen?› Und dann wird er sagen: ‹Komme her! Ich habe dir schon einmal vergeben … Und auch jetzt sind dir deine vielen Sünden vergeben, denn du hast viel geliebt …› Und Er wird meiner Sonja vergeben, Er wird ihr vergeben, ich weiß es, daß Er ihr vergeben wird … Ich habe es in meinem Herzen gefühlt, als ich bei ihr war …! Und über alle wird Er zu Gericht sitzen und wird ihnen vergeben, den Guten und den Bösen, den Weisen und Klugen wie den Demütigen … Und wenn Er sie alle gerichtet und ihnen allen vergeben hat, dann wird Er auch uns rufen: ‹Kommt her!› wird Er sagen, ‹kommt auch ihr! Kommt her, ihr Säufer, kommt her, ihr Schwachen, kommt her, ihr Übeltäter!› Und wir werden alle kommen, wir werden uns nicht schämen, wir werden alle vor Ihn treten. Und dann wird Er sagen: ‹Schweine seid ihr! Ihr tragt Gestalt und Stempel des Viehs, aber kommt auch ihr!› Und dann werden die Weisen und Klugen ihre Stimme erheben: ‹Herr, warum willst du auch diese aufnehmen?› Und dann wird er sagen: ‹Darum nehme ich sie auf, ihr Weisen, darum nehme ich sie auf, ihr Klugen, weil keiner von ihnen je geglaubt hat, daß er dessen würdig sei …› Und Er wird Seine Hände über uns breiten, und wir werden niederfallen … und werden weinen … und werden alles verstehen … Dann werden wir alles verstehen …! und alle werden es verstehen … auch Katharina Iwanowna (sc. seine Frau) … auch sie wird dann alles verstehen … Herr, dein Reich komme!» (12) –

Wie aber ging es mit Dostojewski selbst weiter, nachdem die *«Erniedrigten und Beleidigten»* erschienen waren? 1864 verstirbt seine Frau Maria Dmitrijevna und wenige Wochen danach sein Bruder Michail. In dieser Situation übernimmt Dostojewski die gesamten Schulden der Familie seines Bruders und verpflichtet sich zu ihrem Unterhalt. Doch hat er selber kein Geld. Er muß einen neuen Roman schreiben – *«Schuld und Sühne»* wird er heißen.

Schuld und Sühne

1865, wie um allem zu entgehen, flieht Dostojewski hierher nach Wiesbaden, er flieht hierhin in die Spielbank, in diese immer noch lodernde, staatlich begünstigte Hölle für so viele gescheiterte Menschen, und es ist an diesem Ort, daß er in ganzen fünf Tagen all sein Geld, dreitausend Rubel, verspielt. Doch gerade unter diesen Bedingungen, in dreieinhalb Monaten, entsteht, angelehnt an die im Vorjahr erschienenen *«Aufzeichnungen aus dem Kellerloch»*, der erste große Roman Dostojewskis, die Geschichte von dem jungen Studenten Rodion Raskolnikow, in dessen Person die Haltung des *nadryv*, der Selbstzerstörung zur Selbstbehauptung, sich in den Mord an der alten Pfandleiherin Aliona Iwanowna und ihrer Schwester Lisawjeta entlädt.

Schon dem Namen nach – *raskol* heißt Abspaltung – ist Raskolnikow ein wurzelloser Mensch, entfremdet in der Künstlichkeit *der* Stadt, die Peter der «Große» überhaupt nur bauen ließ, um der Menschheit zu zeigen, daß es selbst in einer Sumpflandschaft möglich sei, sie zu errichten; entfremdet ist Raskolnikow den Menschen – ein Intellektueller, der weder zur Schicht der Akademiker noch der «einfachen» Leute gehört; entfremdet ist er vor allem seinen eigenen Gefühlen, die er wie der *Kellerloch*mensch zergrübelt und zermartert. Und zu all dem leidet Raskolnikow an chronischer Geldnot. Das heißt, er könnte sich notdürftig mit Nachhilfestunden und kleineren Arbeiten über Wasser halten, doch würde ihm das alles nur um so deutlicher die erniedrigende Abhängigkeit vor Augen stellen, in der er sich befindet.

Tatsächlich ist Rodion ein überaus stolzer und ungeduldiger, vor allem ein ungeduldiger Mensch.

Den auslösenden Funken für das Drama, das sich in ihm entlädt, schlägt ein Brief, in dem seine Mutter in der besten Absicht ihm mitteilt, daß sie selber nur 120 Rubel im Jahr als Pension erhält und daß sie die fünfzehn Rubel vor vier Monaten ihrem geliebten Sohne nur habe schicken können, indem sie einen Kredit bei dem Kaufmann Wachruschin aufgenommen habe. Vor allem aber seine Schwester Dunja hat bereits im Vorjahr die 60 Rubel, die er so dringend benötigte, nur aufbringen können, indem sie eine Stelle als Gouvernante bei den Swidrigailows annahm und sich dafür 100 Rubel im voraus ausbezahlen ließ, die ihr später natürlich vom Lohn wieder abgezogen wurden. Mit dieser Regelung indessen war sie die Gefangene von Herrn Swidrigailow geworden, der schon lange ein Auge auf sie geworfen hatte und ihr alle möglichen Anträge machte. Dunja hatte sein Ansinnen empört zurückgewiesen, ja, sie hatte das Unmoralische und Inakzeptable seines Anerbietens eigens in einem Brief ausführlich dargelegt, doch der oft trunkene Lüstling Swidrigailow hatte immer wieder zweideutige Szenen provoziert, zu deren Zeugin einmal auch seine Gemahlin Marfa Petrowna geworden war. Diese hysterische Person mißverstand das Vorgefallene vollkommen, und so hatte bald der ganze Ort von Dunjas Schande geredet. Erst mit Hilfe des Briefes war ihr eine Art Rehabilitation gelungen. Statt dessen aber hat sie nun einen Antrag von dem Hofrat Peter Petrowitsch Lushin erhalten, der «freilich schon fünfundvierzig Jahre alt» ist, aber als «ein sehr solider und anständiger Mensch» gilt, «wenn auch vielleicht ein wenig mürrisch und vielleicht etwas zu herablassend». Vor allem erklärt er selber von sich, «ein positiver Mensch» zu sein, «ein Mensch von festen Grundsätzen». So war er zum Beispiel auch schon früher entschlossen gewesen, «ein anständiges Mädchen ohne Mitgift zu heiraten, und zwar unbedingt ein Mädchen, das die Not bereits kennengelernt» hat. «Denn», so erklärt er, «ein Mann darf seiner Frau nicht verpflichtet sein, und es ist viel besser, wenn die Frau im Manne ihren Wohltäter sieht.» Ja, Rodias Mutter erwartet sogar, daß der Hofrat Lushin, der wegen eines wichtigen Prozesses nach Petersburg gehen wird, ihren Sohn Rodia als Sekretär bei sich anstellen und einen günstigen Einfluß auf seine Laufbahn nehmen könnte; zwar hat sie dem «Tatsachenmenschen» Lushin gegenüber von ihren Plänen noch kein einziges Wort verlauten lassen, doch hofft sie inständig, der Einfluß Dunjas werde sich in einer solchen Richtung geltend machen. Jedenfalls ist durch die bevorstehende Heirat ihr Kredit wieder so weit gestiegen, daß sie sich in der glücklichen Lage sieht, ihrem Rodion wieder etwas Geld zuzuschicken. «Behalte uns lieb», ist der Wunsch seiner Mutter. (I 3)

Doch Rodion, als er diesen Brief liest, wird von ohnmächtiger Wut und bitterer Traurigkeit erfüllt; nur zu gut begreift er, daß seine Mutter gerade dabei ist, ihre Tochter für ihren Sohn zu opfern. Dunja selber ist ein so stolzer Mensch – lieber würde sie trockenes Brot essen und Wasser trinken als ihre moralische Freiheit zu verkaufen; sie aber will sich verkaufen für einen anderen, für einen von der Mutter vergötterten Menschen, eben für ihn, Rodia. «Oh, wenn die Sache so liegt», bemerkt er höhnisch, «dann ersticken wir unser sittliches Gefühl, unsere Freiheit, unsere Seelenruhe, sogar unser Gewissen, alles, alles werfen wir auf den Trödelmarkt. Mag das Leben zum Teufel gehen!» Sein Entschluß steht fest, er kann nur lauten: «Ich will euer Opfer nicht, Dunetschka, ich will es nicht, Mama.» (I 4)

Wie aber dann? Wenn er nicht überhaupt auf alles Leben verzichten und das Schicksal demütig hinnehmen will, so gilt es jetzt, einen Entschluß zu fassen. Wie um die Schuld, von seiner Mutter überhaupt Geld angenommen zu haben, wiedergutzumachen, setzt er wenig später 20 Kopeken dafür ein, um ein betrunkenes junges Mädchen von der Straße schaffen zu lassen. Alles in ihm drängt danach, keinerlei Hilfe, von niemandem mehr, anzunehmen und um jeden Preis unabhängig zu bleiben. Selbst seinem Freund Rasumichin wird er später entgegenschleudern, er wolle seine Hilfsbereitschaft nicht, warum er ihn nur immerzu quäle mit all den Ideen, wie ihm zu helfen sei; er solle sich zum Teufel scheren. (II 6)

Statt dessen aber gehen seine Gedanken erst probeweise, dann immer klarer in eine sonderbare Richtung, die eine konkrete Gestalt und Bestätigung gewinnt, als er zufällig dem Gespräch zwischen einem Studenten und einem Offizier zuhört; das Gespräch dreht sich um die alte Pfandleiherin Aljona, und der Student trägt ihm gegenüber folgenden Gedanken vor: «ich will dir etwas sagen. Wenn ich diese verfluchte Alte totgeschlagen und beraubt hätte, ich versichere dich, ich würde nicht die geringsten Gewissensbisse verspüren ... sieh doch selber: auf der einen Seite eine dumme, sinnlose, gleichgültige, böse, kranke Alte, die niemand Nutzen bringt, sondern im Gegenteil allen schadet, die selbst nicht weiß, wozu sie eigentlich lebt, und die morgen ganz von selbst sterben wird. Verstehst du? ... Höre weiter. Auf der anderen Seite – junge frische Kräfte, die aus Mangel an Hilfsmitteln zugrunde gehen, und das zu

Tausenden und überall! Hundert, tausend gute Werke oder gute Anfänge, die man mit dem Gelde der Alten vollbringen oder zu Ende führen könnte! Und dies Geld hat sie dem Kloster bestimmt! Hunderte, vielleicht Tausende von Existenzen könnten damit wieder auf den richtigen Weg gebracht werden. Dutzende von Familien gerettet aus Bettelarmut, Auflösung, Untergang, Ausschweifung, venerischen Krankheiten – und das alles für dieses Geld! Schlage sie tot und nimm ihr Geld, um dich mit seiner Hilfe dem Dienst an der Menschheit und der Allgemeinheit zu weihen – was meinst du, wird in diesem Falle nicht dieses eine winzige Verbrechen durch Tausende von guten Werken wieder wettgemacht? Für ein einziges Leben tausend andere, aus Fäulnis und Auflösung gerettete Leben! Ein Tod und hundert Leben – so liegt das Rechenexempel. Und was wiegt neben der Allgemeinheit das Leben dieser schwindsüchtigen, dummen und bösen Alten? Nicht mehr als das Leben einer Laus, einer Schabe, ja, und bestimmt nicht so viel, weil diese Alte noch ein schädlicheres Ungeziefer ist … Ach Bruder, man muß eben der Natur nachhelfen und ihr die Richtung geben, sonst ertrinkt man ja in Vorurteilen. Ohne das gäbe es nicht einen einzigen großen Menschen. Man spricht von Pflicht, Gewissen – ich will ja gar nichts gegen Pflicht und Gewissen sagen –, aber es kommt doch darauf an, wie man sie auffaßt.» (16)

Für Raskolnikow ist dieses Gespräch wie der schicksalhafte Vortrag seiner eigenen Gedanken. Schon vor längerer Zeit hat er einen Artikel über die Frage verfaßt, ob es ein Verbrechen gibt oder nicht; in diesem Artikel vertrat er durchaus nicht die sozialistische Theorie, wonach ein Verbrechen sozusagen eine bloße Folge der gesellschaftlichen Verhältnisse darstellt, einen Akt der Rebellion gegen soziales Unrecht, ganz im Gegenteil; denn wie schon der *Kellerloch*mensch und wie auch sein Freund Rasumichin haßt Raskolnikow die Konsequenz, die sich aus dem sozialistischen Ansatz positiv ergeben würde: die Idee von der vollkommenen Gesellschaft, das Konzept des Glückseligkeitszuchthauses, in dem – ganz wie in der Kirche Roms nach dem Vorbild des Großinquisitors in den *«Brüdern Karamasow»* – das eigene Denken, die persönliche Freiheit, keinen Wert mehr besitzen darf. «Und das ganze Mysterium des Lebens findet auf diese Weise auf zwei Druckseiten Platz!» (III 5)

Was Raskolnikow gerade fasziniert, ist die genau entgegengesetzte Position: der Konflikt zwischen dem Einzelnen und dem Allgemeinen, der Gegensatz zwischen den Interessen und Fähigkeiten des Individuums und den Regeln und Erfordernissen der Gesellschaft. In jenem Artikel also hat er den Gedanken vertreten, «daß ein ‹außergewöhnlicher› Mensch ... in sich selbst das Recht hat, seinem Gewissen die Überschreitung bestimmter Schranken zu gestatten, aber nur dann, wenn die Durchführung einer ihn beherrschenden Idee dies verlangt – es kann sich dabei ja um eine Idee handeln, die segensreich für die ganze Menschheit ist ... Also, mir stellt sich die Sache folgendermaßen dar: wenn KEPLERS und NEWTONS Entdeckungen auf Grund irgendwelcher beliebigen Umstände der Menschheit auf keine andere Weise hätten bekannt werden können als dadurch, daß das Leben von einem, von zehn, von hundert oder noch mehr Menschen, die dem Bekanntwerden dieser Entdeckungen im Wege standen oder sie zu hindern suchten, geopfert würde, so hätte NEWTON das Recht und sogar die Pflicht gehabt, diese zehn oder hundert Menschen zu beseitigen, um seine Entdeckungen der ganzen Menschheit zugänglich machen zu können. Natürlich folgt daraus nicht im entferntesten, NEWTON hätte nun auch das Recht gehabt, einfach den ersten besten nach Belieben totzuschlagen oder jeden Tag auf dem Markt zu stehlen, was ihm paßte. Soweit ich mich entsinne, führte ich des weiteren in meinem Artikel aus, daß alle ... nun, also beispielsweise die großen Gesetzgeber und politischen Führer der Menschheit, von den ältesten wie LYKURG, SOLON, MOHAMMED bis zu NAPOLEON und so weiter ... also, daß sie alle ohne Ausnahme Verbrecher waren, allein schon deshalb, weil sie eben neue Gesetze gaben und damit die alten, von der Gesellschaft geheiligten, von den Vätern ererbten Gesetze umstießen und schließlich auch Blutvergießen nicht scheuten, wenn dieses Blutvergießen nur der Durchführung ihrer Ideen Vorschub leistete – übrigens handelte es sich oft genug um unschuldiges Blut, um Menschen, die sich heldenmütig für die alten Gesetze opferten. Es ist sogar bemerkenswert, daß der größte Teil dieser Wohltäter und Gesetzgeber der Menschheit geradezu grauenhaft viel Blut vergossen hat. Kurz, ich führte aus, daß nicht nur die im gewöhnlichen Wortsinne großen Männer, sondern überhaupt alle, die aus den ausgetretenen Geleisen der Tradition hinausführen, überhaupt alle, die nur irgend etwas Neues zu sagen haben, ihrer ganzen Natur nach unter allen Umständen Verbrecher sein müssen – das heißt natürlich, mehr oder weniger ... Was nun meine Einteilung der Menschen in gewöhnliche und außergewöhnliche betrifft, so muß ich zugeben, daß sie etwas willkürlich ist; aber ich sehe ja auch ganz davon ab, das Verhältnis der einen Kategorie zur anderen etwa zahlenmäßig festlegen zu wollen. Mir geht es nur um meinen Grundgedanken. Und der besteht eben darin, daß die Menschen auf Grund eines Naturgesetzes durchweg in zwei Kategorien zerfallen: in eine niedrigere, die der gewöhnlichen Menschen, das heißt sozusagen in das Material, das lediglich dazu dient, wieder neue ihresgleichen in die Welt zu setzen, und in die eigentlichen Menschen, das heißt diejenigen, die die Gabe oder das Talent haben, innerhalb ihrer Sphäre ein neues Wort auszusprechen. Selbstverständlich gibt es hier noch unzählige Unterabteilungen, aber die charakteristischen Merkmale beider Kategorien liegen doch klar zutage: die erste Kategorie, also das Material, bilden die ihrer Natur nach konservativen und braven Leute, die in selbstverständlicher Unterordnung dahinleben und denen das Gehorchen ein Herzensbedürfnis ist. Meiner Meinung nach besteht für diese Menschen sogar eine Verpflichtung zum Gehorsam, weil das eben ihre Bestimmung ist, und darin liegt für sie auch durchaus nichts Erniedrigendes. Die Menschen der zweiten Kategorie sind dagegen alle Gesetzesübertreter, sie sind Zerstörer oder neigen doch je nach ihren Fähigkeiten mehr oder weniger zur Zerstörung. Die Verbrechen, die diese Menschen begehen, sind natürlich sehr mannigfaltig und nur im engsten Zusammenhang mit der Art dieser Menschen zu verstehen. Meistens gehen diese Verbrechen, die in den verschiedensten Erscheinungsformen auftreten, auf die Zerstörung des Bestehenden im Namen des aufzurichtenden Besseren aus. Gerät nun ein Mensch dieser Kategorie in die Notwendigkeit, um seiner Idee willen selbst über Leichen und Blut zu gehen, so kann er sich meiner Meinung nach innerlich, das heißt in seinem Gewissen, selbst die Erlaubnis dazu geben, auch über Leichen und Blut zu gehen, das heißt, wohlgemerkt, soweit die Durchführung seiner Idee es verlangt ... Übrigens ...: Die große Masse billigt diesen Menschen fast nie ein solches Recht zu, sondern köpft und hängt sie – mehr oder weniger – und erweist sich damit ihrer konservativen Bestimmung pflichtmäßig getreu, wenn auch die gleiche Masse oft schon nach wenigen Generationen die Hingerichteten auf Piedestale setzt und sie demütig verehrt – ebenfalls mehr oder weniger, – Die erste Kategorie ist immer die Herrin der Gegenwart, die zweite die Herrin der Zukunft. Die erste erhält die Welt und vermehrt sie numerisch, die zweite bewegt die Welt und führt sie ihren Zielen entgegen. Beide haben also durchaus die gleiche Daseinsberechtigung. Kurz, beide sind in meinen Augen durchaus gleich im Recht und: vive la guerre éternelle! Das heißt natürlich, bis das Neue Jerusalem da ist.» (III 5)

Natürlich wird es unter diesen an F. NIETZSCHE erinnernden Überlegungen zu der alles entscheidenden Frage, ob er selber, Rodion Raskolnikow, nun zu den außergewöhnlichen oder nur zu den gewöhnlichen Menschen zählen wird. Es ist nicht einfach der niederdrückende Geldmangel, die entwürdigende Abhängigkeit aus Geldnot, das Leben in einer Absteige von Wohnung, wodurch Raskolnikow dahin gedrängt wird, all sein menschliches Mitgefühl zu verdrängen, sich von allen moralischen Skrupeln loszureißen und die alte Pfandleiherin und ihre Schwester Lisawjeta schließlich mit der Axt zu erschlagen, es ist, wie er später Sonja, der Tochter jenes alkoholabhängigen Marmeladow, erklären wird, ein Gedanke, der ihm immer wieder durch den Kopf geht: «Siehst du», erklärt er, «ich fragte mich damals immer wieder: warum bin ich so dumm, daß, wenn andere Menschen dumm sind und ich ihre Dummheit durchaus überschaue, daß ich selbst dann nicht klüger sein will als sie? Dann kam ich dahinter, Sonja, wenn man warten wollte, bis alle klug würden, so würde das wohl viel zu lange dauern. Und dann kam ich noch dahinter, daß das überhaupt nie der Fall sein wird, daß die Menschen doch nicht anders werden und daß niemand sie umformen kann und daß es sich gar nicht lohnt, sich damit abzugeben. Ja, so ist das, das ist ihr Gesetz! Eben ein Gesetz, Sonja! Das ist nun mal nicht anders. Und jetzt weiß ich auch, Sonja, wer kräftig ist, stark an Verstand und Geist, der ist auch Herr über die anderen! Wer sich viel herausnimmt, der hat in ihren Augen recht. Wer der großen Menge ins Gesicht spuckt, den läßt sie als Gesetzgeber gelten, und wer sich mehr herausnimmt als alle anderen, der hat auch mehr recht als sie! So war es immer, und so wird es immer sein! Das muß jeder sehen, der nicht blind ist. ... Damals kam ich dahinter, Sonja, ... daß die Macht nur dem zufällt, der es wagt, sich zu bücken und nach ihr zu greifen. Es gibt bloß eins: man muß sich nur etwas herausnehmen.» Unrecht hat, wer Skrupel hat.

«Glaubst du vielleicht, ich hätte zum Beispiel nicht gewußt, daß, wenn ich mich schon fragte und immer wieder fragte, ob ich ein Recht zur Macht habe – daß ich schon mit dieser Fragestellung ein solches Recht verwirkt hatte? Oder wenn ich mich fragte, ob der Mensch eine Laus sei, er für mich eben schon keine Laus war, weil er das nur für denjenigen sein kann, dem so eine Frage überhaupt nicht in den Kopf kommt, sondern der ohne zu fragen einfach seinen Weg geht? Wenn ich mir Tage um Tage den Schädel damit zerklüftete, ob NAPOLEON es getan hätte oder nicht, so fühlte ich dabei ja ganz deutlich, daß ich kein Napoleon bin. Die ganze Tortur dieser endlosen Selbstdiskussionen habe ich durchgemacht, Sonja, und hatte nur noch den Wunsch, mit dieser Tortur ein Ende zu machen: ich sehnte mich nur noch danach, Sonja, ohne Kasuistik zu morden, nur um meinetwillen, einzig und allein um meiner selbst willen zu morden! Ich wollte ja nicht einmal mir etwas vormachen! Ich habe den Mord ja nicht begangen, um meiner Mutter zu helfen – Unsinn! Ich habe ihn nicht begangen, um mir Mittel und Macht zu verschaffen und dann ein Wohltäter der Menschheit zu werden – Unsinn! Ich habe ganz einfach gemordet. Um meinetwillen, einzig und allein um meiner selbst willen habe ich es getan, und ob ich dann irgend jemand Gutes tun oder aber mein ganzes Leben lang wie eine Spinne alle anderen im Netz fangen und allen anderen ihre

Lebenssäfte aussagen würde, das ist mir in jenem Augenblick wohl ganz gleichgültig gewesen! Und es kam mir ja auch nicht in erster Linie auf das Geld an, Sonja, am Gelde lag mir nicht so viel wie an etwas anderem ... Das alles ist mir jetzt klargeworden.» (V 4)

Ganz deutlich vertritt Dostojewski in *«Schuld und Sühne»* mit diesen Worten erneut die Meinung, daß die Frage des Geldes – und mithin die gesamte soziale Frage! – nur an der Oberfläche des Rätsels der menschlichen Existenz spielt. Stets wenn ein Verbrechen begangen wird, gehen die Nachforschungen in aller Regel bei der Suche nach einem plausiblen Motiv von der Annahme sexueller Eifersucht beziehungsweise verletzter Liebe oder von einer vermuteten Geldsucht beziehungsweise von einem Auftragsmord aus. Hier aber wird ein junger hochbegabter Student zu einem Mörder allein durch die Unbeantwortbarkeit der Frage, wieviel er selber als Mensch wert ist. Längst ist jemand wie Raskolnikow darüber hinaus, sich von gewissen Eigentumsverhältnissen sagen zu lassen, wer oder was er selber als Mensch ist; das wirtschaftliche Elend aber kann, wie in seinem Fall, dazu führen, daß einem Menschen die Wertlosigkeit und Nutzlosigkeit seines eigenen Lebens besonders deutlich vor Augen tritt, und dann freilich entsteht fast zwangsläufig erneut jener Teufelskreis, der das Geld zu einem Fetisch der Selbstachtung erhebt. Für Raskolnikow indessen bleibt das Geld nurmehr ein Vorwand, eine Tarnung seiner Tat; in Wirklichkeit kehrt er sogar die Logik seiner eigenen Argumentation vollständig um: Die «Großen», erklärt er, sind unter Umständen bis zum Verbrechen gegangen, um der Durchsetzung ihrer Ideen willen; er selbst aber verfügt durchaus über keinerlei Idee, die er der Menschheit zu verkünden vermöchte; er mordet gewissermaßen nur, um herauszufinden, ob er überhaupt die Nerven besitzt, ja, ob er, anders gefragt, wenigstens die nötige seelische Robustheit mitbringt, ein Verbrechen zu begehen, das ihn als einen «ungewöhnlichen» Menschen ausweist. Tatsächlich verfügt er, wie er bald erfahren muß, über eine solche «Robustheit» keinesfalls. Die Wahrheit gesteht er sich selber im Gespräch mit Sonja ein: «Habe ich denn die Alte umgebracht?» fragt er rhetorisch. «Mich habe ich umgebracht, aber nicht die Alte! Mit einem Schlage habe ich mich zerschmettert, für immer! Die Alte hat der Teufel umgebracht, aber nicht ich.» (V 4)

Der «Teufel» – das ist jene fixe Idee, daß die Pfandleiherin eine Laus sei, die man umbringen müsse, schon um sich zu beweisen, selbst keine Laus zu sein; er selbst aber – das ist ein Mensch von äußerstem Mitgefühl und höchster Sensibilität. Nein, ein Raskolnikow wird niemals das Zeug haben, nach Art eines Napoleon, «ohne sich lange zu besinnen», die Moralgesetze zu überschreiten, wie Swidrigailow gegenüber Dunja erklärt, die er mit seinem Wissen über ihren Bruder erpressen möchte. (VI 5) Worin aber besteht dann der «Fehler» Raskolnikows? Erneut läßt sich diese Frage an dem Verständnis des Geldes erläutern.

Zu den gußeisernen Ideen Lushins zählt der Glaube an den Fortschritt der Nationalökonomie, an die Vereinbarkeit von Egoismus und Altruismus gerade im Umgang mit dem Geld. «Wenn man zum Beispiel bisher gesagt hat: ‹Liebe deinen Nächsten!› und ich liebte also meinen Nächsten», setzt er Rodja auseinander, «wozu führte das? ... Das führte dazu, daß ich meinen Rock in zwei Hälften zerrisse und die eine davon meinem Nächsten gäbe und daß wir also beide halbnackt blieben, nach dem russischen Sprichwort: ‹Wenn man mehreren Hasen zugleich nachläuft, fängt man keinen einzigen.› Die Wissenschaft aber sagt: ‹Liebe vor allem dich selbst, denn alles in der Welt basiert auf persönlichem Interesse.› Wenn man nur sich liebt, dann achtet man auch auf seine Sachen, wie es sich gehört, und behält seinen heilen Rock. Und weiter sagt die Nationalökonomie: ‹Je mehr ordentlich gehaltenes Privateigentum, sozusagen heile Röcke, es innerhalb der Gesellschaft gibt, auf um so festeren Grundlagen ruht sie, und um so fester verankert ist auch das Allgemeinwohl.› Wenn ich also einzig und allein für mich selbst erwerbe, so erwerbe ich eben damit gewissermaßen auch für alle und bringe es dahin, daß mein Nächster etwas mehr bekommt als einen halben Rock, und zwar nicht auf Grund der privaten Freigiebigkeit des Individuums, sondern auf Grund des allgemeinen Wohlstandes. Der Gedanke ist sehr einfach, aber unglücklicherweise haben ihm so viele romantische

Träumereien im Wege gestanden, daß er nur langsam Boden gewinnen konnte.» (II 5)

Aber ist diese Idee der Moralphilosophie der englischen Aufklärung, ist die Doktrin von Adam Smith denn wirklich zutreffend? Vor allem: trifft sie psychologisch auf Menschen zu, oder ist sie nicht vielmehr überhaupt nur als ein mathematisches Kalkül des Zusammenspiels gewisser gesellschaftlicher Faktoren diskutabel? Wie widersprüchlich verhält sich denn gerade diese vermeintlich so vernünftige Gesellschaft, dieser angebliche Hort und Garant von Recht und Gesetz? «Mein Verbrechen?» schreit Raskolnikow noch wenige Seiten vor Ende des Romans seine Schwester Dunja an. «Was für ein Verbrechen? ... Daß ich eine ekelhafte, schädliche Laus umgebracht habe, eine alte Wucherin, von der niemand etwas hatte, die den Armen das Blut aussagte, das nennst du Verbrechen ... Ich denke nicht daran, darin ein Verbrechen zu sehen, das ich abzuwaschen habe! Und warum schreien mir denn alle immer wieder in die Ohren: Verbrechen, Verbrechen! ... Alle vergießen Blut ... Blut ist immer in der Welt vergossen worden und wird noch heute vergossen wie ein Wasserfall, Blut fließt wie Champagner, und wer am meisten Blut vergießt, der wird auf dem Kapitol gekrönt und heißt Wohltäter der Menschheit! Ja, so sieh doch die Sache einmal, wie sie ist! ... Ich habe wohl nicht die richtige Form gefunden, nicht die ästhetisch einwandfreie Form! Aber ich kann auch auf keinen Fall einsehen, wieso es eine respektablere Form sein soll, Menschen mit Hilfe von Bomben oder bei einer Belagerung nach allen Regeln der Kunst um die Ecke zu bringen!» (VI 7)

So wären es also nur seine Schwäche, seine Ungeschicklichkeit, seine Kleinmütigkeit gewesen, die seine Tat jetzt als ein Verbrechen erscheinen ließen, eben weil sie zeigten, daß diese Tat nicht von einem «außergewöhnlichen» Menschen begangen wurde?

Das gerade nicht, wenn man auch nur ein wenig das Problem begreift.

Stimmt es denn nicht, daß immer wieder in der Geschichte der Menschheit gräßlichste Kriege geführt wurden, einzig um Macht und Geld zu gewinnen? Hat man nicht immer wieder den Leuten zugejubelt, die ihren eigenen Egoismus mit dem Egoismus ihrer Nutznießer: ihrer Partei, ihrer Klasse, ihrer Region oder Religion zu verbinden wußten? Und war es nicht stets am Ende der «Erfolg», der selbst die schlimmsten Verbrechen in den Augen der Mit- und Nachwelt rechtfertigte, wie am Beispiel NAPOLEON abzulesen? Welch eine Idee des sozialen Fortschritts oder der Entwicklung der Ökonomie also sollte imstande sein, gegen diese Verfälschung aller Begriffe anzukommen? Wie viele Menschen muß ein Mensch umgebracht haben, damit aus seinen Verbrechen Siege, aus seinen Untaten Werke des Ruhms und aus seiner Skrupellosigkeit ein Verdienst für seine jeweilige Bezugsgruppe wird?

Wie sagt doch Raskolnikow von NAPOLEON und von allen seinesgleichen: «diese Art von Menschen war aus anderem Holz geschnitzt. Wer zum Herrscher geschaffen ist, wem alles erlaubt ist, der zerstört Toulon, der richtet ein Gemetzel in Paris an, der überläßt in Ägypten eine ganze Armee ihrem eigenen Schicksal, der läßt eine halbe Million Menschen beim Marsch auf Moskau zugrunde gehen und verscheucht den Gedanken daran mit einem einzigen Witzwort in Wilna. Und nach seinem Tode errichtet man ihm Denkmäler, das heißt, man billigt alles, was er getan hat.» (III 6)

Nein, es gibt keinen Weg, davon ist Dostojewski überzeugt, um einen Raskolnikow mit intellektuellen Mitteln, mit philosophischen Ideen oder mit ökonomischen Theorien davon zu überzeugen, daß der Mord, den er begangen hat, wirklich ein Verbrechen ist; ganz im Gegenteil, sein entwurzelter Intellekt ist geradewegs die eigentliche Triebkraft dieses ganz und gar «modernen» Verbrechens. (VI 2) Umgekehrt: Was Raskolnikow sich als «Schwäche» anrechnet, das gerade ist seine Stärke, das ist das letzte Moment seiner möglichen Rettung, denn es zeigt, daß ihm ein gewisses menschliches Empfinden trotz allem verblieben ist.

Es ist in gewissem Sinne von Glück zu sagen, daß Personen wie der *Kellerloch*mensch oder wie Raskolnikow zutiefst Leidende sind; selbst ihr Zynismus, selbst ihre Frivolität, selbst ihr Verlangen, bis zum äußersten zu gehen, entspringt einem großen Herzen, das sich niemals mit der selbstberuhigten Stumpfheit eines Lushin oder der unheimlichen Selbstgewißheit eines Walkowsky zufrieden geben wird. Der so bieder wirkende Lushin, der sich ein armes Mädchen zur Frau kauft und dabei über den Nutzen des Egoismus räsoniert, steht dem monströsen Fürsten aus den *«Erniedrigten und Beleidigten»* innerlich so nahe, daß sie beide nur noch durch das Kolorit ihrer Umstände, nicht aber durch die Art ihrer Gesinnung voneinander getrennt sind. Raskolnikow hingegen trägt, so verborgen auch immer, bereits die Gestalt von Fürst Myschkin aus dem *«Idioten»* in sich. Es ist nicht nur, daß er spontan das Geld, das er bei der Pfandleiherin geraubt hat, dazu verwendet, der Familie Marmeladow zu helfen, als der arme, alkoholkranke Mann von einem Fuhrwerk überfahren wird; es ist vor allem das Motiv, eine geschändete Frau wie seine Schwester Dunja oder wie Marmeladows Tochter Sonja vor Schande zu bewahren, das ihn mit dem vergeblichen Versuch Myschkins, im *«Idioten»*, die geschändete Nastassja zu retten, verbindet. Ja, ist es nicht, psychologisch betrachtet, im Grunde geradewegs seine eigene verletzte, mißhandelte, gequälte Seele, die in all diesen Frauengestalten darauf wartet, von ihm erlöst zu werden? In jedem Falle gibt es nur einen Weg, um einen Menschen wie Raskolnikow den Unterschied zwischen einem Verbrechen und einer verdienstvollen Tat überzeugend empfinden zu lassen: das wäre die Liebe eines Menschen, der ebenso arm sein müßte wie er selber, der aber diese seine Armut aushielte durch ein tieferes, letztlich religiöses Vertrauen.

Ein solcher Mensch in *«Schuld und Sühne»* ist die Dirne Sonja Marmeladowa, ein Mädchen, das sich für seine lungenkranke Mutter, für seine hungernden Geschwister und für seinen trunksüchtigen Vater opfert. «Drei Wege liegen vor ihr», denkt Raskolnikow, «entweder sie stürzt sich in den Kanal oder sie kommt ins Irrenhaus oder ... oder sie wirft sich der eigentlichen Unzucht in die Arme, die den Verstand umnebelt und das Herz versteinert.» (IV 4) Sonja aber tut nichts dergleichen; vielmehr liest sie, die Dirne, gemeinsam mit ihm, dem Mörder, die Geschichte aus dem 11. Kap. des *Johannes*-Evangeliums von der Auferstehung des Lazarus, vor allem die Stelle, an welcher Jesus dem Toten sagt: «Lazarus, Lazarus, komm heraus!» Er selber, Raskolnikow, ist nach der Ermordung der Pfandleiherin und ihrer Schwester, nach diesem Mord an sich selbst, wie ein Toter, der nur durch die Liebe ins Leben zurückkehren kann …

Als Dostojewski mit einem Großteil seines Romans *«Schuld und Sühne»* aus Wiesbaden nach Rußland zurückkehrte, sah er sich sogleich neuen Geldforderungen und Arbeitsverpflichtungen gegenüber. Sein Verleger STELLOWSKI verlangte vertragsgemäß zwei neue Romane von ihm, und so mußte er unter erheblichem Zeitdruck die Arbeit am *«Raskolnikow»* weiterführen; zugleich im Oktober 1865 diktierte er der jungen Stenographin ANNA GRIGORJEWNA den Roman *«Der Spieler»*. Da spricht er eines Tages zu ihr: «Ich habe die Grenze erreicht und nur drei Möglichkeiten stehen vor mir: entweder nach dem Osten zu fliehen, um dort vielleicht für immer zu bleiben, oder ins Ausland zu gehen und mich mit der ganzen Seele dem Roulette zu ergeben, oder, schließlich, mich zum zweiten Mal zu verheiraten.» Das klingt so, als wisse Dostojewski zu diesem Zeitpunkt bereits genau, daß seine Spielsucht sich nur werde beruhigen lassen durch eine konstante menschliche Beziehung, ja, als lege er sich selbst den Gedanken nahe, daß sein Hang nach dem so leicht und so schnell zu verdienenden Geld an der Spielbank einzig den Sinn verfolge, sich die so nötige Liebe einer Frau zu verdienen. Tatsächlich heiraten ANNA SNITKINA und Dostojewski wenige Wochen später einander. Kurz danach drängt Anna ihren Gatten dazu, gemeinsam vor den Gläubigern in den Westen zu fliehen; der aber verfällt in Dresden erneut dem Spiel. Homburg, Baden-Baden sind die weiteren Stationen. Dostojewski versetzt sogar den Mantel, die Kleidung, den Ehering seiner Gattin. In Genf leben die Dostojewskis in tiefer Armut; ihr erstes Kind stirbt; doch gerade in dieser Zeit, im Jahre 1887, beginnt Dostojewski die Arbeit an dem Roman *«Der Idiot»*, der nicht nur den Erlösungsgedanken des Christentums in der Gestalt des wahren, wenngleich kranken Menschen aufzugreifen sucht, sondern der zugleich im negativen Konterfei in der Gestalt Nastassja Filippownas und des Kaufmanns Rogoshin das Thema Geld als eine sublime Nekrophilie entlarvt – Gedanken, wie sie erst 100 Jahre später der Psychoanalytiker ERICH FROMM in seiner

Studie über die westliche Kultur, in *«Haben oder Sein»* (1976) geäußert hat.

Bereits in der Gestalt der Nelly und ihres Mütterchens aus den *«Erniedrigten und Beleidigten»* hat sich gezeigt, daß ein Mensch, der durch Armut in den Staub gedrückt wurde, sich durch kein noch so großes Almosen daraus zu erheben vermag. «Normalerweise» möchte man vielleicht denken, hängt gerade ein Armer und Mittelloser am Geld; Geld ist es, was er braucht – gibt man ihm davon soviel als nötig, so ist alles gut. Doch trägt dieses arithmetische Minus und Plus der psychischen Seite menschlicher Not, zumindest bei den entwickelteren, reflektierteren Charakteren, nicht wirklich Rechnung. Das seelische Problem, erkennt Dostojewski, besteht nicht darin, kein Geld zu haben, es besteht in der Ungleichheit der Menschen, in der Spaltung, die das Geld in der beschriebenen Weise unter den Menschen vornimmt, in der Ungerechtigkeit, die darin liegt, daß die einen unverdientermaßen Geld besitzen und die anderen unverdientermaßen kein Geld besitzen, und so wird es zu der Frage, wie es eigentlich dahin kommen kann, verdientermaßen, sozusagen schon rechtmäßig überhaupt Geld besitzen zu können. Vom Punkt dieser Problemstellung an beginnt der Arme das Geld mitsamt dem Geldbesitzer zu verachten, schon um sich selber noch achten zu können, und je weniger schuldlos er sich selber an seinem Zustand fühlt, als desto schuldiger muß ihm das Glück der Reichen erscheinen. Der Zeitpunkt wird kommen, da er es als eine Angelegenheit der Ehre betrachtet, auf die «mildtätigen Gaben» ebenso zu spucken wie auf die «günstigen Angebote», die doch nur darauf berechnet sind, seine Schande noch ein Stück weit erbärmlicher zu machen.

«Bleibe arm» – diese Maxime Nellys kennen wir bereits. Was aber begibt sich auf der Gegenseite?

Da ist eine womöglich schöne, stolze Frau, aber sie lebt in entwürdigenden Verhältnissen; was liegt da näher, als sie nach Lushin-Art freikaufen zu wollen, um sie sich zeitlebens in Dankbarkeit und Abhängigkeit halten zu können? Wie aber, wenn sie so hochmütig ist, gar nicht eingekauft werden zu wollen, um keinen Preis in der

Welt nicht? Dann bleibt nur, sie immer mehr in die Enge zu treiben, sie zunehmend die Ausweglosigkeit ihrer Lage spüren zu lassen, mit einem Wort: Katz und Maus mit ihr zu spielen, bis sie sich schließlich ergibt. Aber ist sie dann noch ein lebender Mensch? Ist sie in ihrer Ergebung noch fähig zu einer Empfindung der Freiheit, die zu jeder wirklichen Liebe unerläßlich ist? Der aus Liebe gekaufte Mensch ist nur noch ein Leichnam, ein totes Besitzstück, ein Etwas auf derselben Ebene, auf der das Geld selber angesiedelt ist: er ist ein Sachgegenstand, in dem keine Seele mehr wohnt. Von dieser Tragödie des Geldes und der Selbstachtung erzählt Dostojewski im *«Idioten»*.

Der Idiot

Es geht um die von Anfang an alternative Frage: wie rettet man einen Menschen, der in all seiner Schönheit und Größe seine Würde in den eigenen Augen verloren hat, so sehr, daß er sich selbst unter dem amüsierten Beifall der Menge zum Gespött macht? Von dieser Art ist Nastassja Filippowna. Sie ist von dem reichen Afanasi Iwanowitsch Tozki verführt worden, der sie seit fünf Jahren finanziell aushält und für dessen Nähe und Zuwendungen sie sich haßt und verachtet. Nun aber soll sie mit Gawrila Ardalionowitsch Iwolgin verheiratet werden, der als Sekretär bei dem General Iwan Jepantschin Dienst tut, denn Jepantschin seinerseits möchte, daß eine seiner drei Töchter eben von Tozki zur Frau genommen wird. Um sie aus dieser Lage zu befreien, aber auch, um sie vor dem Wüstling Rogoshin zu schützen, der ihr, getrieben von der Energie eines Süchtigen, nachstellt, entschließt sich Fürst Myschkin, ihr einen Heiratsantrag zu machen; in Wirklichkeit aber liebt er die junge Tochter des Generals, Aglaja Iwanowna Jepantschina; und tatsächlich unternimmt Nastassja ihrerseits alles, um die Beziehung zwischen den beiden zu fördern, denn sie selber ahnt, welch ein Opfer der Fürst ihretwegen zu bringen beabsichtigt: sie hält sich dessen für unwert und schämt sich deswegen sogar noch viel mehr. Aglaja aber erhebt gegen ihre vermeintliche Nebenbuhlerin die heftigsten Vorwürfe und nötigt damit den Fürsten, sich ostentativ auf Nastassjas Seite zu stellen, deren Wesen er als einziger richtig zu deuten versteht. Als Aglaja daraufhin enttäuscht und verbittert ihre Beziehung zu dem Fürsten abbricht, stünde der Heirat Myschkins mit Nastassja äußerlich nichts mehr im Wege, wäre da nicht das unüberwindliche Bedürfnis nach Selbstbestrafung und Selbstzerstörung in Nastassja selber: sie flieht vor der Trauung mit dem Fürsten in die Arme Rogoshins, der sie mit dem Messer tötet, um seine Geliebte, von der er weiß, daß sie ihn nicht liebt, nicht lieben kann, auf ewig zu besitzen und sie jedenfalls niemandem anderen mehr zu überlassen. Am Ende wird es der Fürst sein, der am Leichnam Nastassjas seinem Schattenbruder die zitternde Hand entgegenstreckt und ihm leise seinen Kopf streichelt, «seine Haare und seine Wangen ... Das war alles, was er tun konnte.» Er wird seinen Kopf an Rogoshins bleiches, regloses Gesicht legen, und die Tränen aus seinen Augen werden auf Rogoshins Wangen rinnen, während er von seinen eigenen Tränen schon gar nichts mehr weiß ... (IV 11)

Keinem von beiden, weder dem Fürsten mit dem Selbstopfer seines Glücks noch dem Kaufmann Rogoshin mit dem Angebot all seines Besitzes, ist es gelungen, Nastassja zu retten vor der Lust an ihrem Untergang; vielmehr hat gerade der Fürst, diese Verkörperung des christlichen Erlösers in der Literatur der Neuzeit, die unglückliche Nastassja, wie er erkennen muß, in eben den Tod getrieben, der den Namen Rogoshin trägt.

Mitten im Strom dieser sich überstürzenden Ereignisse ragt, gewissermaßen als Katarakt, jene Szene hervor, in welcher Nastassja für 100 000 Rubel von Rogoshin ersteigert werden soll; es ist dieser Augenblick, da der Fürst sich zu seinem Heiratsantrag gegenüber Nastassja gedrängt sieht. (I 15; 16)

Im Beisein von «zehn vollkommen betrunkenen Menschen», zu denen vor allem Gawrila, Tozki und der General, aber auch Freunde Rogoshins gehören, erscheint Rogoshin selber mit seinem Gefolge, einer Bande, die mit ihren Umtrieben ein Stück weit bereits die nihilistische Anarchistengruppe um Stawrogin in den *«Dämonen»* vorwegnimmt. Irgendwann einmal, spöttisch, flüchtig und ganz unbestimmt, hat Nastassja davon gesprochen, daß sie nur für 100000 Rubel in barem Gelde zu haben sein werde; Rogoshin aber hat diese Anspielung nicht als Absage, sondern als Einladung verstanden: er hat diese Summe tatsächlich zusammengebracht und will ihr das Geld jetzt als Brautgeschenk antragen. Die Szene selber mutet gespenstisch an. Denn eben noch erklärt voller Mitleid und Wohlwollen der Fürst: «Sie sind stolz, Nastassja Filippowna, Sie sind aber vielleicht so unglücklich, daß Sie sich wirklich für schuldig halten. Man muß Sie lange pflegen, Nastassja Filippowna», und bietet ihr selber an, eben das tun zu wollen, ja, er holt sogar den Brief eines Notars hervor, der ihm möglicherweise eine sehr reiche Erbschaft in der Schweiz in Aussicht stellt, da verkündet lachend, mit ihrem schrecklichen Lachen, Nastassja, sie wolle doch nicht «so ein Kind» zugrunde richten – das sei allenfalls eine Spezialität von Herrn Tozki, der Fürst solle sich nur an Aglaja halten, er brauche ja selber noch eine Kinderfrau ... und geht mit dem Geldpaket auf das Kaminfeuer zu: sie wird, nur um ihre Selbstachtung zurückzugewinnen, all das Geld vor den Augen aller in die Flammen werfen; Ganja Ardalionowitsch Iwolgin möge die Rubelscheine herausholen, wenn er wolle – all das Geld werde ihm gehören: «Das Herausholen dauert ja nicht lange!» sagt sie zu dem Mann, mit dem die Iwolgins und Jepantschins aus Geldgründen sie verkuppeln wollen, und fügt hinzu: «Ich werde deine Seele ganz nackt sehen, wenn du mein Geld aus dem Feuer holen wirst.» (I 16)

Eine unglaubliche Entscheidung wird hier gefällt darüber, was für ein Mensch jemand ist! Da wird es zu einem Akt der inneren Befreiung, all die scheinbar so wichtigen Fragen nach den Besitzverhältnissen für null und nichtig zu erklären und seinen Stolz darein zu setzen, nicht käuflich, um keinen Preis der Welt käuflich zu sein. Wie war denn das gerade zuvor noch? Da war sie zu den Iwolgins gekommen wie zu ihrer zukünftigen Familie, und Ganjas Schwester hatte ihr ins Gesicht gerufen: «Warum jagt man denn diese Schamlose nicht fort von hier» (I 15), und jetzt soll sie für eine ehrbare Frau gelten, nur weil sie 100000 Rubel in Händen hält? Nein, eine Nastassja gehört niemandem, sie ist auch nicht das Eigentum von Parfen Rogoshin: – er hat ihr das Geld gebracht, aber was bedeutet das schon! Ganja soll sie heiraten für Geld – also soll er das Geld sich holen, mehr Geld, als er je sich vorstellen und erhoffen konnte, und er möge sich damit trösten, denn *sie* wird er nicht bekommen, *sie* wird auf ewig einen Menschen verachten, der auf seinen Knien herumrutscht, um durch Geldbesitz mit einem Schlage vielleicht ein gemachter Mann der Petersburger Gesellschaft zu werden, der damit aber doch nur zeigt, daß er weder weiß, was Freiheit noch was Liebe noch was Menschlichkeit bedeutet. Nastassjas furchtbarer Entschluß steht fest: «Entweder», spricht sie, «ich lasse mich mit Rogoshin ein, oder ich gehe noch morgen Wäsche waschen.» Entweder die Nelly-Lösung: eine ehrbare, aber arme Putzfrau zu werden, oder sich dieser Welt der Gier und Gemeinheit bis zu dem Punkt auszuliefern, daß der sicher zu erwartende eigene Untergang den ganzen Wahnsinn der sogenannten Normalität offenbart.

Ja, aber, mag man fragen, herrscht denn nicht auch hier wieder nur der reine Masochismus und Narzißmus eines gekränkten Selbstwertgefühls vor? Ist Geld denn nicht auch noch etwas anderes als ein symbolisches Mittel der Selbstdarstellung? Hat der arme und würdelose Lukian Timofejitsch Lebedew, bei dessen Familie der Fürst wohnt, nicht irgendwo recht, wenn er flehentlich bittet, doch selber das Geld aus dem Feuer holen zu dürfen: «Ich habe eine kranke, lahme Frau und dreizehn Kinder, lauter Waisen; ich habe vorige Woche meinen Vater begraben ...»? (I 16) Was alles könnte man mit Geld machen, würde eine Frau wie Nastassja nur einmal von ihrer Selbstbezogenheit lassen?

Die Antwort Dostojewskis kann nur lauten, daß gerade das gar nicht möglich ist. Um dem Geld frei gegenüberzustehen, müßte ein Mensch in seinem Selbstwertgefühl sicher genug geworden sein, um durch Geld nicht länger mehr, weder positiv noch negativ, weder als wertvoll noch als unwert, weder als mächtig noch als abhängig, definierbar zu sein. So viel jedenfalls steht Dostojewski fest: die «Gesellschaft» vermag das nicht, weil und solange sie selber auf Geld gegründet ist. Einzig die Liebe vermöchte es, dem Menschen ein solches Selbstvertrauen und eine solche innere Festigkeit zu schenken; aber durch welche Verschüttungen und Widerstände müßte sie sich hindurcharbeiten, um im Leben auch nur eines einzigen Menschen glaubhaft und fühlbar zu werden?

Schon in der frühen Erzählung *«Ein schwaches Herz»* (1848) hat Dostojewski in einer Art psychologischer Studie den Fall zweier Petersburger Beamter geschildert, von denen einer, Wasja mit Namen, in eine Psychose gerät, weil er das Glück einer aufbrechenden Liebe nicht verträgt. In dem Roman *«Der Idiot»* beschränkt Nastassja sich gewissermaßen darauf, den Wahnsinn der Menschen, mit denen sie lebt, durch ihr Verhalten offenbar zu machen. Tatsächlich überwindet sich Ganja und rührt das Geld nicht an, irgendwo ist denn doch seine Eitelkeit größer als seine Habgier; doch als er zur Tür hinausgehen will, bricht er bewußtlos zusammen; mit einer Zange holt Nastassja das Geldpaket im letzten Moment aus dem Feuer und legt es neben ihn. «Das Paket gehört ihm, Ganja», erklärt sie. «Ich überlasse es ganz ihm, als Entschädigung ...» Doch zu Myschkin sagt sie: «Fürst, ich habe zum erstenmal einen wirklichen Menschen gesehen!» (I 16) Was kann ein einzelner «wirklicher Mensch» ausrichten gegen eine ganze Welt der Unmenschlichkeit? Nastassja wird an Rogoshin fallen, der sie in diesem Augenblick bewundert wie eine Königin und doch zugleich damit spürt, daß er sie als eine ihm unendlich Überlegene niemals wird halten können. Nastassja stirbt durch Rogoshins Hand – eine Tragödie griechischen Formats findet ihren Abschluß, ohne daß eine «Katharsis» zu erwarten stünde. Und doch werden weiter auf dieser Erde Kinder geboren, und doch wachsen auf ihr Jugendliche heran, die sich fragen, wie und wofür sie leben sollen.

Der Jüngling

Dieser Frage geht Dostojewski, erneut entlang des Leitmotivs Geld, in seinem Roman *«Der Jüngling»* (1875) nach. Dieser psychologisch überaus vielschichtige Entwicklungsroman, der im Vergleich etwa mit Iwan S. Turgenjews *«Väter und Söhne»* (1862) sich ausnimmt wie ein Gebirge gegenüber einem Hügel, schildert in Form von Tagebuchaufzeichnungen das Leben und die Erlebnisse des jungen Arkadij. Dessen Mutter, die Gutsmagd Sofia Andrejewna Dolgorukaja, ist rechtmäßig verheiratet mit dem weisen Pilger und Gottesnarren Makar Iwanowitsch Dolgoruki, der ein Leibeigener des Edelmannes Andrej Petrowitsch Wersilow ist; doch als Wersilow mit etwa 25 Jahren, verwitwet, sich in die schöne und fügsame Sofia verliebt, kauft er sie los; er zeugt mit ihr einen Jungen, Arkadij, und ein Mädchen, Lisa, die beide ihren Namen nach Makar Dolgoruki erhalten. Während Wersilow mit seiner Geliebten eine ausgedehnte Auslandsreise unternimmt, wird Arkadij zur Erziehung in eine Adelspension gegeben. Dort schlägt und verhöhnt man ihn wegen seiner unehelichen Geburt; er wird ein stilles, zurückgezogenes Kind, das sich nach seinem Vater sehnt und angefüllt ist mit seltsamen Träumen und absonderlichen Ideen. Als Arkadij seinen Vater schließlich mit neunzehn Jahren kennenlernt, entwickelt sich zwischen beiden eine ausgesprochen ambivalente Beziehung, und zwar um so mehr, als der alte Wersilow ausgerechnet um diese Zeit sich in die junge Katerina Nikolajewna, die früh verwitwete Frau des General Achmakow, zu verlieben beginnt (III 8,2), der auch Arkadij, trotz seiner negativen Meinung von den Frauen im allgemeinen, auf eine merkwürdige Art sich zu nähern versucht: Um rasch unabhängig zu werden, hat er das Universitätsstudium aufgegeben und eine Stelle als Sekretär bei Katerinas Vater, dem Fürsten Sergej Sokolski, angetreten; da stößt er eines Tages auf ein Schreiben, in dem Katerina ihren Vater juristisch für geistig nicht zurechnungsfähig erklären lassen möchte; in Kenntnis dieses Papiers glaubt Arkadij, die schöne Katerina in der Hand zu haben. Nach und nach gelingt es ihm, die Freundschaft des Fürsten selbst zu gewinnen, von dem seine Schwester Lisa ein Kind erwartet. Der alte Fürst ist es denn auch, der Arkadij mit der Oberschicht Petersburgs in Kontakt bringt. Damit entwächst er zwar den anarchistischen Gruppen, in denen er sich bis dahin aufgehalten hat, doch wird er dafür zum Spieler, zum Schuldner, schließlich beinahe zum Dieb. Sein alter Schulfreund, Lambert, inzwischen ein ausgemachter Schurke, findet ihn eines Nachts bewußtlos an einer Mauer und zieht ihn erneut in eine unheilvolle Komplizenschaft hinein. Erst als Arkadij seinem gesetzlichen Vater Makar begegnet, beginnt für ihn an der Seite dieses gütigen, einfachen und einfältigen Mannes eine Zeit der Genesung. Als nach Makars Tod sich Wersilow von Katerina zurückzieht und sich nunmehr ungeteilt zu Sofja bekennt, findet auch Arkadij zu seinem Vater zurück und beginnt, mit der Wiederaufnahme seines Studiums einen realistischen Weg in ein eigenes Leben zu finden. – In diesen verschlungenen Handlungsaufbau hinein hat Dostojewski die umfassendste und prägnanteste Studie zur Faszination und zum Verhängnis des Geldes gestellt, die es in der Weltliteratur gibt.

Im ersten Teil (Kap. 5,1–3) des Romans nämlich entwickelt Arkadij eine bizarre Theorie des Geldes, verbunden mit der Idee, durch Betteln und Sparen ein Rothschild zu werden. Es genügt, die einzelnen Momente seiner Darstellung möglichst genau zu würdigen, und man wird bald bemerken, welch ein Kunstgriff Dostojewski in diesem Roman gelingt: Indem er seinen jungen Helden die Grundgedanken des kapitalistischen Umgangs mit Geld selber «erfinden» läßt, zeigt er zugleich, unter welchen psychischen Voraussetzungen die «Idee» des Kapitalismus sich eigentlich nahelegt, und vor allem: was sie mit den Menschen und aus den Menschen macht, die sich ihr ergeben.

Die psychische Voraussetzung: – das ist in Arkadijs Fall der Umstand, ein Kind aus «zufälliger Familie» zu sein, ein Waisenkind auf der Suche nach einem Vater, den es geben müßte, aber nicht gibt. Um so wichtiger wird es dem Jüngling, in einem Klima der Ablehnung und der Mißachtung sich selbst zu begründen und aus Protest gegen den fehlenden Vater die Bedeutung des eigenen Daseins selbst zu «erzeugen». Bereits hier jedoch wird ein Urwiderspruch der «bürgerlichen» Gesellschaft sichtbar. Alle Väter streben irgendwie danach, ihre Kinder Rothschilds werden zu lassen, und so legen sie ihnen ganz besonders die Tugenden von «Fleiß» und «Ausdauer» ans Herz; unter dem Aspekt des Geldgewinns aber muß schon die Gründung einer Familie selbst als ein unerhörter, ja, unverzeihlicher

Luxus erscheinen: – kein Mensch, der für eine vielköpfige Familie zu sorgen hat, kann daran denken, größere Ersparnisse zu bilden. Doch was für einen Wert sollte auch die Institution der Familie für einen Jungen darstellen, der in gewissem Sinne ohne Eltern heranwächst? An welche Ideale soll er glauben, wenn es in der Generation, die ihm vorangeht, keine anderen Ideale mehr gibt als das Geld? So originell die ROTHSCHILD-Idee Arkadijs auch anmutet, im Grunde verkörpert sie nur auf skurrile Weise die geistige Strömung der gesamten Kultur, in welcher er aufwächst.

Doch um so eigenständiger wirkt sein eigenes Nachdenken. Wie gelangt man dahin, nicht nur Geld zu gewinnen, sondern sehr viel Geld, sogar unvorstellbar viel Geld? Mit unabweisbarer Logik entdeckt Arkadij die ehernen Grundgesetze der Selbstvermehrung des Kapitals: Es gilt als erstes, alle Bedürfnisse auf ein Minimum zu reduzieren und «Konsumverzicht» in strengster Form zu üben. Ein Anzug hält länger, wenn man ihn immer wieder sorgfältig bügelt, Schuhsohlen nutzen sich weniger ab, wenn man es lernt, stets mit dem ganzen Fuß aufzutreten, die tägliche Nahrung läßt sich auf die kärglichste Form reduzieren. All diese Rationierungen der persönlichen Ausgaben müssen angesichts des Ziels, Millionenreichtum aufzuhäufen, zunächst natürlich ganz lächerlich wirken, doch unterstreichen sie gerade so das Wesentliche des kapitalistischen Grundprinzips: Wer nach Geld strebt, um mit Geld Geld zu vermehren, der darf sich den Luxus von Freude und Glück nicht länger mehr leisten. Der Götze Mammon erweist sich als nicht minder streng im Umgang mit seinen Gläubigen als der Klostergott der katholischen Kirche mit seinen Nonnen und Mönchen: nur radikaler Verzicht, strengste Einsamkeit und völlige Unabhängigkeit von allen Bedürfnissen – Askese, Isolation und Autarkie, das sind die psychischen Säulen, auf denen das Geld ruht, wenn es sich kapitalisieren soll. Allein die Befriedigung, sich selbst überwunden zu haben, wirkt als Prämie so vieler Entbehrungen.

Wie aber nun weiter? Bald schon entdeckt Arkadij das entscheidende Verfahren kapitalistischer Geldvermehrung: Wenn erst einmal auch nur ein paar Rubel zurückgelegt sind, so ist es doch möglich, etwa auf dem Trödelmarkt ein, zwei Objekte zu erstehen, die sich mit einem bißchen Glück wiederum teurer weiterverkaufen lassen, als sie erstanden wurden. Alles, was ist, gewinnt auf dem Markt seinen Wert nur als Ware, deren Verkaufspreis indessen höher liegen muß als der Einkaufspreis. Nicht also ob etwas schön ist, ob es eine Kostbarkeit darstellt, ob es ein Kunstwerk ist, steht hier zur Frage, sondern wie es sich einfügen läßt in den Kreislauf von Geld (vorgeschossenem Kapital), Ware (der Dingform des Kapitals) und vermehrtem Geld (Kapitalgewinn). Von Anfang an erscheint das Geld, «vernünftig» betrachtet, somit als Teil eines unendlichen Glücksspiels: der Suche nach dem «richtigen» Käufer, dem der Warengegenstand mehr wert ist als vormals dem Verkäufer selber (vgl. I 3,2). Es gilt deshalb, ständig aufmerksam zu sein. Keinen Tag darf es geben, an dem die Zeit ungenutzt bliebe. Denn je schneller das Geld zirkuliert, desto rascher vermehrt es sich. Schon ist der Schritt absehbar, der von dem Kleinhändler auf dem Trödelmarkt an die Börse führen wird ... Nur: Vorsicht! Statt auf spektakuläre Spekulationsgewinne zu setzen, erscheint es ratsam, sichere Kleingewinne zu sammeln und sie rigoros und mit unendlicher Geduld zu sparen und zu sparen; «bei ununterbrochenem und gleichmäßigem Erwerb», sagt sich Arkadij, «bei unermüdlicher Aufmerksamkeit und klarem Verstande, bei Mäßigkeit, Sparsamkeit und ständig wachsender Energie» ist es nach mathematischen Gesetzen unvermeidbar, ein Rothschild zu werden; und so wird er gerade diesen Weg zu gehen versuchen.

Was aber ist ein Bettler, der ein Rothschild wird, anderes als die Offenbarung, was für ein Bettler ein Rothschild selber ist? Ein solcher Mensch, wie Arkadij ihn zum Ideal erhebt, lebt ganz und gar parasitär; ganz und gar ist er nur für sich selbst da; – das heißt: es gibt ihn persönlich überhaupt nicht, er ist selbst nichts als der Leibeigene seines selbstgeschaffenen «Vaters»: des Mammon, ein Zwischensohn, ein Bastard, zwischen dem anspruchslosen Makar Dolgoruki und dem vermögenden Edelmann Wersilow, das Ziehkind zweier «zufälliger» Väter. Dagegen freilich kann Arkadij ein phantastisches Selbstwertgefühl der Ausnahme setzen, – ein Gefühl der

Einsamkeit und der Macht, in dem allerdings seine bisherige Lebensausrichtung sich konsequent fortsetzt.

Denn als Kind bereits hat Arkadij versucht, Konflikte durch Rückzug nach innen zu lösen. Die anderen Menschen waren ihm nicht geradewegs als verhaßt erschienen, aber sie waren ihm «schwer» – es war ihm unmöglich, ihnen gegenüber sich freimütig zu äußern oder zu ihnen offen zu sprechen. Ja, er war zunehmend geneigt, statt den anderen sich selber die Schuld an etwaigen Auseinandersetzungen zu geben, und so mied er sie nach Kräften, schon um nicht so oft sich schuldig zu fühlen. «Er lenkte die Aggressionen auf sich, und suchte in der Isolation ein Mittel zur Aggressionsvermeidung», müßte man in der Sprache der Psychoanalyse sagen. Schadlos hält Arkadij sich dafür allerdings, ebenfalls seit Jugendtagen, durch ein überhöhtes Selbstwertgefühl, das heißt eben nicht durch ein zufriedenes Gefühl, in sich selbst genügend wertvoll zu sein, sondern durch den Anspruch, mehr wert sein zu müssen als alle anderen. «Er kompensiert seine Minderwertigkeitsgefühle durch ein überzogenes Ichideal», würde die psychoanalytische Erklärung dieses Verhaltens lauten. Die Folge ist eine noch stärkere Absonderung von allen anderen und eine noch empfindlichere Enttäuschungsbereitschaft.

Entscheidend unter diesen Umständen wird nun Dostojewskis – Arkadijs – Entdeckung, «daß das Geld der einzige Weg ist, der selbst den Niedrigsten auf den ersten Platz bringen kann». «Vielleicht», überlegt Arkadij, «bin ich nicht einmal der Niedrigste, aber ich weiß zum Beispiel – der Spiegel sagt es mir –, daß mein Äußeres mir schadet, weil mein Gesicht ein ganz gewöhnliches Gesicht ist. Wenn ich aber so reich wie Rothschild bin, wer wird dann noch nach meinem Gesicht fragen, und werden dann nicht Tausende von Frauen, sobald ich nur pfeife, mit all ihren Schönheiten zu mir geflogen kommen? Ich bin sogar überzeugt, daß sie selbst, und zwar vollkommen aufrichtig, mich schließlich für einen schönen Mann halten werden. Ferner: ich bin vielleicht auch klug. Aber mag ich auch noch so klug sein und eine noch so hohe Stirn haben, es kann sich doch in jeder Gesellschaft einer finden, der eine noch höhere Stirn hat, und ich bin verloren. Aber wenn ich nun ein Rothschild bin, wird dann dieser Klügere noch etwas neben mir bedeuten? Man wird ihn doch nicht einmal zu Wort kommen lassen neben mir! Ich bin vielleicht geistreich; aber da befindet sich plötzlich ein Talleyrand neben mir ... – und ich bin in den Schatten gestellt; bin ich aber ein Rothschild, wo bleibt dann ... Talleyrand? Geld ist natürlich eine despotische Macht, zu gleicher Zeit aber ist es der größte Gleichmacher; und darin liegt seine hauptsächliche Macht. Geld macht alle Ungleichheiten gleich.» (I 5,3)

Genauer gesagt: Geld ist das ideale Mittel, um alle natürlichen, menschlichen und persönlichen Unterschiede vergessen zu machen, sie als unbedeutend erscheinen zu lassen, und dafür einen einzigen künstlichen, unmenschlichen und unpersönlichen Unterschied einzuführen, der das Bedeutende in eben das setzt, was jemand nicht ist, dafür aber besitzt; Geld bietet die Entlastung von einem unerträglichen Sein; es beruhigt jeglichen Selbstzweifel durch den Besitz. Geld, mit einem Wort, ist die Schönheit der Häßlichen, die Klugheit der Dummen, die Leistung der Parasiten, die Stärke der Ohnmächtigen, die Größe der Niedrigen – es ist der Gott derer, die das Leben unter ihresgleichen fürchten und angstfrei nur sind durch den Abstand aus Macht und Überlegenheit, den sie mit Hilfe des Geldes um sich errichten. «Es ist», meint Arkadij, «das einsame und ruhige Bewußtsein der Kraft ... die erschöpfendste Bezeichnung dessen, was man Freiheit nennt ... Habe ich die Kraft, so bin ich ruhig. Jupiter hat Blitz und Donner in der Hand, und was sehen wir: er ist ruhig. Hört man's denn häufig, daß er den Donner grollen läßt? Ein Dummer könnte glauben, er schlafe. Aber setzt an die Stelle Jupiters irgendeinen Literaten oder ein dummes Bauernweib, und das Donnern wird kein Ende nehmen!» (I 5,3) Indem das Geld die Angst und die Selbstunsicherheit beruhigt, macht es seinen Besitzer in gewissem Sinne zu einem friedfertigen Menschen, der seine Kraft nur in seltenen Fällen, am besten gar nicht unter Beweis zu stellen braucht und der am Ende, wenn er nur erst an dem Bewußtsein der Macht sich genügend vollgesogen hat, wie Arkadij sich vorstellt, durchaus «alle ... Millionen den Menschen hingeben» und unter «den Namenlosen» verschwinden kann. «Allein das Bewußtsein, daß Millionen in meiner Hand waren und ich sie in den Schmutz geworfen habe wie Spreu, würde mich wie ein Rabe speisen in meiner Wüste», erklärt er; eine solche Tat würde ihn in seinen Augen sogar gegenüber einem Rothschild als überlegen erscheinen lassen; eine solche Tat war der endgültige Beweis vollendeter Größe: wie einer unter allen zu sein und doch zugleich von allen unendlich verschieden.

Aber zuerst wollen die Millionen erbettelt und erworben werden, und selbst wenn ernsthaft anzunehmen wäre, daß es Arkadij gelingen könnte, seine «Idee» zu verwirklichen, wieviel menschliche Energie auf dem Weg dahin würde ihm dabei verloren gehen, und wäre er wirklich hernach noch der Mann, sich von dem so mühsam erworbenen Geld wieder zu trennen? Würde nicht vielmehr die angstberuhigende Wirkung des Geldes sich Tag um Tag stärker geltend machen und die Kräfte seiner Persönlichkeit immer weiter deformieren? Müßte die Macht des Geldes nicht unfehlbar wie ein Rauschmittel die Wahrnehmung der Wirklichkeit nur immer weiter verformen? Schon weil Arkadij auf dem Wege zum Rothschild es niemals lernen würde, sich mit anderen Menschen wirklich auseinanderzusetzen, müßte ihm die Droge Geld täglich unentbehrlicher werden; – damit eines Tages aufzuhören würde ihm so unmöglich fallen wie einem Heroinabhängigen, der mittels der Droge die Gemeinschaft anderer Menschen gerade eben noch verträgt und sich doch zur Selbstberuhigung einredet, daß er zu einem bestimmten Zeitpunkt ganz einfach das Rauschmittel «absetzen» könnte. Vor allem: wie soll ein Mensch, der in so phantastischer Weise um sich selber kreist wie Dostojewskis Arkadij, es jemals lernen, einmal den Egozentrismus und Narzißmus der Angst aufzugeben und sich für die Not und das Glück anderer Menschen zu interessieren?

Es ist für den *«Jüngling»* denn auch entscheidend, daß der Fortgang des Romans es ihm erspart, ein Rothschild werden zu müssen. Zunehmend sehen wir Arkadij in die Spannungen seiner Familie hineingezogen werden, und er, der die anderen Menschen stets als zu schwer und zu schwierig betrachtete, wird an der Schwerkraft ihrer Probleme immer mehr selbst sich vermenschlichen. Besonders sein Vater in juristischem Sinne, der Pilger Makar Dolgoruki, verkörpert geradewegs die Haltung der Bergpredigt: «Sorgt euch nicht um den morgigen Tag» (Mt 6,34), und: «Sammelt euch nicht Schätze auf Erden.» (Mt 6,19)

Die Frage Dostojewskis aber richtet sich an seine Zeit – und an jede Zeit –, mit welchen Vorstellungen sie die heranwachsende Jugend ins Leben entlassen will. Sein «Jüngling» lernt es gerade noch rechtzeitig, ein «Ideal» zu korrigieren, mit dem er von seiner Zeit sich zu unterscheiden meinte, während er im Grunde deren eigentlichen Glauben an das ROTHSCHILD-Ideal mit einer quasi religiösen Inbrunst aufgreift. Wer aber hat schon das Glück, im rechten Moment einem «Makar» zu begegnen, der ein bereits fast verlorenes Leben einfach durch sein Dasein in Ordnung zu bringen vermag? «Ihr könnt nicht Gott dienen und dem Mammon» (Mt 6,24) – nirgendwo sonst hat Dostojewski diese Wahrheit eindringlicher geschildert als in diesem Entwicklungsroman, in dem er auf Entweder – Oder die Frage stellt, wodurch ein Mensch die Angst seines Daseins zu überwinden sucht: durch ein tieferes Vertrauen in den Grund seines Seins oder durch den Aufbau eines phantastischen Hab-Ich-Ideals. Und man darf sich nicht täuschen: nicht nur das eigene Leben entscheidet sich daran, sondern auch das Leben der Menschen, die einem nahestehen.

Die Sanfte

In seiner letzten Erzählung, die ausdrücklich der Geldproblematik gewidmet ist, in der Novelle *«Die Sanfte»* (1876), hat Dostojewski, angeregt von dem Selbstmord einer Näherin, die mit einer Ikone im Arm aus dem Fenster eines Hauses in den Tod gesprungen war, und formal angelehnt an VICTOR HUGOS Erzählung *«Der letzte Tag eines Verurteilten»* (1829), den inneren Dialog eines Mannes aufgezeichnet, der an der Bahre seiner Frau, die sich soeben auf die nämliche Weise das Leben genommen hat, darüber nachdenkt, wie es zu der Tragödie hat kommen können. Die Antwort, nach der er sucht, kann nur in seiner eigenen Person liegen. Im Grunde, erkennt er, ist er zum Pfandleiher geworden, um sich – anders als Arkadij – an der Menschheit zu rächen. Denn er ist als Offizier genötigt worden, die Armee zu verlassen, weil er sich für die Ehre seines Regiments nicht wollte duellieren lassen. In der Zeit danach hat er sich selbst ruiniert, wie um die von außen zugefügte Schande durch die eigene Schändlichkeit womöglich noch zu überbieten. Sein Hang, sich für das erlittene Unrecht durch Selbstzerstörung zu rächen, findet erst ein Ende, als er eine kleine Erbschaft antritt, die er zur Einrichtung einer Pfandleiherei verwendet. Natürlich weiß er um den Raskolnikowschen Haß, der ihm in dieser Tätigkeit entgegenschlagen wird; doch genießt er um so mehr die Überlegenheit gegenüber Menschen, die ihn verachten. Da kommt zu ihm immer wieder ein feingliedriges, mittelgroßes, blondes Mädchen, das nach und nach bei ihm alles versetzt, was es von seinen Eltern, die schon vor drei Jahren gestorben sind, noch besitzt – Ohrringe, Medaillons, Dinge, die materiell nicht viel wert sind, deren ideeller Wert für die Betroffene aber unermeßlich ist; es ist indessen bereits für großzügig zu erachten, daß der Pfandleiher derlei Gegenstände überhaupt annimmt. Mit dem Geld gibt die «Sanfte» Annoncen auf, um eine Arbeit als Gouvernante zu erhalten, doch vergebens; es bleibt ihr nichts, als in die Heirat mit dem Pfandleiher einzuwilligen, der – nach dem Vorbild Lushins – in der Rolle des Wohltäters sie als Frau zu sich nimmt.

Das heißt – verhielt es sich wirklich so?

Hat er ihr nicht sogar versichert, daß sie es sei, die ihm eine Wohltat erweise? Und hat er sie nicht wirklich davor bewahrt, sich dem dicken Krämer ausliefern zu müssen, dem sie seit langem schon verschuldet war?

Alles in der Beziehung des Pfandleihers zu der Sanften kreist um das Bemühen, ihr die Nicht-Schändlichkeit des eigenen Wesens begreifbar zu machen. Natürlich spürt er den Vorwurf, den dieses stolze, hochherzige und ungeduldige Mädchen seinem Beruf entgegenbringt; jene entehrenden Details seines Vorlebens aus der Zeit während und nach der Entlassung aus der Armee hat sie in Erfahrung gebracht; er aber rechtfertigt sich nicht, er schweigt «beredt» und «vielsagend», denn auch er hat seinen Stolz, er will, daß sie begreift ohne Erklärungen; selber soll sie seine so andersgeartete «Heldentat der Hochherzigkeit» erkennen, «die schwere, stille, unhörbare, ohne Glanz, die, welche viele, viele Opfer verlangt und keinen Tropfen Ruhm einbringt, wohl aber bitterste Verleumdung; wo der sauberste Mensch von der ganzen Welt als Schuft hingestellt wird, während er doch anständiger ist als alle Ehrenmänner der Welt zusammen.» (I 3)

Tatsächlich aber beginnt die Sanfte, den Kunden für die eingereichten Pfandwaren demonstrativ mehr Geld zu bieten, als es vernünftig ist (I 5); sie fühlt sich eingeengt durch die pedantische Sparsamkeit ihres Gatten, in der nicht die geringste Großzügigkeit vorgesehen ist. Es kommt zu Streit, das heißt wiederum: der Streit wird nicht offen ausgetragen, er wird von seiten des Pfandleihers ganz einfach niedergeschwiegen. Die Folge sind krankhaft wirkende Ausbrüche, in denen die Sanfte auf ihn zustürzt und ihn wie verzweifelt umarmt; ihm aber bereiten gerade diese Szenen ein seltsames Glück: sie bestärken ihn in der Hoffnung, die ihm so Ausgelieferte doch besiegen und sie von der verborgenen Schönheit seiner Person überzeugen zu können. Ist nicht alles, was sie ihm vorwirft, nur das Ergebnis einer naiven Unbedingtheit, einer kindlichen Gradlinigkeit, einer völligen Unkenntnis des Lebens, einer wahren «Hühnerblindheit der ‹prachtvollen Herzen›», wie sie 16jährigen nun einmal eigen ist? (I 4)

Mit einem Revolver in der Tasche belauscht er eines Tages hinter der Tür ein kokettes Rendezvous, zu dem die Sanfte mit einem gewissen Jefimowitsch sich vereinbart hat, findet aber nur bestätigt, was er ohnedies von ihr weiß: daß sie die edelste und überlegenste Frau ist, die er denken kann; gleichwohl genießt er ihre Angst, als sie bei seinem Erscheinen glaubt, er werde sie auf der Stelle erschießen. Welch eine Gelegenheit seinerseits, zu zeigen, wie hochherzig er in Wahrheit ist! Doch als er am Morgen erwacht und die Augen aufschlägt, sieht er sie selber mit dem Revolver am Tisch stehen, er aber stellt sich wie schlafend; er fühlt die Waffe an seiner Schläfe, da schaut er sie eine Sekunde lang an und schließt wieder die Augen – sie soll wissen, daß er alles weiß, was geschieht, und daß er ein mutiger Mensch ist, der kein Feigling war, als er jenes Duell verweigerte. Und er gewinnt diesen Zweikampf auf Leben und Tod: sie legt die Pistole fort, sie ist nicht der Mensch, auf solche Art sich zu wehren.

Doch fortan schweigt sie.

Sie verstummt vollständig. Er trennt, wie zur Strafe, seinen Schlafbereich von dem ihren ab. Faktisch existiert ihre Ehe nicht mehr. «Sie war besiegt, doch war ihr noch nicht verziehen.»

Sechs Wochen lang liegt sie in fiebrigen Phantasien zu Bett. (I 6) Dann aber, «im April, so gegen fünf Uhr nachmittags an einem klaren, sonnigen Tage», während er an der Kasse sitzt und rechnet, hört er sie im Nebenzimmer ganz leise singen; in einer Art, als wäre in ihrer Stimme «etwas Gesprungenes, Zerbrochenes», und es kommt ihm der Gedanke, sie könnte vergessen haben, daß es ihn überhaupt gibt; und doch durchflutet es ihn wie ein Rausch. Er geht in ihr Zimmer, ergreift ihre Hand, fordert sie auf, alles zu sagen, fällt vor ihr zu Füßen, ja, er küßt ihre Füßchen, bittet sie, nur ihr Kleid küssen zu dürfen, – sie aber schluchzt und zittert plötzlich am ganzen Körper. «... ich dachte», entschlüpft es ihr, «sie würden mich hier einfach so bleiben lassen.» (II 2) Völlig erschöpft schläft sie ein, während er an ihrem Bett, das er für drei Rubel gekauft hat, die Wache hält. «Morgen», so hofft er, «wird sie aufwachen, und ich werde ihr alles sagen, und sie wird dann alles verstehen.» (II 2)

Und wirklich, gleich am nächsten Tag erklärt er ihr alles, spricht zu ihr wie im Fieber, – vergeblich, daß sie ihn immer wieder weinend bittet, von all dem gar nicht mehr zu sprechen. Er aber schlägt ihr sogar vor, alles, die ganze Pfandkasse, den Armen zu geben und mit ihr ein neues, arbeitsames Leben zu beginnen. Sie lächelt bei diesem Vorschlag nur; sie erklärt sich für eine Verbrecherin, sie spricht von der Qual ihres Schuldgefühls nach jenem Mordversuch, und er umarmt sie für ihre Worte; er umschlingt sie wie ein Wahnsinniger vor Glück. Doch wie er für eine Weile aus dem Haus geht, findet Lukerja, die Dienerin, die Sanfte mit dem Heiligenbild im Arm lächelnd und nachdenklich am Fenster stehen; sie steigt auf das Fensterbrett; sie stürzt sich hinab in den Tod.

Warum? Warum! Der Pfandleiher zermartert sein Gehirn, doch er findet den Punkt nicht, den er in seinen Gedanken immer wieder umkreist: Es ist nicht möglich, Menschen zu kaufen; versucht man es trotzdem, so bringt man sie um, moralisch, physisch oder beides zugleich. Es ist nicht möglich, die persönliche Selbstachtung darauf zu gründen, daß man einen anderen Menschen dazu zwingt, die eigene Person anzuerkennen; man treibt ihn damit nur dahin, sich selbst zu verachten und am Ende sich selbst zu zerstören. Es gibt keine Freiheit in einer Welt, in welcher der eine dem anderen Liebe schuldet; in einer solchen Welt muß er ihm vielmehr alles schuldig bleiben; in einer solchen Welt erstirbt alle Liebe. «Die Menschen sind einsam auf Erden – das ist das Unglück», murmelt der Pfandleiher an der aufgebahrten Leiche der Frau, deren Liebe er suchte, um sich selber lieben zu können, und die er mit dem Verlangen, sie zu besitzen, in den Tod trieb. «‹Sprich, Ferne, lebt in dir ein Mensch?› rief einmal ... in alten Zeiten der fahrende russische Held ... doch niemand gibt mir Antwort. Es heißt, die Sonne belebe das Weltall. Wenn die Sonne aufgeht – so seht sie doch an: ist das nicht eine Leiche: ist sie nicht tot? ... Alles ist tot und überall ist Tod. Nur die Menschen leben, um sie herum aber ist Schweigen – das ist die Erde! ‹Ihr Menschen, liebet einander› – wer hat das gesagt? Wessen Gebot ist das? Der Pendel tickt ... tickt, gefühllos, widerlich. Zwei Uhr nachts. Ihre Schühchen stehen vor ihrem Bett, als ob sie auf sie warteten ... Nein, im Ernst, wenn man sie morgen fortträgt, was soll ich dann tun?» (II 4)

Wessen die Menschen dringlich bedürften, wäre ein Gott, der stärker sein müßte als der Götze Geld. Doch wie soll man ihn finden, wenn die Religion selber nichts weiter mehr ist als ein Baalsdienst? «Die anglikanischen Pfarrer und Bischöfe», schrieb Dostojewski schon 1864 beim Anblick Londons in *«Winterliche Aufzeichnungen über sommerliche Eindrücke»*, «sind stolz und reich, leben in reichen Pfründen und setzen bei vollkommenster Gewissensruhe Speck an. Sie sind große Pedanten, sehr gebildet und glauben würdevoll und ernst an ihre eigene stumpfsinnige Würde, an ihr Recht, eine ruhige und selbstgerechte Moral zu predigen, Speck anzusetzen und für die Reichen dazusein. Das ist die Religion der Wohlhabenden, und zwar schon ohne Maske ... Aber diese bis zu völligem Stumpfsinn sicheren Religionsprofessoren haben auch eine Art Steckenpferd: die Mission. Sie durchwandern die ganze Welt, dringen ins innerste Afrikas ein, um einen Wilden zu bekehren, übersehen aber die Million Wilde in London einzig aus dem Grund, weil sie nicht zahlen können ... die reichen Engländer und überhaupt alle dortigen Goldenen Kälber sind überaus religiös auf eine finstere, verdrießliche und eigenartige Weise ... Doch ... Baal herrscht und fordert nicht einmal Unterwerfung; denn er ist ihrer schon sicher. Sein Glaube an sich selbst ist grenzenlos.» (Kap. 5)

Der Glaube an sich selbst, den das Geld verleiht, ist seine wirkliche Dämonie. Denn ein Selbstvertrauen, das sich auf Geld gründet, richtet zugrunde. Glücklich sind einzig, die ihre Armut kennen und sie akzeptieren. (Mt 5) Nur diese «Armen im Geiste» werden imstande sein zu einem Erbarmen, das nicht erniedrigt, und zu einer Liebe, welche befreit.

«Dann werden alle alles verstehen»
Das Christusbild bei Dostojewski
mit besonderer Berücksichtigung des Romans *«Schuld und Sühne»**

Sich mit Dostojewski zu beschäftigen bedeutet, Trennmauern aufzusprengen und Schutzzonen wegzuräumen. Es ist nicht möglich, einen Dostojewskischen Roman zu lesen, wie man im Kino dem Untergang der Titanic beiwohnt, im genauen Wissen, daß von einer Katastrophe die Rede geht, die ihn, den Zuschauer selber, ganz sicher nicht erreichen wird. Alles, was Dostojewski zu sagen hat, ist das, was uns angeht, und es ist nur die Frage, wie viele Sperriegel der Abwehr und wie viele Blendläden des Nichthinsehenkönnens oder -wollens wir uns erlauben auf dem Weg der unausweichlichen Selbstbegegnung.

Einfach wäre es, zum Thema *Das Christusbild bei Dostojewski* in Anlehnung an große Vorgänger die klassischen Bekenntnisstellen in Zitatform aufzureihen. In den dreißiger Jahren gab es mit dem Wiederaufkommen der Aktualisierung SÖREN KIERKEGAARDS zugleich auch eine Dostojewski-Renaissance in der Theologie. Man spürte deutlich, daß der russische Autor nach einem halben Jahrhundert auf eine Weise modern in die Angst und Zerrissenheit des zwanzigsten Jahrhunderts hineinredete, wie man es kaum geahnt hatte. Der Surrealismus in der Kunst war längst vorbereitet durch das Wissen, daß die wirkliche Realität der menschlichen Seele tief unterhalb der Oberflächenschicht des Sichtbaren liegt und Verwerfungen und Verwirrungen gehorcht, die ihrer Auflösung erst noch harren. Psychoanalyse, Existenzphilosophie, existentiale Hermeneutik, – Begriffe, die im zwanzigsten Jahrhundert philosophisch wie theologisch selbstverständlich geworden sind, wurden antizipiert von Dostojewski in einer dichterischen, ahnenden Synthese.

* Vortrag, gehalten am 21. 2. 1998 in der Evangelischen Akademie der Lutherstadt Wittenberg

Bei ROMANO GUARDINI etwa finden Sie eine entsprechende Dostojewski-Adaption. Es ist dem katholischen Autor bekannt, was das Christentum ist und wer Christus ist, und nun aktualisiert er die Erlösungsbotschaft der kirchlichen Dogmatik mit Hilfe der Sensibilität des Verstehens menschlicher Tragödien im Werke Dostojewskis. Nicht viel anders verfuhr MICHAEL SCHMAUS in seiner großen, in den vierziger Jahren dominanten Katholischen Dogmatik. Ganze Seiten zitierte er im Stil der «Verkündigungstheologie» aus dem Werke Dostojewskis. In der gleichen Schule finden Sie protestantischerseits in der *«Ethik»* von HELMUT THIELICKE an entscheidender Stelle einen Abschnitt aus Dostojewskis *«Schuld und Sühne»*: das große Gespräch zwischen der Dirne Sonja und dem Mörder Raskolnikow, wie beide sich begegnen und lesen einander vor die Geschichte aus dem 11. Kapitel des *Johannes*-Evangeliums von der Auferstehung des Lazarus, – das bedeutete dem Protestanten THIELICKE den Inbegriff der gesamten Gnadenlehre. Mit den Worten Dostojewskis mochte er so sprechen wie MARTIN LUTHER: «Denn hie ist kein Unterschied, daß sie sind allesamt Sünder und ermangeln des Ruhms bei Gott und werden gerechtfertigt ohn Verdienst aus Gnade, in welcher geschehen ist unsere Erlösung durch Jesus Christus.»

Ausführungen in dieser Art, in dieser Dichte gesprochen, sind erschütternd, und dennoch bleiben sie stehen bei der Verwendung des Dichters Dostojewski im Rahmen einer bloßen Belegstellensammlung für das, was ein Theologe bereits als Offenbarungswissen zu kennen vermeint.

Eben deswegen jedoch ist eine Instrumentalisierung der Dichtung durch die Theologie nicht möglich, weil der Dichter Dostojewski einen solchen festen Ausgangspunkt einer dogmatischen Religion durchaus nicht besitzt. Er kann nicht gewissermaßen auf dem gefrorenen Ladogasee von Petersburg aus sich auf das Meer hinauswagen, im Wissen, daß das Eis ihn trägt. Anders: Dostojewski verfährt gewissermaßen wie der Geometer ERATOSTHENES im 3. Jahrhundert vor Christus; der schaute bei Alexandria in einen Brunnenschacht, vermaß den Schatteneinfall des Sonnenlichts und berechnete daraus die Erdkrümmung und damit den ganzen Erdumfang. Die Gekrümmtheit der menschlichen Seele und die Peripherie ihrer Gesamtdimension ermittelte Dostojewski, indem er das Licht Gottes gespiegelt fand in dem Brunnenschacht des Abgrunds der menschlichen Seele. In den müssen wir hinabsteigen, nicht, um Dostojewski zu verstehen, sondern um in seinem Werk uns selbst zu begegnen und in uns selber das, was Erlösung sein müßte, zumindest zu ahnen.

Dies ist denn der entscheidende Unterschied: Ein Theologe wird vorgeben, zu kennen, was schon gewirkt wurde durch die Erlösungstat Jesu, – so noch im sechzehnten Jahrhundert, bibelfest, Martin Luther. Dostojewski hingegen arbeitet einen ganzen Roman wie *«Die Dämonen»* auf eine einzige Bibelstelle hin mit dem Suchen danach, was denn Erlösung sein müßte, damit sie für uns Menschen wirklich sein könnte, immer offen für die Frage, ob sie denn überhaupt ist.

Man könnte sich, gerade in der Beschäftigung mit Dostojewskis Werk, die Frage nach seinem Christusbild leicht machen durch Anlehnung an die Person, die den Christus am meisten verkörpert. Ist nicht Fürst Myschkin in dem Roman *«Der Idiot»* die klassische Repräsentationsfigur des Christus im zaristischen neunzehnten Jahrhundert – der Mann, der weiß, daß, anders als die Gewalt, die Sanftmut eine unerhörte Macht besitzt? Eine Geschichte ist dies, die bereits damit beginnt, daß der Fürst auf die Frage, wann denn er je glücklich war, eine Episode aus seinem Schweizer Aufenthalt erzählt, da er einem jungen, mißbrauchten Mädchen beistehen konnte bis zu seinem Tode, bis daß er zumindest die Kinder des Ortes dahin zu verlocken imstande war, die unglückliche Marie entgegen dem Urteil der ordentlichen erwachsenen Leute liebzugewinnen.

Ist dies nicht schon das ganze Glück eines Menschen, im Ringen um die mögliche Befreiung von der Hypnose seiner Angst und Verlorenheit sich sagen zu können: Einen Menschen, ein Kind, ein Mädchen gar, vermocht' ich zu retten vor der Mißhandlung und dem Mißverständnis der Öffentlichkeit?

So zu denken erinnert sehr an die Stelle des 9. Kapitels aus dem

Markus-Evangelium, wo Jesus, gefragt, was wichtig sei in unserem Leben, rundum antwortete: «Wenn ihr's nicht lernt, zu werden wie die Kinder, werdet ihr Gott nie verstehn» – werdet ihr ins Himmelreich nicht eingehen, heißt es dort wörtlich.

Daß der Fürst ein wunderbares *Kind* geblieben ist, weiß Nastassja Filippowna. Und auch darin gleicht er, auf verborgene Weise, dem Christus: Der Verlachte, Verspottete, Kranke und Geschundene, er trägt das Bild des Gottesknechtes des Deuterojesaja, aus dem 51. Kapitel des Prophetentextes, mit sich.

Läge es deswegen nicht nahe, im Fürsten Myschkin die Antwort auf die Frage zu suchen, wie das Bild des Christus im Werk Dostojewskis sich malt?

Es ist *nicht* möglich, so zu beginnen, schon deswegen nicht, weil MANÈS SPERBER in einem Aufsatz zum hundertsten Todestag Dostojewskis im Jahre 1981, wie ich glaube, ganz richtig, geschrieben hat: Es ist, daß Dostojewski immer wieder anschreibt gegen seinen Zweifel, ringend um Glauben; aber Dostojewski, vermutet SPERBER, hätte hundert Jahre alt werden können, und er hätte seine eigenen Zweifel in der Stärke ihrer Argumentation nicht niederzuringen vermocht. Die Vision des *Großinquisitors* in dem letzten großen Roman *«Die Brüder Karamasow»* beispielsweise ist ungleich viel stärker als die Reden aus dem Munde des frommen Starez Sosima. Und im Roman *«Der Idiot»* wird es für den Dichter und Menschen Dostojewski, auf der Suche nach einem Halt in einem gläubig sich verankernden Bewußtsein, zur tiefsten Infragestellung, ob es denn eine Hoffnung überhaupt geben kann angesichts des Todes und angesichts der Widersprüchlichkeit der menschlichen Seele.

Angesichts *des Todes* – diese Frage wirft Dostojewski im Roman *«Der Idiot»* ausdrücklich auf beim Betrachten eines Kreuzigungsbildes, das in der Wohnung von Parfen Rogoshin hängt. Die Beschreibung dieses Bildes ist eine deutliche Erinnerung an die Begegnung Dostojewskis im Zürcher Kunstmuseum mit dem gekreuzigten, ins Grab versenkten Christus, wie HOLBEIN es malte. ANNA GRIGORJEWNA, Dostojewskis Frau, versuchte vergeblich, ihren Gatten von diesem Bild wegzuzerren. Er *mußte* es anblicken! – bis zum epileptischen Zusammenbruch. Im *«Idioten»* nun schreibt Dostojewski, fragt Dostojewski, ob denn Jesus selbst, wenn er dieses Bild gesehen hätte, seinen Leichnam, so tot, so geschunden, so aufgedunsen von Qual, den Gang zum Kreuz überhaupt hätte auf sich nehmen können, ja, ob irgendeiner derer, die flohen in den Stunden der Angst, je wieder hätte zurückkommen können zum Glauben, daß es danach, bei dieser Unsäglichkeit von Tod und Vergänglichkeit, noch eine Zuversicht auf ein ewiges Leben geben könnte. Wenn alle Gesetze der Natur, wie der christliche Glaube versichert, darauf bestimmt waren, *ihn* hervorzubringen, den Christus, und dann, als er kam, nicht die Sekunde zögerten, ihn zurückzunehmen und in das Nichts zu verwandeln, erweist sich dann nicht die ganze Welt als eine einzige Lüge?

Diese Frage bleibt stehn. Sie wird wieder auftauchen im Munde Kirillows in den *«Dämonen»*.

«Da hingen drei Menschen an einem Nachmittag am Kreuz, und der eine versprach dem anderen: ‹Du wirst mich wiedersehen im Paradiese.› Aber die Sonne senkte sich in die Nacht, und da war nichts!» Als Kirillow das sagt, fängt er, hysterisch verzweifelt, an, zu lachen. «Da war nichts!»

Wenn die christliche Theologie sich des Fürsten Myschkin als eines gültigen Christusbildes im Werk Dostojewskis bedienen will, verfehlt sie nicht zuletzt in dem Roman *«Der Idiot»* das Wissen des Dichters selbst, – den unglaublichen Schluß! Fürst Myschkin selber, zerrissen in der Liebe zu Aglaja, die er von Herzen liebt, und der aufopfernden Liebe zu Nastassja Filippowna, die er retten möchte, erlebt sich im Zwiespalt mit seinem Schattenbruder und Gegenspieler Parfen Rogoshin; beide tauschen sie miteinander das Kreuz; beide sind es, die schließlich Nastassja seelisch zerreißen, der Gute ebenso wie der Böse. Beide begegnen sie deshalb einander am Katafalk der Ermordeten. Und der Fürst wird den Mörder Rogoshin küssen. Selbst aber wenn er ihm vergibt, – er wird die Seele des Menschen, repräsentiert in Nastassja Filippowna, nicht vor dem Tod zu bewahren vermocht haben. Und das ist die letzte Szene im *«Idioten»*! Dieser reinste für Dostojewski überhaupt vorstellbare

Versuch zur Erlösung eines Menschen mißrät, weil die Menschen so sind: zerquält von Schande, zermartert in der Suche nach Selbstbestätigung mitten in dem Gefühl, unwert zu sein. Im *nadryv*, in der Selbstzerstörung zur Selbstbewahrung, scheint es Erlösung durchaus nicht zu geben.

Wie also die Werke Dostojewskis christusgläubig finden?

Man könnte eventuell noch versucht sein, die Bekenntnisse, die Dostojewski vor allem im *«Tagebuch eines Schriftstellers»* abgelegt hat, herbeizuziehen. Im Jahre 1873 setzte der russische Dichter sich ausdrücklich auseinander mit den Gedanken der Sozialisten, vor allem mit der Weltanschauung BELINSKIS, eines der großen Literaturrezensenten, die die gesamte spätere Rezeptionsgeschichte des Dostojewskischen Werkes in Rußland entscheidend mitbestimmt haben. Dostojewski erkennt in BELINSKI den Mann, der von einem unglücklichen Menschen, wenn er bis zum Verbrechen getrieben wird, erklären kann, er sei das Opfer des Milieus, in dem zu leben man ihn gezwungen habe. Der Unglückliche, nach der Theorie BELINSKIS, kann gar nicht anders, als zum Verbrecher zu werden. Die Unterschiede der Moral selber eskamotieren sich in dieser Betrachtung angesichts der menschlichen Not; aber es gibt für die menschliche Not eine wohlfeile Erklärung: sie liegt im gesellschaftlichen Zustand. Das ist es, was die russische Avantgarde übernimmt vor allem aus den Gedanken der Franzosen. BELINSKI zitiert, was auch Dostojewski irgendwo ahnt, daß Jesus, wenn er wiederkommen würde heute, unbemerkt bleiben müßte angesichts des gewaltigen Fortschritts der Wissenschaften und der kulturellen Errungenschaften. Der wiederkommende Christus hätte nicht nur nichts Neues zu sagen, er hätte geradezu die Pflicht, seine alten Anliegen wiederzuerkennen im französischen Sozialismus, in der französischen Revolution und in der französischen Aufklärung. *Chacun pour soi, et Dieu pour tous* – jeder für sich und Gott für uns alle – Dostojewski verhöhnt das *après moi le déluge* – das *nach mir die Sintflut,* und er will das wohlfeile Wortspiel, daß jeder für sich engagiert sein Glück betreibt und eben damit das Allgemeinwohl fördert, geradewegs herausfordern. Läuft es nicht hinaus auf die Idee des «Glückseligkeitszuchthaus'», auf den Glaspalast der Londoner Weltausstellung, wenn man eine Gesellschaft kristallinklar nach gußeisernen Prinzipien zu errichten versucht, in welcher kein Mensch mehr unglücklich sein *darf*? Alle haben sie da die Pflicht, sich für versöhnt mit sich selber und mit dem Allgemeinen zu erklären – die HEGELsche Logik politisch durchgeführt!

Es ist Dostojewski, der dies nicht glaubt. Aber, woran glaubt er dann?

Das ist der Punkt, an dem die gesamte Perspektive auf das Werk Dostojewskis ins Zwielicht geraten kann, denn Dostojewski wehrt sich zum Beispiel auch gegen «*Das Leben Jesu*» (La vie de Jésus) von ERNEST RENAN. Er erklärt, daß dieses Buch vollkommen ungläubig sei. Die psychologische Vermittlung Jesu als einer großen Persönlichkeit im Werk des Franzosen ist für ihn das Gegenteil des christlichen Glaubens.

An dieser Stelle finden wir den russischen Dichter in der Tat als einen orthodoxen Gläubigen wieder, der darum ringt, daß die Taten Jesu in der Bibel «buchstäblich» geglaubt werden, ohne die Vernünftelei der historischen Forschung, welche die Theologie im 19. Jahrhundert charakterisiert. Es ist die Frage des Untersuchungsrichters Porfirij Petrowitsch in «*Schuld und Sühne*» an den jungen Studenten und Mörder Rodion Raskolnikow, ob er glaube an die Auferstehung Jesu – «wortwörtlich». Und Raskolnikow erklärt, mit gespitzten Lippen, fast zynisch nachplappernd: «wortwörtlich». An dieser Stelle bereits spürt man deutlich, wie Dostojewski die Wortwörtlichnahme der Bibel sich selber schon nicht mehr glaubt, und doch um so mehr glauben möchte.

Haben dann aber nicht doch all diejenigen recht, die dem Christentum Dostojewskis vorwerfen, es sei reaktionär, aufklärungsfeindlich, autoritätshörig und im Grunde restaurativ? Es interessiere sich nicht für die großen gesellschaftlichen Fragen? In der Tat: Wie um Himmels willen ist es möglich, von der Erlösung der Menschen zu sprechen, ohne zum Beispiel von der Befreiung der Leibeigenen oder der Stellung der Frau in Rußland zu reden? Wie ist es möglich, an derselben Stelle im «*Tagebuch eines Schriftstellers*», Jahrgang 1880, davon zu sprechen, wie das russische Volk in seinem Leid Christus kennengelernt und selbst im Schmutz, den es durch seine Schuld auf sich geladen, das Ideal des Christus doch nie aus den Augen verloren habe, nur um dann fortzufahren, daß es gerade in dem Krieg, den die türkischen Muslime ihm aufgezwungen hätten, alles Leid auf sich nehme, um gerade dadurch christusförmig zu werden? Sind es nicht ganz absurde Gedanken, die da aus dem Christentum am Ende doch eine zaristische Staatsideologie machen?

Um unter diesen Umständen Dostojewskis Glauben an Christus selbst glaubwürdig zu finden, müssen wir seine eigenen Gedanken, die er zum Thema des Christusbildes äußerte, nehmen wie eine harte Schale, die wir zerbrechen sollten, um darin einen Kern zu finden, der bitter schmeckt wie eine Mandel, blausäurehaltig, der darin aber das Medikament des ganzen Christentums birgt. Dieses Innerste im Werk Dostojewskis läßt sich nur verstehen durch ein Wissen, das man einzig bezieht aus dem Gespür für eigenes und fremdes Leid.

Leo Tolstoi wird den großen Roman *«Anna Karenina»* mit den Worten beginnen, daß jede glückliche Familie einander gleiche, jede unglückliche Familie aber unglücklich sei auf ihre besondere Weise. Das hätte auch Dostojewski nicht anders sagen können. Das Leiden eines Menschen ist dasjenige, was ihn ganz und gar individualisiert. Es ist nicht möglich, ein allgemeines Gesetz über das Leid zu erstellen. Wenn aber jeder leidet auf seine besondere Weise, so gibt es auch keine allgemein gültige, gesellschaftlich zu vermittelnde Antwort. Genauer gesagt: Es leidet ein jeder nicht nur als individuelle Person, sondern Dostojewski spürt heraus, daß er auf ganz und gar persönliche Weise, eben weil er die Person ist, die er ist, an sich selber leidet und im Spiegelbild seiner selbst zugleich an der ganzen Welt. Eben deshalb gibt es eine Antwort auf das menschliche Leid für Dostojewski nie im Abstrakten, sondern nur durch die Zuwendung einer anderen Person.

Und das jetzt wird der Spannungsbogen, um vom äußersten Gegenpol der Erlösungsbotschaft, um von der Verzweiflung und vom Verbrechen her, die Frage aufzunehmen, wer denn Christus sein *müßte,* um der Christus zu sein.

Diese Frage hat erkennbar nicht länger etwas zu tun mit der Sonde der historischen Forschung, wie die Theologen sie lieben im Fragen, wer denn der Jesus vor 2000 Jahren gewesen sei und welch ein glaubwürdiges Bild wir von ihm entwerfen könnten entsprechend der Geschichte der frühen Jesustradition sowie entsprechend dem kirchlich gespeicherten Dogmenwissen, um hernach den Vergleich anzustrengen, ob das, was ein Einzelner glaubend oder suchend religiös sagt, diesem kirchenintern immer schon gegebenen Vorwissen «angemessen» sei. Genau umgekehrt! Die Frage ist: Welche Antworten halten für einen Menschen stand, der ist wie jemand, der an einer Mauer aus Papier entlanggeht, und es trennt ihn von dem Abgrund ein einziger Schritt nur, und er wird ihn nicht vermeiden können!

Im ganzen Werk Dostojewskis gibt es eigentlich nur *einen* Roman, der so konzipiert ist, daß wir die Frage nach Christus in dieser ungeheuren Spannbrückenweite über dem Strom der Verzweiflung gestellt und beantwortet finden: – das ist sein erster großer Roman *«Schuld und Sühne»* (prestuplenje y nakasanje) – Frau SVETLANA GEIER wird Ihnen bereits dargelegt haben, daß es besser heißen sollte *«Verbrechen und Strafe»*, weil *«Schuld und Sühne»* im Deutschen einen fast romantischen, manche könnten denken: unverbindlichen Charakter besitzt. Dostojewski schrieb diesen Roman selbst als ein zutiefst Verzweifelter.

Im Jahre 1865 befand er sich in Wiesbaden, nach dem Tod seiner ersten Frau am Ende einer äußerst unglücklichen Ehe und nach dem Tod seines Bruders MICHAIL beladen mit der gesamten Schuldhypothek seiner Familie und seiner eigenen Person, vorausbezahlt mit dreitausend Rubel für drei abzuliefernde Romane. An der Fertigstellung des ersten nun sitzt er in Wiesbaden. Aber statt zu schreiben, trägt er binnen einer Woche die 3000 Rubel in die Spielbank – ein Süchtiger er selber, ein Haltloser, ein ganz und gar Einsamer auf der Suche nach einer Liebe, die er zu finden hoffte, schon während seiner Ehe, in der Beziehung zu POLINA SUSLOWA; ihr reiste er nach Paris nach und kam dabei zum ersten Mal mit der Spielbank in Kontakt. Das war drei Jahre zuvor gewesen. Jetzt, im Jahre 1865, öffnet sich unter Dostojewskis Füßen das Leben wie eine Falltür. Eine tiefere Haltlosigkeit, als sie ihm aus dieser Erfahrung für die nächsten zehn Jahre erwuchs, hat er in seinem Leben später nie mehr gespürt; was Wunder deshalb, daß er den Roman, der ihm in Wiesbaden vorschwebte, unter dem Titel *«Schuld und Sühne»* oder *«Rodion Raskolnikow»*, begann mit einer unglaublichen Ouvertüre.

Es ist wie eine verschlüsselte Darstellung der Situation, in welcher Dostojewski selber sich damals befand. Man muß nur die ersten Sätze seines Romans hören, und man wird sie nie mehr vergessen: «Anfang Juli, es war sehr heiß, ging ein junger Mann am Abend aus seiner Kammer, in welcher er zur Miete wohnte, die Stufen hinab und trat auf die Straße.»

Rodion Raskolnikow muß, um diese paar Schritte zu gehn, an der Küche seiner Mieterin vorbeikommen; er wird sie zu vermeiden suchen, weil er sich vor ihr schämt; denn er kann die Miete nicht bezahlen, und immer wieder wird er ihre Geld-Forderungen hören, – erniedrigt, beleidigt, in seiner Ehre gekränkt, gezwungen zu Ausreden, von denen er weiß, daß sie nichts sind als hilflose Lügen. An diesem Abend wird er hinübergehen zur Pfandleiherin Aljona, mit dem Plan schon, sie auszukundschaften, unsicher noch, ob er den Schmutz, den er vor Augen sieht, wirklich berühren soll – die alte Frau zu ermorden! Doch schon stellt er ihr in Aussicht, er werde mit einem silbernen Etui zurückkehren, dieser Tage noch, und schon stellt er die Frage, ob ihre Schwester Lisawjeta für gewöhnlich fernbleibe zu dieser Zeit, und schon späht er genau aus, wie die Zimmer gelegen sind und in welchen Schubfächern die Alte die einzelnen Pfandstücke hinterlegt. Unablässig arbeitet in ihm der Gedanke des Mordes. Auf dem Rückweg dann kehrt er in eine Kaschemme ein. Nie noch hat Raskolnikow einen solchen Ort betreten. Dort sitzend aber findet er jetzt einen älteren Mann, der an sich einen grundsoliden Eindruck auf ihn macht und dennoch gleichzeitig als Trinker zu erkennen ist. Es ist Marmeladow, der ihn anredet: «Darf ich Sie ersuchen, mich zu Ihnen zu setzen?» – Und was dann beginnt, vorweg, noch eh' der Roman anhebt, ist eine unglaublich dichte Schilderung menschlicher Verzweiflung in all ihren Facetten.

Das Verbrechen, als erstes, so lernen wir hier schon, ist ein Gebrechen. So jedenfalls im Leben Marmeladows, des Titularrats Marmeladow. Vor drei Jahren ist er nach Petersburg gekommen als Arbeitsloser, dann aber hat er eine Stelle im Staatsdienst gefunden und diese Stelle wieder verloren durch eigene Schuld. Geheiratet hatte er die Stabsoffizierstochter Katharina Iwanowna, die verwitwet war und drei Kinder mit in die Ehe brachte. Er selber, Marmeladow, hatte die 12jährige Sonja mitgebracht. Die Frage aber stellte sich fortan, wie er das nötige Geld zur Versorgung so vieler Personen aufbringen soll. Die Kinder sind krank. Katharina Iwanowna leidet an Lungenentzündung. Da ist es, daß er, Marmeladow, zusätzlich sich «dem da» zuwendet, – dem Alkohol. Seine Tochter Sonja, jetzt bereits 17jährig, wird hinausgeschickt, um als Dirne das nötige Geld auf der Straße durch ihre Schande zu verdienen. Gibt es denn eine Alternative? «Ich erkenne in Ihnen einen gebildeten Menschen», wendet Marmeladow sich an Raskolnikow. «Darf ich Ihnen eine ganz persönliche Frage stellen? Wie viel, glauben Sie, kann in unseren Tagen wohl ein junges Mädchen durch ehrliche Arbeit verdienen? Höchstens 15 Kopeken.» Herr Lebesiatnikow aber hat Sonjas Näharbeiten damit belohnt, sie hinauszujagen; er hat Katharina Iwanowna geprügelt, während Marmeladow, wie stets, berauscht dalag; er hat alles getan, die Marmeladows als Familie zu schänden und zu kränken. Und der Grund ist, er, Lebesiatnikow, möchte von Sonja etwas ganz anderes als Näharbeiten.

Dies ist ein Kernmotiv bei Dostojewski, immer wieder: – wie ein Mann, nur weil er reich ist, scheinbar jedes Recht, zumindest alle Macht besitzt gegenüber einem Armen, und wenn dieser Arme eine Frau ist, sie ausbeuten kann zu seiner Willkür.

In dem Roman *«Der Idiot»* wird es der reiche Tozki sein, der Nastassja Filippowna schändet. Vor dem Roman *«Schuld und Sühne»*, in dem großen Erstlingswerk *«Erniedrigte und Beleidigte»*, ist es der Fürst Walkowsky, der die junge Smith, Nellys Mutter, mißbraucht und ins Elend stößt. Es ist aber in *«Schuld und Sühne»* der Herr Lebesiatnikow jemand, der von den «neuen Ideen» durchdrungen ist. Er nämlich weiß, daß in unserer «fortgeschrittenen Gesellschaft» Mitleid ein Fehler wäre. Er hat studiert die Gedanken von Adam Smith, die Theorien der politischen Ökonomie, die besagen: Wenn jeder sorgt für sein eigenes Wohl, wenn der Egoismus Platz greift bei allen, so befördert eben dies durch sich selber schon das allgemeine Wohl; denn wenn jeder dafür sorgt, daß es ihm gut geht, so ist es unvermeidlich, daß die Addition aller, denen es gut geht, den allgemeinen Wohlstand selbst definiert. Mitleid aber – das wäre Vergeudung auf dem Weg zum eigenen Glück; also: je unbarmherziger jeder Einzelne arbeitet an seinem Glück, desto sicherer befördert er das Allgemeinwohl!

Nach diesen Gedanken richtet sich, sehr modern, sehr neoliberal, – fast wie das Regierungsprogramm im Vorlauf für den künftigen Wahlkampf in der Bundesrepublik im Jahre 1998! – Herr Lebesiatnikow; das ist seine Darstellung der menschlichen Gesellschaft.

Wie ist es möglich, mit einem solchen Menschen zu leben?

«Ich weiß doch», erklärt Marmeladow, «daß Armut keine Sünde ist, aber das Trinken auch keine Tugend; nur, bettelarm zu sein, junger Mann, das ist ein Schande. Solange Sie arm sind, bleiben doch Ihre normalen Gefühle noch erhalten; aber wenn Sie bettelarm sind, wird man Sie hinausjagen schon nicht mehr mit dem Stock, sondern mit dem Besen. Und man wird recht haben dabei, denn, bettelarm zu sein, damit beleidigt doch ein Mensch sich selbst! Ich frage Sie, junger Mann, haben Sie je schon einmal jemanden um Geld gebeten und dabei gewußt, daß es völlig aussichtslos und hoffnungslos ist?»

«Wie?» fragt Raskolnikow.

«Nun, wenn Sie wissen, daß dieser wohlmeinende, brave Bürger Ihnen ganz sicher kein Geld geben wird! Denn, ich frage Sie, warum sollte er das tun, wo er doch genau sieht, daß er es aus Ihrer Hand niemals wiederbekommen wird?»

«Aber, warum tun Sie es denn dann?» fragt Raskolnikow.

«Damit es mehr weh tut», antwortet Marmeladow. «Fühl ich es denn nicht? Weiß ich es denn nicht? Das ist doch der Grund meines Trinkens – um es immer deutlicher zu fühlen! Braucht nicht jeder Mensch das Gefühl, einen Ort zu haben, zu dem er hingehen kann?

Was würde passieren, wenn Katharina Iwanowna mir einmal vergeben würde! Aber sie wird mich bei den Haaren zerren. ‹Da kommst Du endlich, Du Vieh›, wird sie sagen.»

Es ist jetzt fünf Tage her, daß Marmeladow geschlafen hat auf dem Heuwagen an der Newa.

Es ist ja nicht einmal, daß er keine Chance zum Leben gehabt hätte. «Belieben Sie, mein Herr», fragt er Raskolnikow, «Herrn Afanasjewitsch zu kennen? Nein? Dann kennen Sie nicht einen wirklichen Christenmenschen. Herrn Afanasjewitschs Seele ist wie Wachs vor dem Herrn. ‹Kommen Sie, Marmeladow›, spricht er, ‹Sie haben mich einmal enttäuscht›. Aber er hat mich eingestellt als Staatsdiener!»

Am ersten Tag war es, daß Katharina aus ihrem Nichts ein Alles zauberte. Die Kinder wurden angehalten: – «Psst, er schläft vom Dienst!» Auf den Zehenspitzen mußten sie gehen. Morgens hat sie ihrem Gatten Kaffee mit Sahne serviert, und am Abend, als er zurückkam, sogar eine Speise mit zwei Gängen bereitet: Suppe und Pökelfleisch. Sie hat ihr Haar geordnet und sogar Spitzen angelegt, um sich schön zu machen. Vier Wochen hat das gedauert, daß er das Geld, das redlich erarbeitete, seiner Frau brachte. «Mein Püppchen», hat sie gesagt, und ihm in die Wange gekniffen. Und Marmeladow lag da, fast einen Tag lang, in Träumen von einem Neuanfang. Er würde seine Tochter Sonja von der Straße holen; er würde den Kindern eine Ausbildung ermöglichen. Aber dann, am Abend, hat er alles Geld, 23 Rubel, den ganzen verbliebenen Arbeitslohn, genommen und ins Wirtshaus getragen. Das war vor sechs Tagen gewesen; an diesem Morgen aber ist er hinüber gegangen zum Schneider Kapernaumow, wo seine Tochter lebt, und hat sie gebeten, ihm Geld zu geben für Schnaps. Und dieses Wesen mit den sanften Augen hat alles, was es besaß, die letzte Kopeke, ihm in die Hand geschenkt. Da sitzt er nun.

«Wagen Sie es», fragt er Raskolnikow, «mich anschauend zu sagen, daß ich kein Vieh bin?»

Als Raskolnikow ihn nimmt und nach Hause führt, bekommt der Trinker Angst vor der Begegnung mit seiner Gattin. Sie gehen zu ihr die Stufen hinauf, und als sie ihn sieht, ihren Mann ... – wie eine Rasende fällt sie über ihn her: «Da endlich kommst du, du Schwein! Wo ist das Geld? Wo ist das Geld! Die 23 Rubel! Sieh, die Kinder, du Vieh, du Unmensch.» Es ist Sonja, die immer wieder fleht: «Mutter, Mutter!» – und erklärt Raskolnikow: «Sie ist eine Verzweifelte, sie ist krank.» Raskolnikow aber wird sein letztes Geld, das Wechselgeld für den einen Rubel auf das Glas Bier, das er in der Kneipe bestellte, auf's Fensterbrett legen und gehen. «Ich hätte es wieder mitnehmen sollen», denkt er sich, «sie haben ja diesen Brunnen, diese Sonja, und diesen Brunnen nutzen sie.»

In der Gestalt dieses Trinkers Marmeladow finden Sie einen Menschen, der so weit zerbrochen ist, daß ein Neuanfang, mit den Mitteln des gesellschaftlichen Fortkommens, der sozialen bürgerlichen Einordnung, vollkommen unmöglich ist. Am meisten, so erfahren wir zwischen den Zeilen, leidet ein Mensch wie Marmeladow an der Verachtung, die er sich selbst gegenüber an den Tag legt. Doch diese Verachtung ist wiederum die Verinnerlichung jener Verachtung, mit welcher vor allem seine Frau ihm begegnet. *Sie* ist *nicht* der Ort, von dem doch ein Mensch unbedingt spüren müßte, daß er dort hingehen könnte.

Kann denn aber auch Katharina Iwanowna dieser Ort sein?

Sie, die Tochter eines Stabsoffiziers, ist in einem adeligen Pensionat erzogen worden. Sie hat geheiratet, mit etwa 23 Jahren, einen Artillerieoffizier, einen schönen jungen Mann, den sie über alles geliebt und bewundert hat und von dem sie ihre drei Kinder bekam. Aber dieser Mann ruinierte sich beim Kartenspiel und verstarb. Kaum 30 Jahre alt war Katharina Iwanowna damals. In diesem Moment ihrer völligen Auslieferung an das gesellschaftliche Nichts, hat Marmeladow seine Hand ihr angeboten; noch bei der Hochzeit selbst hat sie bitterlich geweint. Es ist eine Notehe gewesen, die in den Augen Katharinas der einzige Ausweg schien; doch statt die Not abzuwenden, hat diese Ehe die Not nur vergrößert. Beide, Marmeladow und Katharina Iwanowna, können zueinander nicht finden, denn indem der eine den anderen sucht, erntet er nichts als Erniedrigung. *Er* ist gerade die Persönlichkeit, zu welcher Katharina nicht aufschauen kann. *Ihr* Stolz, ihr Ehrgeiz, ihre Hoffnung, im Raum der Gesellschaft als Mensch akzeptiert zu werden, mißrät vollkommen an der Seite dieses Mannes. Noch bis zum letzten, nach dem Tod ihres Gatten, der von einer Droschke überfahren wurde, wird Katharina Iwanowna ihrer Stieftochter Sonja vorträumen, wie es denn sein wird: Irgendwo wird sie ein Mädchenpensionat aufmachen, um dann zu sorgen für die gesamte Familie. Aber natürlich – das sind Träume. «Wissen Sie», erklärt Sonja später dem Studenten Raskolnikow, «sie hat so viel Geschmack» – Katharina! Dieser Tage noch hat sie Schühchen sich angeschaut und wußte doch genau: keinen einzigen Schuh würde sie je kaufen können!

Tatsächlich war es Marmeladow, der hinging, nicht nur die Schuhe, denn das wäre noch in der Ordnung der Dinge, sondern sogar die Strümpfe Katharinas zu verkaufen, ja, der der Lungenkranken ihren Angoraschal wegnahm und ihn verkaufte, um den Erlös zu vertrinken.

Wie soll eine solche Frau den Mann achten, ehren, lieben und ihm vergeben können, durch dessen Art, durch dessen Wesen sie bis zum äußersten niedergedrückt wird, gemeinsam mit ihren Kindern? «Soll ich denn», fragt Sonja irgendwann ihre Stiefmutter, «auf Herrn Lebesiatnikows Ansinnen eingehen?» Und völlig am Rande ihrer eigenen Menschlichkeit und ihres Mitgefühls, erklärt Katharina: «Ja, siehst du denn nicht, – du issest hier, du sitzt im Warmen, aber deine Geschwister haben nichts zu essen. Warum denn es hüten, ein solches Kleinod?»

Als am Abend Sonja zurückkehrt und, am ganzen Körper zitternd, sich aufs Bett wirft und die Decke über sich breitet, ist es Katharina selber, die Sonja die Füße küßt. Sie weint, sie umarmt sie, bis beide gemeinsam einschlafen in dieser Nacht der Verzweiflung. Von da an wird Sonja immer wieder hinübergehen in das Quartier ihrer Schande; um der Denunziation auszuweichen, wird sie einen Wohnort suchen bei dem schon erwähnten Schneiderehepaar Kapernaumow.

Da also haben Sie zwei Geschichten auch nur von zwei Menschen, die miteinander aufs engste verbunden sind, und es ist die

Frage bereits an uns, die wir's lesen, oder besser, an uns, die wir's sehen, wenn wir nur die Augen aufschlagen beim Gang hinaus auf die Straße: – was wir denn tun, was wir denn überhaupt tun *können* zur Rettung eines Menschen in solcher Verlorenheit?

Nehmen wir neben ihrem Vater vor allem Sonja selber. Was anderes soll sie tun, als zur Rettung ihrer Familie alle Schande, wie das Opfer der Not aller, zu tragen? Marmeladow hat versucht, eine Weile lang, sie selbst zu unterrichten; aber ihre Schulbücher sind längst verkauft, er selber in seinem Wissen war von vornherein nicht ganz sattelfest. Man war grade stehengeblieben beim Unterricht über Persien, als alles abgebrochen werden mußte. Es gibt ein einziges Buch, das Sonja kennt und liest: – die Bibel, gemeinsam mit der Schwester der alten Pfandleiherin, mit Lisawjeta. Es ist die Bibel, die ihr allen Halt verleiht.

Manchmal ist das Leben sonderbar. Dieser Tage bekam ich, aus Anlaß zweiwöchiger Sendungen im *Sender Freies Berlin*, die Zuschrift einer Frau, die schilderte, wie sie unerwünscht zur Welt kam, wie sie herumgereicht wurde bei den Großeltern, wie sie ausgesetzt wurde, sehr früh, mit Vierzehn, und schließlich selber von Hause weglief; dreimal hat sie abgetrieben wegen irgendwelcher Beziehungen, die sich nicht halten ließen, und nun, in einer äußerst unglücklichen Ehe, hat sie wiederum keinen anderen Trost noch Halt gefunden als die Bibel. In ihrem Brief schreibt sie: «Ich verstehe die Bibel nicht, sie ist oft so mühsam zu begreifen, und doch ist sie das einzige Buch, das es mir erlaubt, meine Gefühle auszusprechen.»

Ganz entsprechend ist das «Wunder», das Dostojewski in der Gestalt Sonjas schildert. Gott ist für sie das Geheimnis, daß ein Mensch trotz allem seine Reinheit nicht verliert. Dieses Geheimnis konkretisiert sich in dem Roman *«Rodion Raskolnikow»*.

Wer aber ist der Student Raskolnikow?

Wenn wir bis dahin das Verbrechen beschreiben konnten als Gebrochenheit oder als Einbruch von außen, so ist es Raskolnikow, der sich wehrt gegen die Erniedrigung und für den das Verbrechen deshalb identisch wird mit dem Zerbrechen der Ordnung, die über Gut und Böse befindet. Indem Raskolnikow die Moral mit NIETZschesschem Pathos zu zerbrechen sich getraut, zerbricht er freilich selber an dem, was er tut.

Man wird die Persönlichkeit Raskolnikows nicht anders verstehen können, als indem man in gewissem Sinne *alle* Personen des Romans als Teile seiner eigenen Psyche liest. Gehen wir sie also einmal in groben Umrissen durch.

Wenn wir eingangs sagten: Dostojewski zu verstehen, das bedeute, sich selber wiederzufinden in allen Persönlichkeiten, die er schildert, so müssen wir jetzt hinzufügen, daß in allen Romanen des russischen Dichters die Personen spiegelbildlich aufeinander zugeordnet sind. Nicht nur zum Beispiel die drei *Brüder Karamasow* und die Frauen, die sie lieb haben, bilden im Grunde eine innere Einheit, sondern jetzt auch im Roman *«Raskolnikow»* die verschiedenen Personen, die immer wieder entweder Aushilfe versprechen oder aber Einengung bedeuten: – sie alle treten auf *der* Bühne auf, welche die Seele Raskolnikows selber bietet.

Nehmen wir, als einfachstes Beispiel, seinen Freund Rasumichin. Er verkörpert gewissermaßen den Optimismus des Pragmatischen, die Zweckdienlichkeit der praktischen Vernunft, die immer wieder, selbst im Dilemma noch, vermeintliche Auswege kennt. Gleich zu Anfang schon ist es Rasumichin, der dem Habenichts Raskolnikow vorschlägt, durch Übersetzungsarbeiten Geld zu verdienen. Er selber, Rasumichin, getraue sich, kleinere Übersetzungsarbeiten herauszugeben, und zufällig gebe es da gerade ein Essay, ein vorzügliches, mit dem Titel: *Ob die Frau eine Seele hat?* Wenn Raskolnikow diese Arbeit ins Russische übersetze, so sei das ein verdienstvolles und anregendes Werk, das da dem Publikum vorgestellt werde. Rasumichin ist es des weiteren, der Raskolnikow förmlich beschwört, gesund zu leben, ordentlich zu essen und vernünftig zu schlafen. Rasumichin ist es auch, der bis zuletzt seine praktischen Hoffnungen noch steigert, und das sogar mit wachsendem Realismus: Ganz am Ende wird er es sein, der durch eine Erbschaft, welche er durch den Tod eines Onkels gemacht hat, tatsächlich über 1000 Rubel verfügt und seinem Freund Rodion anbietet, in seinem verlegerischen Unternehmen als Autor tätig zu werden: – Die praktische

Vernunft könnte mithin durchaus Fuß und Tritt fassen! Es ist aber Raskolnikow, der auf all diese guten Vorschläge seines Freundes absolut nicht eingehen kann, weil es in ihm etwas gibt, das Rasumichin auch nur entfernt zur Kenntnis zu nehmen niemals beliebt, ja, das wahrzunehmen er gar nicht imstande ist.

Das unglaubliche Wissen Dostojewskis herrscht an dieser Stelle schon, daß all die vernünftigen, daß all die so guten Vorschläge und Ratschläge, die wir so praktisch füreinander anzubieten haben, scheitern müssen, weil der Mensch, dem wir diese Ratschläge erteilen, gar nicht derjenige ist, für den wir ihn halten. Nehmen wir aber einmal an, daß Rasumichin ein Teil in der Seele Raskolnikows selber ist, dann verstehen Sie, daß hier ein Mensch unter dem Lastgewicht seiner Psyche dabei ist, sich immer neu selber zu boykottieren. Ja, genauer, Sie verstehen sogar, daß Raskolnikow ein gewisses Spiegelbild des verzweifelten, haltlosen Trinkers Marmeladow darstellt, – ein Süchtiger in gewissem Sinne auch er. Und so geht es weiter!

Rasumichin ist verwandt mit dem Untersuchungsrichter Porfirij Petrowitsch, der seinerseits das chronisch schlechte Gewissen, das Über-Ich des Mörders verkörpert. Porfirij Petrowitsch prüft und fragt nach den Gründen und Hintergründen, weswegen ein Mord, wie er geschehen ist beim Totschlag der Pfandleiherin Aljona und ihrer Schwester Lisawjeta, je hat geschehen können. Er, Porfirij, sitzt nur einfach da, ein Mann, fast 40jährig, der durch seine sitzende Tätigkeit wohlbeleibt geworden ist, «eine abgetane Existenz», wie er von sich behauptet, tatsächlich aber begabt mit einem außerordentlichen psychologischen Gespür. Was nützen bei der Aufklärung eines Verbrechens die Fakten, die Indizien, denkt er selbstkritisch.

Doch diese Frage nach den äußeren Fakten verkörpert sich wiederum in einer eigenen Gestalt, in Porfirijs Assistenten Samjetow. Er, wenn Sie so wollen, ist der Verstand, der sich an den äußeren Tatsachen orientiert. Einem Mann wie Samjetow fällt sofort auf, daß beim ersten Besuch auf der Polizeistation, wohin er eingeladen wurde, Rodion Raskolnikow, statt Rechenschaft zu geben über einen Wechsel, den er unterschrieben hat, aber nicht begleichen konnte, zusammenbricht, als zufällig die Rede geht von dem Mord an den beiden Frauen, die mit einer Axt erschlagen worden sind. Kann es nicht sein, daß jemand, der ohnmächtig wird, wenn er von einem Verbrechen hört, in Zusammenhang steht mit eben diesem Verbrechen selber? Samjetow wird die äußeren Formen des Tathergangs auf das genaueste zu recherchieren suchen. Sehr bald schon findet sich Raskolnikow im Gespräch mit diesem hartnäckigen Untersuchungsbeamten wieder und trägt ihm höhnisch und provozierend vor, wie er, Raskolnikow, ein solches Verbrechen begehen würde – als ein perfektes Verbrechen! Natürlich würde er die geraubten Wertgegenstände nicht bei sich selber aufbewahren, sondern, zum Beispiel, würde er hingehen auf ein Landgut oder in den Garten irgendeines unbekannten Bewohners, um dort einen Stein aufzuheben, der seit vielen Jahren nicht verrückt wurde, und darunter würde er all die Gegenstände niederlegen, und niemand würde es bemerken! «Sehen Sie, so würde ich das tun!»

Raskolnikow bekennt in diesem Gespräch alles, was er tatsächlich getan hat, doch nur um es nicht zu bekennen, indem er all seine Worte in eine Hypothese verwandelt. Er, der ehemalige Jurastudent, möchte von seiten dieses Polizeibeamten im wesentlichen Anerkennung finden für seinen Scharfsinn. Er beneidet Samjetow für seine gute Stellung, für seine ordentliche Kleidung, für sein gesichertes Auskommen. Der Mörder und der Polizist sind in dieser Szene erneut spiegelbildlich ein und dieselbe Person: Derjenige, der die Tat aufklärt, und derjenige, der die Tat bekennt, sie sind psychoanalytisch wie Tat und Geständnis, wie Handlung und Ahndung. Porfirij Petrowitsch aber, diese Verkörperung des Über-Ichs, weiß, daß all die Recherchen eines Samjetow niemals die Wahrheit ergeben werden, die allein im Motiv liegt.

Ist denn der ordnende Verstand jemals in der Lage, die Wirklichkeit zu rekonstruieren, womöglich als eine innerlich notwendige Abfolge von Einzelereignissen? Wie, wenn man es schließlich herausfindet, soll dieser Mord sich denn auch nur äußerlich abgespielt haben?

Porfirij Petrowitsch kennt inzwischen den gesamten Hergang der Tat minutiös: Der Mörder muß noch in der Kammer von Aljona und Lisawjeta gewesen sein, als ein Händler, Petkow, vorüberkam, um, wie er es in größeren Zeitabständen zu tun pflegte, immer mal wieder bestimmte Wertgegenstände der Pfandleiherin aufzukaufen. Er und ein Hausbewohner also standen vor der Tür und begehrten um Einlaß, unmittelbar nachdem die Tat begangen wurde, doch niemand öffnete ihnen; dann aber, als sie an der Tür rüttelten, fanden sie, daß der Riegel vorgeschoben worden war, jemand mußte also noch in der Wohnung sein! Beide gingen sie dann hinunter zum Hausmeister, und in diesem Moment muß es der Mörder vermocht haben, aus der Wohnung zu entweichen. Als sie dann wieder heraufkamen, überraschten sie beinahe den Täter, dem es gelungen sein mußte, im 2. Stockwerk, wo Malermeister gerade bei einer Renovierung tätig waren, sich zu verstecken. Unmittelbar zuvor nämlich hatten die beiden Arbeiter, miteinander im Scherz balgend und raufend, das Zimmer verlassen und waren zum Ausgang gestrebt. In der Ecke dieses Zimmers im 2. Stock, gleich hinter der geöffneten Tür, mußte der Mörder gestanden haben, denn dort hatte er in seiner Aufregung ein Paar Ohrringe verloren! – So hat die Tat sich zugetragen, so hat der Täter sich verhalten.

Aber nun sagen Sie selber: Ist dies Ganze nicht eine Staffelung absurder Zufälle?

Wären etwa Petkow und sein Begleiter, vor dem Tatort stehend, nicht gemeinsam zum Hausmeister hinunter gegangen, sondern wäre vernünftigerweise einer von ihnen oben geblieben, so hätte der Mörder keine Chance zum Entkommen gehabt. Und weiter: Wären die beiden Handwerker im 2. Stock auch nur wenige Minuten länger bei der Arbeit geblieben, so hätte der Mörder ebenfalls niemals entkommen können. Tatsächlich, wie um in den Unwahrscheinlichkeiten fortzufahren, hat anderentags dann einer der Anstreicher, Nikolai, das Paar Ohrringe gefunden, das der Täter verloren hat, und zu Dawuschkin, dem Wirt gegenüber, gebracht. Der wiederum kaufte es auf und hat hernach Nikolai angezeigt. Nikolai aber, kaum daß er hört, er werde des Mordes verdächtigt, gerät so sehr außer sich vor Schuldgefühl, daß er sich des Mordes persönlich bezichtigt und schon dabei ist, einen Selbstmordversuch vorzubereiten. Der

Mörder also ist scheinbar gefunden! Ja, er scheint schon überführt und geständig; der wirkliche Täter, Raskolnikow, ist damit äußerlich vollkommen entlastet! Nun aber ist es Raskolnikow selber, der Porfirij Petrowitsch fragt, ob er sich denn allen Ernstes einen solchen Hergang der Tat, angesichts der Person eines Menschen wie dieses Nikolai, überhaupt zu denken vermöge. Der Anstreicher Nikolai ist ein ganz einfacher Bursche, und grade er soll zwei Frauen mit der Axt ermordet haben, nur um dann hinzugehen und wenige Minuten später mit seinem eigenen Arbeitskollegen sich zu raufen und zu balgen, wie ein großer Bub? Ja, ist denn das möglich, eine solche Verstellung, bei einer Persönlichkeit, die in ihrer Schlichtheit zu wirklicher Heuchelei gar nicht imstande ist?

Porfirij Petrowitsch muß Raskolnikow natürlich vollkommen recht geben, – Nikolai kann nicht der Mörder sein! Sie, die Leser aber, finden an dieser Stelle schon, daß es möglich ist: – ein Mensch gesteht eine Schuld, die er nicht begangen hat, und jemand, der zutiefst schuldig ist, weigert sich, sie zu gestehen!

Und wieder müßten wir denken, daß auch Nikolai und Raskolnikow ein und dieselbe Persönlichkeit sind. Ist es möglich, daß wir schuldig sind – alle? Und es wäre nur zu warten, bis man uns anklagt?

Auch das ist ein Motiv, das Dostojewski später noch einmal aufgreifen wird in den *«Brüdern Karamasow»* in der Gestalt des Dimitri. *Er* hat seinen Vater nicht ermordet, doch wenn man ihn verurteilt, unterirdisch, wird er Buße tun für die ganze Menschheit; denn er hätte den Mord ja begehen können! Seine Gefühle waren unzweifelhaft die eines Mörders!

Wir müssen nur noch hinzufügen, daß Raskolnikow auch identisch ist mit der Frau, die ihm seelisch und menschlich zur Rettung wird: – mit der Dirne Sonja, mit dem 16/17jährigen Mädchen, das wie eine Ausgelieferte die Schuld aller trägt.

Was also ist es in dieser Konstellation, das Raskolnikow selber zum Mörder macht?

Alles beginnt mit einem Brief, den seine Mutter ihm schreibt und in dem die Rede davon geht, daß seine eigene Schwester Dunja sich in gewisser Weise opfern wird, indem sie den Juristen Lushin heiraten soll. Auch das ist ein Mensch mit «gußeisernen Begriffen»; er ist viel älter als Dunja, aber er ist ein geordneter Herr, jemand, der die Dinge klar sieht und Schwarz und Weiß sehr wohl zu trennen vermag. Raskolnikow, als er diesen Brief liest, beginnt zu weinen. «Ein solches Opfer, Mütterchen, nehme ich nicht an!» denkt er, und dieser Entschluß bildet psychologisch den Kern, der endgültig die Absicht, die alte Pfandleiherin zu ermorden, in Raskolnikows Seele zum Ausbruch bringen wird.

Wenn ich eingangs die Geschichte Marmeladows so breit schilderte, so haben wir jetzt psychoanalytisch Grund, den Besuch in jener Taverne gleich zu Beginn des Romans zu nehmen wie einen Abstieg in das eigene Unbewußte, das Raskolnikows Familienerfahrung insgeheim verbindet mit der unglücklichen Familie seiner Seelenfreundin Sonja. Wir sollten nämlich denken, daß der Mord, ausgerechnet an einer alten Frau und deren Schwester, sich wesentlich auf die Erlebnisse des jungen Raskolnikow in seinem eigenen Familienverband bezieht: Da ist seine Mutter, die endlos geschändet wird durch die Armut, in der sie sich befindet, und es gilt, die Schande dieser Frau zu rächen; zugleich aber *haßt* Raskolnikow auch die Frau, die immer noch glaubt, durch ihr Opfer etwas gutmachen zu können und sogar ihre Tochter Dunja opfern zu müssen – so wie Sonja bei den Marmeladows geopfert wird. Auffallenderweise fehlt zudem in Raskolnikows Familie der Vater – er ist gewissermaßen magisch beseitigt worden, und man wird nicht ganz fehl gehen, wenn man sich seine Züge weitgehend nach dem Vorbild des Titularrats Marmeladow beziehungsweise des alten Karamasow vorstellt: – Erfüllt nicht in gewisser Weise auch der «zufällige» Tod des Trinkers Marmeladow einen latenten Wunsch in Raskolnikow, der den blutüberströmten Verunglückten ins Haus trägt und dabei selber «ganz blutig» wird?

Um diese Zusammenhänge zu begreifen, sollten wir uns einen Moment lang fragen, was es bedeutet, als Kind bei einer Mutter großzuwerden, die als eine Verächtliche, Armselige, Geschändete und Geschundene vor dem eigenen Kinde dasteht.

Eine kleine Parallele mag uns dabei helfen:

Der dänische Dichter Hans Christian Andersen etwa konnte

auf Fünen, am Beginn des 19. Jahrhunderts, im Schatten einer Mutter aufwachsen, die ebenfalls bettelarm war, in einer Familie von Habenichtsen also; HANS CHRISTIAN ANDERSENS Mutter indessen war eine warmherzige, einfache Frau, fast eine Analphabetin, die als Wäscherin ihren Dienst tat und nie den Gedanken hatte, aufsteigen zu können zu den höheren Kreisen. An dieser Stelle zeigt sich ein wichtiger Unterschied. Was Katharina Iwanowna verkörpert und was ebenso in Raskolnikows Mutter sich ausspricht, ist die Geschichte einer Frau, die selber zutiefst darunter leidet, eine Entehrte und Entwürdigte zu sein. HANS CHRISTIAN ANDERSEN wird sein Lebenswerk später dareinsetzen, zu zeigen, daß seine Mutter *kein* schlechter Mensch war, daß sie liebenswert war, und eben weil er es trotz allem vermochte, seine Mutter zu lieben auch in ihrer Schande, blieb auch er selber ganz und gar warmherzig, ein Bettelnder freilich um die Gunst aller anderen, die ihm dabei behilflich sein sollten, das Genie zu werden, als welches er sich reaktiv zu den beschämenden Verhältnissen seiner Umgebung als Kind bereits fühlte.

Ganz anders hingegen die Psychologie eines Rodion Raskolnikow, wenn wir die Geschichte von Katharina Iwanowna mit der seiner eigenen Mutter in Vergleich setzen!

Da ist ein Junge, der unter der Schande seiner Mutter leidet, weil sie selber darunter leidet, und der sich für ihre Entwürdigung durch die gesamte Gesellschaft rächen will an der gesamten Gesellschaft. *Das* ist der Hintergrund, weswegen Raskolnikow *eine Frau* tötet als eine Laus, – um selber keine Laus zu sein!

Solche scheinbar absurd anmutenden Gedanken konkretisieren sich bereits in dem ersten Gespräch, das Rodion Raskolnikow gemeinsam mit seinem Freund Rasumichin bei dem Untersuchungsrichter Porfirij Petrowitsch führt. Rasumichin berichtet aufgeregt, wie am Vorabend noch im Kreise der Studenten jene Ideen diskutiert wurden, die im Sozialismus schwanger sind: das Verbrechen sei die bloße Folge einer kranken Gesellschaft, es sei deshalb ein sozusagen revolutionärer Akt, der die Unmenschlichkeit des sozialen Systems transparent und veränderbar mache, – ganz so, als wäre die Verantwortung des Einzelnen überhaupt nicht vorhanden, resümiert Rasumichin. Porfirij Petrowitsch hingegen erzählt, daß just Rasumichins Freund, Raskolnikow, vor Zeiten einen Aufsatz zu dem gleichen Thema in der Zeitschrift *Die Neue* veröffentlicht hat. Raskolnikow selber weiß gar nicht, daß dieser Aufsatz inzwischen erschienen ist, und doch enthält dieser Artikel eine gute Zusammenfassung seiner so sonderbaren Gedanken: daß nämlich bei einem Verbrechen der Täter immer subjektiv begleitet werde von dem Zustand einer schweren Krankheit. Porfirij Petrowitsch findet diesen Gedanken an sich nicht sonderlich originell, Raskolnikow aber hat in seinem Artikel des weiteren ausgeführt, daß es zwei Arten von Menschen gebe, die gewöhnlichen und die ungewöhnlichen. Aufgabe der gewöhnlichen Menschen sei es, die Tradition zu verwalten und die Gegenwart zu beherrschen; die ungewöhnlichen Menschen hingegen hätten ihre Aufgabe darin zu sehen, die Schranken der Normalität, des faktisch Vorhandenen, aufzusprengen; eben deswegen ja seien sie die Ungewöhnlichen. Sollte es nun sich ergeben, daß bei ihrem Vorhaben sie etwas auf dem Wege zum Erfolg entscheidend hindere, so sei es ihre höhere Pflicht, all diese Hindernisse beiseite zu räumen. Alle Großen der menschlichen Geschichte seien schließlich so gewesen – LYKURG zum Beispiel, als er im alten Hellas die Gesetze neu schrieb, ALEXANDER DER GROSSE, als er von Mazedonien aufbrach, eine ganze Welt zu unterwerfen, NAPOLEON BONAPARTE – wann je hätten all diese «Großen» auch nur ein wenig Mitleid gehabt? Ein NAPOLEON etwa wird fähig sein, nach dem Untergang einer ganzen Armee bei Wilna ein Champagnerglas zu erheben und einen Toast auf ihren Verlust auszusprechen. All die Großen haben *niemals* Mitleid gehabt! Darin offenbar bestand ihr Geheimnis – daß sie über Leichen hinwegschreiten konnten! Ja, am Ende wird man sie nicht einmal als Verbrecher schelten; im Erfolgsfalle wird man ihnen Triumphbögen bauen und Geschichtsbücher nach ihnen schreiben – so, wie Sie zum Beispiel noch heute den Arc de Triomphe im Herzen von Paris und im Herzen von ganz Frankreich finden; alle Nationalstraßen laufen hinaus auf dieses Ruhmesdenkmal des Massenmörders NAPOLEON, wie einzig LEO TOLSTOI ihn unumwunden zu nennen wagte.

Porfirij Petrowitsch weiß, daß derlei Gedanken nach 1812 immer noch in den Köpfen der russischen intellektuellen Jugend herumspuken; sie sind ihr Traum! Wenn NAPOLEON mit seinen Schlachten groß war, was denn soll dann eine mutige Jugend noch hindern, nicht auch ein NAPOLEON zu werden? Raskolnikows Frage aber stellt sich nicht derart theoretisch abstrakt, sondern individuell und persönlich, ob er nicht selber das Zeug zu einem ungewöhnlichen Menschen, zu einem Napoleon in sich trage. Wieviel Härte gegenüber seinem eigenen Empfinden ist er imstande aufzubringen, wenn es gilt, selbst über das Verbrechen hinaus noch seine Größe zu etablieren? Das ist es, worüber er sich in seinem Elend und in seinem rasenden Selbsthaß den Kopf zermartert.

Man begreift, daß Raskolnikow im Grunde sich selber haßt dafür, daß er der Sohn einer Mutter ist, die in ihrer Armut eine Verächtliche zu sein scheint. Nimmt man die Geschichte der Marmeladows noch hinzu, so haßt er vor allem den (nicht vorhandenen!) Vater, weil er die Mutter quält, und die Mutter, weil sie sich von ihm quälen läßt. Die ganze Marmeladowsche Tragödie im Vorbau dient hier zum Verständnis für das Motiv, warum in der Psyche eines jungen Studenten die Gefühle von Haß, Zorn und Empörung eine mörderische Energie entfalten können. Es ist aber zugleich auch Dostojewski, der weiß, daß jemand, der sein eigenes Gefühl derart vergewaltigt wie der Student Raskolnikow, nicht nur einen Mord begeht, sondern in einem solchen Mord zugleich auch sich selbst umbringt.

Deutlich wird diese Einheit von Mord und Selbstmord in einem Alptraum, den Raskolnikow unmittelbar vor seiner Tat träumt: Er, der sich gerade anschickt, eine alte Frau zu ermorden, sieht sich an der Hand seines Vaters auf einer Straße gehen; da kommt ein Pferdewagen herangerollt – so hoch beladen, daß das Pferd nicht mehr imstande ist, ihn zu ziehen; es bricht unter der Deichsel zusammen. Da holt der Kutscher aus und schlägt das Pferd, schlägt es mit einer Eisenstange immer wieder auf den Rücken. Der kleine Junge umklammert die Hand seines Vaters und fleht ihn an: «Vater, sie schlagen das Pferdchen! Sie erschlagen das Pferdchen!»

Es ist, diesem Traum zufolge, Raskolnikow selbst, der seine ganze Vitalität, sein ganzes Leben ermorden muß, um ein Mörder zu werden; er aber ringt und kämpft gegen sich selbst und hält es für seine Größe, die Idee des Verbrechens als Tat seiner Selbstbestätigung zu Ende zu führen. Diese Idee, sagt Porfirij, ist absurd; aber enthält sie nicht eine mehr als berechtigte Frage auch an uns selber? Ist denn da überhaupt ein Verbrechen? – wenn in der bürgerlichen Gesellschaft wir dasitzen können, wie man's uns beibringt: – Wir sind die guten Menschen, wir haben den Wohlstand verdient, wir tun das Böse nicht, nur draußen gibt es die Schlimmen, die Gewalttäter, die Bösewichter; und zwischen beiden verläuft der Sperrzaun, der ist wie zwischen Tag und Nacht, wie zwischen Himmel und Hölle; und von dem einen Ort ist zum anderen nicht zu kommen?

Ein Mann wie Raskolnikow spürt die Lüge, in welcher sie alle leben, wenn sie so denken. Man müßte sie beherrschen, diese Menschen-Läuse; man müßte ihnen selber neue Gesetze vorschreiben. Wenn überhaupt nur der Egoismus und der Erfolg den Fortschritt und die Verantwortung definieren, warum dann nicht gleich ganz offen die letzten bürgerlichen Hemmschwellen beiseite tun und energisch und offen leben, was ohnedies insgeheim alle glauben: daß Recht und Gerechtigkeit nichts weiter sind als Setzungen von Gewalt und Macht? Freilich, man wird dagegen im Namen der gewöhnlichen Menschen sich zur Wehr setzen, doch das muß ein ungewöhnlicher Mensch vertragen. Es ist wie in NIETZSCHES *«Zarathustra»*: «... denn den Zerbrecher, den nennen sie den Verbrecher.» *Von neuen Tafeln* philosophiert dort der deutsche Philosoph, der von sich sagte, es gebe nur einen einzigen, von dem er psychologisch habe etwas Wesentliches lernen können: Fjodor Michailowitsch Dostojewski.

Raskolnikow kämpft gegen seine eigenen weicheren Gefühle mit einem furchtbaren Starrsinn um die Durchsetzung seiner fixen Idee von der Selbstbegründung des Genies durch das Recht zum Mord. Und ganz richtig ahnt Porfirij Petrowitsch, daß das Verbrechen, das dort begangen wurde, ein ganz modernes Delikt sein muß, begangen von jemandem, den seine eigenen Gedanken in den Abgrund zogen.

Man könnte denken, ein Mann, der aus Armut raubt und der, um die eigene Schuld zu begleichen, selber schuldig wird, dessen Motiv liege offen zutage: – Geldgier und Habgier, das eben seien die ganz offensichtlichen Erklärungen. Porfirij Petrowitsch aber sieht, daß dieser Täter, der die alte Aljona erschlug, nicht einmal imstande war, die Wertsachen im Hause der Pfandleiherin an sich zu nehmen; nur sehr oberflächlich hat er nach ein paar Habseligkeiten gekramt und, wie Sie hörten, davon sogar noch etliche verloren; ein Mann, der aus ist auf Beute, selbst wenn er sich bei seinem Kreuzzug für die eigene Größe «verproviantieren» möchte, wird so nicht vorgehen. Hier liegt eine Tat vor, die gegen allen Selbstzweifel eine Selbstbegründung im reinen Nihilismus, im vollkommen Absurden vollziehen sollte. Nicht länger eine Laus zu sein, die man folgenlos zertritt, das ist die Zielsetzung Raskolnikows. Sonja, der er sein Denken offenbart, fleht ihn förmlich an: «Ein Mensch soll eine Laus sein?» Doch selbst als er ihr die Tat gesteht, wagt sie es nicht und vermag sie es nicht, ihn zu verurteilen: «Was mußt du dir angetan haben?» fragt sie. In dem Moment freilich, wo sie mit Verstehen auf das Verbrechen antwortet, wird die Stimme Raskolnikows wieder hart und klar; da erkennt sie in ihm den Mörder, der dieser Unglückliche doch ist.

Entscheidend aber ist nun: Vor ihr steht ein und derselbe Mensch, der seinen letzten Rubel im Hause der Marmeladows zurückließ und der sogar die 30 Rubel, die seine Mutter ihm schickte, für die Beerdigung und für die Leichenfeier des verunglückten Trinkers zur Verfügung gestellt hat und der doch im Leid an all den Erniedrigungen dahin gedrängt wurde, sich selber das größtmögliche Leid zuzufügen: den Mord an zwei alten, hilflosen Menschen!

Nie in der Weltliteratur ist die Persönlichkeit eines Kriminellen, eines Verbrechers, so intensiv geschildert worden als Schrei um ein Verständnis, das der Betreffende für sich selber schon nicht mehr aufbringt! Wie ist eine Rettung möglich aus solchem Abgrund?

«Es gibt nur einen Weg», wird Sonja zu Raskolnikow sagen: «Du mußt niederknien und die Erde küssen und alle bitten um Vergebung!» Sie wird ihm ihr eigenes Holzkreuz schenken und nur das metallene Kreuz ihrer Bibelfreundin Lisawjeta für sich behalten.

«Was aber hat diese Sonja eigentlich vor sich?» überlegt demgegenüber ein letztes Mal noch Raskolnikow; im Grunde hat sie seiner Meinung nach nur drei Möglichkeiten: Entweder sie wird sich mit ihrer Schande identifizieren und wirklich zur Dirne werden, oder aber sie wird sich selber das Leben nehmen, mithin: sie wird moralisch oder physisch scheitern, oder, zum dritten, sie wird psychisch zu Grunde gehen und an all dem Elend zu einer Verrückten werden; einen von diesen drei Wegen *muß* sie unausweichlich beschreiten, so denkt er. Das Geheimnis Sonjas aber, ihre seelische Kraft, lag in den Gesprächen mit der Schwester der ermordeten Pfandleiherin, liegt in den Worten der Bibel. Ihr Geheimnis, das ist die schon erwähnte Geschichte von der Auferweckung des Lazarus im 11. Kapitel des *Johannes*-Evangeliums. Diesen Text «wortwörtlich» zu lesen, das bedeutet jetzt, ihn zu verstehen als ein Gleichnis auf Raskolnikow selbst, wenn Jesus dem drei Tage im Sarg liegenden Lazarus zuruft: «Komm heraus!» Dem Stinkenden, dem mit den Leichentüchern Umwickelten: – «Komm heraus!» – Selber spricht Jesus so, zu Tränen erschüttert.

Fragen wir uns daher im Rückblick: Was bedeutet dem Dichter Dostojewski die Gestalt des Christus, so müssen wir antworten von dem Roman *«Schuld und Sühne»* her: Christus ist für Dostojewski derjenige, der über die Verzweiflung hinaus, jenseits von allem Trost, den Menschen einander schenken können, den Ort markiert, an dem ein Mensch fühlen kann, daß er sich dorthin wenden darf.

Es ist Dostojewski niemals möglich gewesen zu zeigen, wie die Welt im ganzen «erlöst» werden könnte. Er wird auch den Roman *«Raskolnikow»* an der Stelle abbrechen, wo der Mörder seine Tat zu begreifen beginnt. Er wird nicht schildern, wie Raskolnikow Buße tut, wie er sich bekehrt in der Katorga in Sibirien, in Omsk etwa, wo er selber, Dostojewski, vier Jahre lang war, ehe er als ein in gewissem Sinne geläuterter Mensch nach Moskau zurückkehrte. Dostojewski kann nur zeigen, wie am äußersten Rand, damit Menschen überhaupt noch imstande sind zu leben, in den Brunnenschacht ihrer Verzweiflung ein solches Licht absoluter Vergebung und absoluten Verstehens fällt – oder doch fallen müßte.

Es ist, wenn Sie so wollen, die Geschichte aus dem 16. Kapitel des *Lukas*-Evangeliums in den Versen 1–9, die biblisch alles zusammenfaßt, was in den Worten des Christus Dostojewski, der Mensch und der Dichter, über den Christus zu sagen hatte und zu sagen versuchte. Jesus erzählt dort in einem Gleichnis von einem Mann, der so schuldig wurde, daß es für ihn keine andere Rettung mehr gab, als daß er anfing, allen Menschen à Konto seines Herrn alle Schuld nachzulassen, die sie bei ihm eingegangen waren. Genau das ist die Botschaft Dostojewskis in *«Schuld und Sühne»*: daß der gesamte bürgerliche Standpunkt, es habe der eine Rechte gegen den anderen und die Moral bestehe darin, die Durchsetzung eben dieser Rechte zu rechtfertigen, sein Ende finden müsse an der Erkenntnis, daß und wie wir allesamt zusammenhängen im Gefüge der Schuld und alle gemeinsam der Vergebung bedürfen, der Vergebung nicht nur für das, was wir tun, sondern vor allem für das, was wir sind.

Wer nach all dem Gesagten «ist» also Raskolnikow?

Wollen Sie wirklich trennen: Marmeladow von Katharina und Katharina von Sonja und Raskolnikow von diesen dreien? Läßt sich Raskolnikow verstehen ohne seine Mutter und seine Schwester und ohne seinen abwesenden Vater? – Wo aber fängt das Getriebe dann an, das einen Menschen in die äußerste Schuld hineintreibt?

Es gibt keine andere Folgerung: Entweder die «Erlösung» zieht uns alle gemeinsam in ein und demselben Netz als ein und denselben Fischschwarm hinüber in diese andere, lebendige Welt, oder es wird einem Einzelnen nie vergönnt sein, sich zu befreien. Den Ort, zu dem ein jeder gehen kann, versinnbildlicht unter Menschen einzig die Liebe. Sie ist bereit, bis zum äußersten mitzugehen – so wie Sonja hinübergehen wird sogar nach Sibirien mit ihrem Seelenverwandten, dem Studenten Raskolnikow. Sie, die Sanfte, und er, der Mörder – beide sind eins, so wie im *«Idioten»* Fürst Myschkin und Parfen Rogoshin eins sind.

Dieses Wissen ist es, das sich für den russischen Dichter in der Gestalt des Christus ausspricht. Es ist eine Erkenntnis – ich stehe nicht an zu sagen: wie sie im epileptischen Zusammenbruch vor Damaskus Paulus zuteil wurde, als er die Person des Erlösers, den er historisch nicht kannte, vor sich sah und erfuhr: Nur *jenseits* des Gesetzes, das als Gesetz der Tod selber ist, kann ein Mensch leben, in dem Wissen allein um eine Vergebung, die absolut sein muß und ohne jegliche Voraussetzung gelten muß. Eben das, sage ich, ist die ganze Botschaft des Fjodor Michailowitsch Dostojewski über die Person des Christus.

In dem Roman «*Raskolnikow*» hat Dostojewski diese Einsicht gleich in der zitierten Anfangsszene in dem Gespräch zwischen dem jungen Studenten und dem haltlosen Trinker verdichtet. Erzählen wir sie also zu Ende. Marmeladow, wie manchmal im Alkoholdelir, psychiatrisch durchaus zutreffend, malt dort das Bild einer *absoluten* Vergebung. «Mitleid müßte es geben», murmelt er vor sich hin, doch: «Wer soll denn schon Mitleid haben mit einem solchen wie mir?» Aber dann fährt er fort: «Mitleid haben allein wird er, welcher der Richter aller ist. Wenn er kommen wird, wird er sagen zu den Guten und zu den Gerechten: ‹Kommt her, ihr Guten, kommt her, ihr Gerechten, in die Hallen, die ich euch bereitet habe.› Und dann wird er sagen: ‹Jetzt kommt her auch ihr, ihr Mörder, Huren, Säufer. Kommt her auch ihr!› Und die Weisen und die Guten werden sagen: ‹Aber Herr, warum denn berufst du auch sie? Sie tragen das Antlitz des Viehs!› Und er wird zu ihnen sagen: ‹Deshalb ja, ihr Guten, deshalb ja, ihr Weisen, berufe ich gerade sie, weil kein einziger von diesen je hat glauben können, daß er dessen würdig sei!› Dann werden alle alles verstehen. Dann werden alle alle verstehen. Dein Reich, Herr, komme!»

Der Christus des Dostojewski ist dieser Lichtpunkt einer reinen Güte, die den Menschen aufrichtet, wenn er zerbrochen ist und wenn es weder ein Mittel der Moral noch des normalen menschlichen Trostes noch des gewöhnlichen Beistands mehr für ihn gibt. Denn wie wir hörten: Nur daraus kann ein Mensch leben, daß da ein Punkt ist, zu dem er unbedingt sich zu wenden vermag. Mehr sagt Dostojewski uns nicht und mehr braucht er uns auch nicht zu sagen. Wer diesen Punkt gefunden hat, der muß und wird in all seiner Freiheit und Verantwortung selber sehen, wie er mit dieser Einsicht zurückkommt in diese Welt.

Ich möchte schließen mit einer Motette. Im Jahre 1590 war der italienische Musiker CARLO GESUALDO, ein Großneffe von Papst PIUS IV., ein Neffe von CARL BORROMÄUS, mit MARIA D'AVALOS, der Tochter des Marquis von Pescara verheiratet, als er sie auf frischer Tat bei einem Ehebruch mit dem Herzog von Andria ertappte – in flagranti in fragranti. GESUALDO hat seine Frau am 16. Oktober des Jahres 1590 grausam ermordet. Aufgrund seiner Stellung wurde das Verbrechen niemals geahndet. Der Musiker CARLO GESUALDO blieb straffrei und zog sich zurück auf seine Schlösser. Vier Jahre später heiratete er wieder. Er hätte ein Mann sein können, dem es, bei einigem Zynismus, durchaus gelungen wäre, die Früchte seines Mords in Raskolnikowschem Sinne unter einem Stein verborgen liegen zu lassen. Aber GESUALDO litt wie Raskolnikow unter seiner Tat. Er begann, Motetten zu komponieren in einer Art, wie sie in der gesamten Renaissancezeit nie geklungen haben. Da kann der Baß sich erheben über die Sopranstimme, da kann die Stimmung selber schwanken bei jedem Ton. *Vor* GESUALDO legte sich eine klar disponierte Stimmung über das gesamte musikalische Gefüge. Dieser italienische Komponist aber erhob die Musik zu einem einzigen Flehen um Vergebung. Und so möchte ich Ihnen zum Abschluß vorspielen aus den Responsorien zum Karsamstag, zwischen Tod und Auferstehung, die 4. Motette. Der deutsche Text dazu lautet: «Unser Hirt ist gegangen, die Quelle des lebendigen Wassers. Und mit seinem Weggang hat die Sonne sich verdunkelt, da er selbst gefangen genommen wurde, der den ersten Menschen gefangen nahm. Heute hat unser Retter die verschlossenen Tore des Todes durchbrochen. Er hat, in der Tat, die Tore der Hölle zerstört und die Macht des Teufels zugrunde gerichtet.»

«Wir werden uns wiedersehen»
Von einer Liebe stärker als der Tod*

Es gibt nur zwei wesentliche Fragen, um die das Denken Dostojewskis kreist: die Armut und der Tod, oder, was bei ihm dasselbe ist: die Macht der Sanftmut und die Hoffnung auf Unsterblichkeit. Dieser Mann, dem Psychoanalytiker die Phantasie eines Massenmörders bescheinigt haben[1], hat immer wieder mit den tiefsten Infragestellungen der menschlichen Existenz gerungen, und seine Darstellungskraft ist auch heute noch nach hundert Jahren tiefgreifender Veränderungen und der fast vollständigen Widerlegung all seiner politischen Ziele gerade in seinem Heimatland Rußland auf magische Weise imstande, das Interieur eines Lesezimmers mit den Schatten und Phantasmagorien seiner Romangestalten auf unheimliche Weise zu beleben. Es ist, als führte der russische Dichter seinen Leser, gleich einem Photographen, in eine Dunkelkammer, um die Negativbilder menschlichen Lebens so lange in das Fixierbad seiner analytischen Laugen zu halten, bis die wahren Konturen seiner menschlichen Vorbilder sich aus ihren Schemen herausentwickelt haben und der farbige Reichtum ihres schillernden Erlebens sichtbar wird. Die Dialoge des duldenden Hiob in Form unendlicher Gespräche, während deren Dauer die Zeit stillzustehen scheint – alles läuft ab in wenigen Stunden eines ganzen Romans![2] – das sind die Werke Dostojewskis, Ereignisse des Herzens, längst ehe sie als Handlungen nach außen treten, telepathische Kommunikationen einer hüllenlosen Hellsichtigkeit[3], die des Abgrunds der Verzweiflung zu bedürfen scheinen, um sich selbst in ihrer Tiefe auszuleuchten, körperlose Innenansichten der Seele, bei denen alles: die Kleidung eines Menschen, die Möbel seiner Wohnung, der Tonfall sei-

* aus: «Ich steige hinab in die Barke der Sonne», Walter, Olten 1989, Kap. II, S. 46–73.

ner Stimme, der Satzbau seiner Sprache, die Verhaltenheit und das Verhalten seines Auftretens zu einem Symbol und Zeichen des inneren Wesens gerät, eine Welt ohne Zufälle, ganz und gar entworfen und gewoben durch die Schicksalsmacht der eigenen Psyche. Niemand vor ihm und niemand nach ihm hat so wie dieser Dichter im zaristischen Rußland des neunzehnten Jahrhunderts, Jahrzehnte vor der Psychoanalyse und ein halbes Jahrhundert vor der Existenzphilosophie, die Leiden und Leidenschaften des menschlichen Herzens in einer so schonungslosen Offenheit und schmerzhaften Sensibilität bloßgelegt. Es *soll* im Werk dieses Genies des Verstehens keine Not, keine Erniedrigung, keine Form von Verlorenheit geben, die nicht in seinen Gestalten ihre menschliche Einfühlbarkeit und also in gewissem Sinne ihre Berechtigung erhalten könnte.

Eben deswegen ist die Wirkung Dostojewskischer Romane bereits im Vorfeld unserer Überlegungen in strengem Sinn «christlich» zu nennen. Wer menschliches Leiden, seelisches wie soziales, im eigenen oder fremden Leben nicht selber hautnah erfahren hat, der wird, gewissermaßen zu seinem Selbsterhalt, sich gegen die Weltsicht des russischen Dichters als zu niederdrückend, zu pessimistisch, zu fatalistisch zur Wehr setzen. All die wohlmeinenden und überaus nützlichen Mitglieder der Gesellschaft, wie z. B. der Herr Obergeheimrat Afanasjewitsch in *«Schuld und Sühne»*, werden allenfalls versuchen, auf das offenbare Elend in einer charakteristischen Mischung aus karitativem Mitleid und vorwurfsvoller Akkuratheit zu «reagieren»[4], doch das Ergebnis ihrer Interventionen wird immer dasselbe sein: sie werden am Ende stets dastehen als die standhaften und standfesten, als die grundgütigen und grundgültigen Charaktere; doch ein so haltloser Trinker wie der herabgekommene Titularrat Marmeladow z. B. kann ihnen gegenüber, gerührt vor Dankbarkeit, stets nur mit der Stirn den Staub berühren, ist doch dieser Herr Afanasjewitsch wirklich wie Wachs vor den Augen Gottes. «Hier», spricht er, «gebe ich dir eine Arbeit auf der Schreibstube und damit eine Gelegenheit, noch einmal neu zu beginnen.» Marmeladow indessen, dieses in seinen eigenen Augen geborene Vieh[5], wird schnurstracks hingehen und wenige Augenblicke später schon alles Geld vertrinken; er wird, berauscht daliegend, seine eigene Frau Katharina Iwanowna, eine gebildete Person aus gutem Hause, schließlich sogar zwingen, ihre sechzehnjährige Tochter Sonja auf die Straße zu schicken. «Warum soll man es hüten, ein solches Kleinod», wird sie sagen, und dann, am Abend, wird sie am Fußende des Bettlagers ihrer Tochter sitzen und weinen, die ganze Nacht über weinen. Marmeladow aber wird nicht nur die Schuhe seiner Tochter versetzen, denn das wäre unter seinen Umständen sozusagen noch in der Ordnung der Dinge, er wird sogar ihre Strümpfe verkaufen, um ein paar Kopeken zum Vertrinken in die Hand zu bekommen. Wenn jemand arm ist, philosophiert er, berauscht in der Wirtschaft sitzend, so behält er doch wenigstens noch ein gewisses Gefühl für seine eigene Würde; im Elend aber beginnt er, seine eigene Schande förmlich zu lieben[6], ja, von einem bestimmten Punkt der Erniedrigung an sehnt er sich geradewegs danach, schon nicht mehr nur mit dem Stock, sondern mit dem Besen aus der menschlichen Gesellschaft hinausgejagt zu werden – weil es mehr weh tut. Weiß denn irgend jemand von den Menschen mit den gußeisernen Begriffen[7], was es heißt, leben zu müssen, wenn es keine Aussicht mehr gibt? «Aussichtslos», erklärt er dem jungen Studenten Rodion Raskolnikow, «das ist, wenn man genau weiß, daß bei allem, was man tut, nichts herauskommen wird.» Doch es wird gerade der Maßstab der Gutheit all der richtigen und wichtigen Leute der guten Gesellschaft sein, der als Prügel oder Besenstiel die Gebückten und Unterdrückten aus der Gemeinschaft der Menschen entfernen wird.

Schon indem Dostojewski diese Entwurzelten und Gescheiterten *als Menschen* mit menschlichen Gefühlen schildert und eben nicht als Monstren mit dem Antlitz des Viehes, breitet er einen lindernden Trost der Beruhigung über all die Opfer des Lebens: seine Darstellungsweise lindert die Scham, sie geht den verschlungenen Details der Verlorenheit nach, es so zu sehen richtet das schon Zerbrochene wieder auf. Freilich stellt es deshalb auch die gewöhnliche Ordnung in Frage. Dostojewskis Sicht verwandelt das ganze menschliche Dasein in einen einzigen Schrei nach Erlösung, in ein unendliches Verlangen nach Vergebung. «Was würde passieren», sinniert Marmeladow, «wenn meine Frau Katharina Iwanowna mir einmal vergeben würde.» Doch warum soll man so einem vergeben? Sie wird, selber völlig verzweifelt, ihn an den Haaren ziehen und hilflos auf ihn einschlagen: «Wo kommst du her, du Unmensch, gib mir das Geld, wo hast du das Geld ...»[8] Und sie wird ganz recht haben, und es wird doch nichts ändern.

Niemand, selbst unter den Dichtern Rußlands, hat so tief nachempfunden, was es heißt, wenn Jesus im Neuen Testament seine ständigen Gegner, die hochanständigen und gottgefälligen Pharisäer, Schriftgelehrten und Hohenpriester, fast wie entschuldigend bittet, doch zu verstehen, was er als seine eigentliche Aufgabe begreift: dem verlorenen, dem hundertsten Schaf der Herde nachzugehen und es in seiner Angst für wichtiger zu nehmen als die 99 anderen[9], die sich scheinbar überhaupt nicht weiter zu ändern brauchen. Dieses hundertste Tier aber, das sich in der Steppe verlaufen hat, liegt einfach kläglich blökend da, ein williges Opfer der Beutegreifer; geht ihm der Hirte nicht nach, so ist es buchstäblich verloren. Doch das entscheidende ist, daß Jesus uns Menschen allsamt so sah: als verlorene und verlaufene Schafe, die von selber durchaus nicht nach Hause finden können.

Ist diese Weltsicht nun aber nicht doch eine maßlose Übertreibung? Sollen wir uns denn wirklich alle für Kranke, Elende und Zerbrochene halten? Rebelliert dagegen nicht der gesunde Menschenverstand? Es ist in der Tat die Frage, die unser ganzes Leben bestimmt.

Vielleicht wissen wirklich nur diejenigen, die ganz buchstäblich nichts mehr zu verlieren haben, wie bedingungslos wir Menschen darauf angewiesen sind, von Grund auf angenommen zu sein und das Gefühl haben zu dürfen, berechtigt auf der Welt zu sein; solche Menschen aber hoffen unausweichlich auf ein Stück vom Himmel, auf eine Form von Menschlichkeit, die beinah jeden Menschen überfordert. Dostojewskis Marmeladow beispielsweise, wie übrigens viele Alkoholiker in fortgeschrittenem Stadium[10], erträumt sich in seinem Rausch die Ankunft des Reiches Gottes, und er stellt es sich vor als ein Erbarmen, das grenzenlos überfließt auch und gerade auf die Erbärmlichsten unter den Menschen. «Wenn der Richter auf seinem Throne Platz nehmen wird», so spricht er ekstatisch lallend, «um all die Menschen zu richten, so wird er zu den Guten und Gerechten sagen: ‹Kommt her und tretet ein in die Hallen meiner Freude.› Doch wenn er sie alle gerichtet haben wird, dann wird er auch die Huren, die Trinker, die Sünder berufen. ‹Kommt her auch ihr›, wird er sagen. Dann werden die Gerechten und die Guten sagen: ‹Warum, Herr, berufst du auch sie?› Und dann wird er, der Allwissende, sagen: ‹Darum, ihr Guten, darum, ihr Gerechten, berufe ich sie, weil niemand von all denen jemals hat glauben können, daß er dessen würdig sei.› Dann werden wir alles verstehen. Dann werden alle alles verstehen! Herr, Dein Reich komme.»[11]

Marmeladows Traum ist die Rauschvision eines völlig Verzweifelten. Doch ist sie nur das?

Es waren eben diese Trauernden und Weinenden, die Jesus nahe bei Gott sah[12], und einzig ihnen sicherte er die Vergebung des Himmels zu. Allein sie waren elend genug, um die Maskeraden der Lüge nicht mehr zu brauchen; allein sie waren gebeugt genug, um nicht mehr großtun zu müssen; allein sie waren erschöpft und müde genug, um einfach müßig zu sein, ohne Plan und Zweck und ohne den Terror bedeutsamer Ziele. Warum lernen wir die Wahrheit unseres Lebens immer nur durch Leiden kennen? – Damit ist man im Grunde schon bei dem zweiten großen Thema Dostojewskis: der Frage nach dem Tode.

An sich, sollte man meinen, könnte doch gerade das Elend der menschlichen Existenz uns miteinander verbinden und verbrüdern. So jedenfalls war es der Traum Albert Camus': wir Menschen vermöchten wenigstens im Angesicht des Todes uns miteinander zu solidarisieren, um gemeinsam *den Tod,* den gemeinsamen Feind aller, tapfer und entschlossen zu bekämpfen[13], wir vermöchten die Absurdität des Daseins durch eine Form menschlicher Gemeinsamkeit in ihre Schranken zu weisen, und wenn wir auch immer wieder im Kampf mit dem Tod unterliegen sollten und selbst im Moment eines flüchtigen Sieges, wie Doktor Rieux in der *«Pest»*, nur allzu gut wüßten, daß bald schon der Tod in anderer Gestalt erneut auf uns zukommen wird[14], so bliebe doch der gemeinsame Widerstand gegen alles, was tötet, ein Zeichen unserer Menschlichkeit. F.M. Dostojewski war es, der gegenüber dieser äußersten noch verbliebenen Zuversicht des modernen Existentialismus in grausamer Klarheit analysiert hat, warum diese Hoffnung stets trügt: sie rechnet nicht mit dem Schmerz der Betroffenen, mit der Verzweiflung der am eigenen Leibe Leidenden, sie ist zu sehr eine Rechnung von außen – ein Arztideal, nicht der Standpunkt des Kranken.

In seinem Roman «*Der Idiot*» hat Dostojewski in dem «Testament» des lungenkranken Studenten Ippolit diese Zerstörung aller subjektiven Hoffnungen, diesen verzweifelten Zusammenbruch der individuellen Existenz nach Art eines biographischen Experiments auf Leben und Tod beschrieben. Auch Ippolit protestiert gegen die Ordnung der Welt, aber im Grunde protestiert er in niemandes Namen, er stirbt buchstäblich nur *seinen* Tod. «Ich», spricht er, «wollte etwas schaffen, ich hatte das Recht dazu … Oh, was ich alles wollte! Ich will jetzt nichts, ich will nichts wollen, ich habe mir das Wort gegeben, nichts mehr zu wollen, man soll ohne mich weiter nach der Wahrheit suchen! Ja, die Natur ist boshaft! Warum schafft sie die vollkommensten Wesen, um sie dann nur auszulachen? … Ich wollte zum Glück aller Menschen leben, um die Wahrheit zu entdecken und zu verkünden … und was ist daraus geworden? Gar nichts! … Ich habe nicht einmal verstanden, irgendeine Erinnerung zurückzulassen! Keinen Laut, keine Spur, keine Tat, ich habe keine einzige Überzeugung verbreitet.»[15] Es gibt für einen Menschen wie Ippolit also nicht einmal den «philosophischen» Trost von einem Weiterleben im Geiste, von einer Weiterexistenz in den Gedanken nachfolgender Generationen; im Gegenteil quält ihn die enttäuschende Einsicht, in Wahrheit völlig überflüssig existiert zu haben, und der Tod ist für ihn lediglich der Stempel und die Unterschrift unter diesem Attest seiner kompletten Sinnlosigkeit.

Eigentlich nur, um dem Lauf des Schicksals in einem Rest von Eigenmächtigkeit und Selbstbestimmung zuvorzukommen, hat Ippolit daher beschlossen, mit einer Taschenpistole seinem verlorenen Dasein ein Ende zu setzen, wobei er im Falle seines Ablebens sein

Skelett der medizinischen Akademie zu wissenschaftlichen Zwecken zu überlassen gedenkt. In dem Glauben, eine Frist von nur noch zwei, höchstens drei Wochen Lebenszeit zu haben, fühlt er sich gewissermaßen enthoben allen Gesetzen und Gerichten. «Ich mußte», erklärt er z. B., «erst neulich über folgenden Gedanken lachen: nehmen wir an, es fiele mir plötzlich ein, irgendwen zu ermorden, auch wenn es zehn Menschen auf einmal wären, oder sonstwas zu begehen, was auf dieser Welt für ganz furchtbar gilt: in welcher Verlegenheit wäre dann wohl das Gericht ...? Ich würde dann in ihrem Spital von Komfort umgeben, in einem warmen Zimmer und in der Behandlung eines aufmerksamen Arztes vielleicht unter viel behaglicheren Umständen als zu Hause sterben. Ich begreife nicht, warum Menschen in einer Lage gleich der meinigen nicht derselbe Gedanke, wenn auch nur als Scherz kommt? ... Wißt, daß es in dem Bewußtsein der eigenen Nichtigkeit und Schwäche einen solchen Gipfel der Schande gibt, daß der Mensch schon nicht mehr weiterzugehen vermag und in seiner eigenen Schande ein ungeheures Vergnügen zu finden beginnt.»[16]

Angesichts einer solchen ins Zynische sich steigernden Verzweiflung stellt sich die Frage, ob nicht *die Religion* einen gewissen Rückhalt gegenüber dem Eindruck der völligen Sinnlosigkeit des Todes geben könnte. Könnte sie nicht wenigstens jenen unerträglichen existentiellen Sarkasmus zügeln, der inmitten eines tödlichen Schicksals das Töten selbst als einen funebren Triumph, als einen verzweifelten Jux erscheinen läßt, indem er jeden denkbaren Wert und Inhalt im Untergrund einer wie immer gearteten Moralität ins vorhinein desavouiert? Die Antwort, die Dostojewski gibt, kann nur lauten: Nein, auch die Religion vermag zunächst an dem Gefühl der Nichtigkeit des Daseins nichts zu ändern. Im Gegenteil, auch ihre Tröstungen ersterben unter dem Eindruck jener radikalen Vereinzelung und Einsamkeit, die wir gemeinhin «Sterben» nennen, und auch dafür kann die Gestalt Ippolits als Paradigma dienen. «Die Religion!», ruft er aus. «Ich gebe die Möglichkeit eines ewigen Lebens zu und habe sie vielleicht immer zugegeben. Nehmen wir an, daß das Bewußtsein einer höheren Macht geweckt wurde und daß es sich die Welt angeschaut und ‹ich bin!› gesagt hat, nehmen wir auch an, daß diese höhere Macht ihm zu verschwinden vorschreibt, weil das aus irgendeinem Grund, für den wir keine Erklärung finden, notwendig ist, ich gebe das alles zu, dann drängt sich aber wieder die ewige Frage auf: wozu ist dabei meine Demut notwendig? Warum kann man mich denn nicht einfach auffressen, ohne mir ein Lob auf das, was mich frißt, abzuverlangen? Wird dort denn wirklich jemand darüber beleidigt sein, daß ich nicht zwei Wochen warten will? Ich glaube nicht daran, und es ist viel richtiger, anzunehmen, daß mein nichtiges Leben, das Leben eines Atoms, einfach zur Aufrechterhaltung der allgemeinen Harmonie des Ganzen, irgendeines Plus oder Minus und irgendeines Kontrastes wegen benötigt wird, ebenso wie es täglich verlangt wird, daß Millionen von Wesen ihr Leben opfern, da die ganze übrige Welt ohne deren Tod nicht bestehen kann (wenn man auch bemerken muß, daß dieser Gedanke an und für sich nicht sehr edelmütig ist). Geben wir das aber zu! Ich bin damit einverstanden, daß es ganz unmöglich war, die Welt anders, das heißt ohne ununterbrochenes gegenseitiges Verschlingen, einzurichten; ich will sogar bekennen, daß ich von dieser Einrichtung nichts verstehe; dafür weiß ich aber folgendes bestimmt: wenn man mich mein Sein schon einmal erkennen ließ, was geht es mich dann an, daß die Welt fehlerhaft erschaffen ist und nicht anders bestehen kann? Wer wird denn über mich zu Gericht sitzen und aus welchem Grunde? Man kann sagen, was man will, das alles ist ganz unmöglich und ungerecht. – Und dabei vermochte ich mir selbst, trotz meines Wunsches, niemals vorzustellen, daß es kein ewiges Leben und keine Vorsehung gibt. Es ist wohl am wahrscheinlichsten, daß das alles existiert, daß wir aber vom ewigen Leben und seinen Gesetzen nichts verstehen. Wenn das jedoch so schwer und sogar unmöglich zu ergründen ist, kann denn dann angenommen werden, daß ich dafür, weil ich das Unfaßbare nicht zu erfassen vermag, zur Verantwortung gezogen werde? Die alle ... sagen zwar, daß gerade hier Gehorsam am Platz sei und daß man, ohne zu kritisieren, aus Wohlerzogenheit allein gehorchen soll; ich würde für meine Sanftmut im Jenseits bestimmt belohnt werden. Wir erniedrigen die Vorsehung zu sehr, indem wir ihr aus Ärger, sie nicht fassen zu können, unsere Begriffe zuschreiben. Ich wiederhole aber, daß, wenn etwas unmöglich verstanden werden kann, der Mensch das, was er nicht zu verstehen vermag, auch schwerlich verantworten muß. Wenn es aber so ist, wie sollte ich dann deswegen, weil ich den wahren Willen und die Gesetze der Vorsehung nicht verstehen konnte, verdammt werden? Nein, wir wollen die Religion lieber beiseite lassen ... Wenn es in meiner Macht stünde, nicht geboren zu werden, hätte ich das Leben unter solchen lächerlichen Bedingungen sicher nicht angenommen. Ich habe aber noch die Möglichkeit zu sterben.»[17]

Kann es also sein, daß am Ende trotz oder jenseits aller religiösen Ausdeutungen der menschlichen Existenz das Leben gegenüber dem Tod nur noch den *freiwilligen* Tod durch *eigene* Hand als ein letztes Zeichen der Eigenmächtigkeit und Selbständigkeit zu setzen vermag? Und wenn schon alles Leben nichts weiter sein soll als ein Vorlaufen und Hinauslaufen auf den Tod[18], als ein Teil des Fressens und Gefressenwerdens, ist es ein fühlender, nachdenklicher Mensch sich dann nicht selber geradewegs *schuldig*, die Todesangst zu überwinden und diesen Protest des Todes zu wagen *gegen* den Tod?

Diese Frage hat Dostojewski in keinem seiner Werke verlassen. Sie ist der Stoff, aus dem er immer neue Heldengestalten des Absurden schnitzt: Kirillow in den *«Dämonen»* z. B., der sich das Leben nimmt, um durch seinen pädagogischen Selbstmord die Menschen zu lehren, den Tod nicht länger mehr zu fürchten[19], oder Krafft im *«Jüngling»*, der in seinem Leben keinen Sinn mehr sieht, weil gewisse phrenologische Studien angeblich unzweideutig bewiesen haben, daß das russische Volk schon rein biologisch dazu bestimmt ist, in der Geschichte nur einen zweiten Platz einzunehmen[20]. In jedem Falle dieser extremen Portraits des Absurden dient die Einrichtung der Natur selbst entweder als Projektionsfläche oder als Ursache für die vielzähligen und vielfältigen Gefühle von Minderwertigkeit, Selbsthaß und Verachtung, die in gewissem Sinne allen Dostojewskischen Romanfiguren eigentümlich sind. Es liegt diesem Analytiker der Seelen offenbar daran, die psychische Problematik aus dem Bereich des subjektiven Erlebens zu lösen und sie ins Objektive, ins gewissermaßen Metaphysische zu transponieren. *Wesentlich* werden Dostojewskische Menschen wie Raskolnikow, Kirillow, Krafft oder Ippolit von *Gedanken,* nicht von Menschen verfolgt, und selbst das soziale Elend, in dem sie sich oft genug vorfinden, ist zumeist nur die Haut ihres Unglücks, das dem Nervengeflecht ihrer Seele entstammt. Aus ihren *Gedanken* entstammen ihre Gefühle der Verzweiflung, ihre Alpträume der Angst, bis daß diese wiederum den Gedanken das Thema immer neuer Reflexionsketten geistiger Gefangenschaft vorgeben.

So schildert Ippolit, um dessen Existenz die Todesfurcht sich wie ein Schraubstock gelegt hat, an einer berühmten Stelle des *«Idioten»* einen «hübschen» Traum, wie er ihn in bitterer Ironie bezeichnet: In seinem Zimmer, das heller und höher eingerichtet ist als sein eigenes, befand sich ein skorpionartiges Ungeheuer, etwa zwanzig Zentimeter lang, mit einer braunen Schale, beim Kopf zwei Finger dick, «dann allmählich dünner werdend, so daß das Schwanzende nur noch einen Millimeter dick war»; an der Unterseite des Kopfes traten zwei zehn Zentimeter lange Pfoten heraus, «so daß das ganze Tier von oben gesehen die Gestalt eines Dreizacks hatte»; zwei kurze braune Fühler saßen am Kopf und Schwanz auf sowie an den beiden Pfoten. Voller Entsetzen mußte Ippolit mitansehen, wie dieses Untier mit großer Behendigkeit unter den Schrank, unter die Kommode, ja sogar unter den Sessel kroch, auf dem der selber saß. «Ich wagte nicht, mich ins Bett zu legen, damit es mir nicht unter das Kissen kröche. Meine Mutter und einer ihrer Bekannten traten ins Zimmer. Sie versuchten das Tier zu fangen, waren aber ruhiger als ich und fürchteten sich nicht einmal ... Plötzlich kroch das Reptil wieder heraus; es bewegte sich diesmal, was noch widerwärtiger war, in sehr langsamen Windungen, als hätte es irgendeine besondere Absicht, quer durch das Zimmer zur Tür hin. Jetzt öffnete meine Mutter die Tür und rief unseren Hund Norma herein», der wie versteinert, in mystischem Entsetzen, vor dem Reptil stehen blieb, dann zögernd zurückwich, voll Furcht, böse dreinblickend. «Plötzlich fletschte der Hund seine furchtbaren Zähne, öffnete seinen ungeheueren roten Rachen ... und packte das Reptil entschlossen mit den Zähnen. Das Tier machte einen gewaltigen Ruck, um ihm zu entschlüpfen, doch der Hund fing es noch einmal im Fluge auf und packte es mit seinem ganzen Gebiß zweimal in der Luft.» Dennoch gelang es dem Reptil, den Hund in die Zunge zu beißen, so daß dieser winselnd und heulend seinen Rachen öffnete, in welchem das zerbissene Tier, einen weißen Saft absondernd, sich noch zwischen den Zähnen bewegte[21].

Betrachtet man diesen Alptraum Ippolits *psychoanalytisch,* so fällt vor allem die *phallische* Symbolik des 20 cm langen braun verschalten «Ungeheuers» mit seinen mal raschen, mal langsamen Bewegungen auf[22], wohingegen der Hund «Norma», den die Mutter hereinläßt, mit seinem roten Maul offenbar ein vaginales Bild darstellt[23]; das «Gefressenwerden» nebst der Absonderung der weißen Flüssigkeit besitzt ebenso unzweifelhaft eine *koitale* Bedeutung[24]; der ganze Traum also stellt in seinen Horrorvisionen eine grauenhafte Kastrationsphantasie dar, wie sie heute, 100 Jahre nach SIGMUND FREUD, in der Weltliteratur in dieser Form wohl kaum noch vorstellbar ist[25]. Um so wichtiger ist indessen, was Dostojewski mit der Symbolik dieses Traumes, ihm selber unbewußt, eigentlich mitteilt. In psychoanalytischer Betrachtung bestätigt dieser Traum eine Ansicht, die sich auch sonst bei der Lektüre seiner Werke aufdrängen mag, daß nämlich die Angst vor dem Tode immer und wesentlich auch eine Angst vor der Liebe darstellt[26], selbst wenn in der äußeren Realität, wie im Falle Ippolits, die Notwendigkeit des Sterbens bereits auch physisch herangerückt scheint. Wie sehr wir den Tod fürchten, hängt offensichtlich sehr stark davon ab, wieviel wir uns in unserem Leben an Liebesfähigkeit zutrauen und an Liebesglück erleben, und so verstehen wir, daß der tiefere, unbewußte Untergrund für die Todesangst des noch jugendlichen Ippolit in einer abgründigen Angst vor der Frau, vor dem anderen Geschlecht, vor der Verschmelzung der Liebe besteht; umgekehrt zeugt es für das außerordentliche psychologische Geschick und Genie Dostojewskis, daß er ganz deutlich sieht, wie sehr Ippolit mit seiner düsteren Inszenierung des Todes im Grunde um eben *die* Liebe bittet und bettelt, die er auf der anderen Seite fürchtet und flieht, mehr als den Tod selbst. Der gleiche Mensch, der aus lauter Angst zur Liebe nicht kommt, sucht in Wahrheit, sein liebloses Ausscheiden aus dem Leben vor Augen, verzweifelt nach einem Menschen, der ihn an die Hand nimmt und festhält; und es stellt sich also erneut die Frage: wieviel Kraft besitzen wir, einander gegen den Tod an zu lieben?

Gleichwohl versteht man die Dostojewskische Traumsequenz erst dann in ihrer ganzen Tragweite, wenn man die Angst vor dem skorpionartigen Reptil und dem Hund zusätzlich zu der psychoanalytischen Deutung im Sinne der *Daseinsanalyse*[27] als ein sozusagen metaphysisches Grauen gegenüber einer Welt interpretiert, in welcher das Fressen und Gefressenwerden, das Ippolit bis zum Erbrechen anwidert, zu den unerbittlichen und unabänderlichen Naturtatsachen zählt; es ist, so gesehen, die *Mutter* Natur selbst, die vor lauter Entsetzen das menschliche Dasein seiner Fruchtbarkeit, seiner «phallischen Potenz», seiner Liebesfähigkeit beraubt und ihm statt dessen eine fundamentale Angst vor sich selbst bzw. einen grundlegenden Ekel vor den lauernden Möglichkeiten der eigenen Vitalität und Kreativität aufzwingt. Ja, wir verstehen in dieser Sicht allererst, was sich bei einer *subjektalen* Betrachtung von Ippolits Traum nahelegt und was man an dem faktischen Verhalten der Dostojewskischen Romanfigur auf Schritt und Tritt beobachten kann: den *inneren* Gegensatz bzw. den vollendeten Widerspruch zwischen «Reptil» und «Hund», zwischen «Männlichem» und «Weiblichem», zwischen Aggression und Depression, zwischen narzißtischer Selbstbehauptung und masochistischem Selbsthaß[28].

Immer in den Mythen der Völker ist das Erleben der Sexualität auf eigentümliche Weise mit der Erfahrung des Todes verbunden, ist doch die Sterblichkeit selbst, wie die Biologie bereits zeigt, eine Folge der Geschlechtlichkeit, und wiederum ist die Geschlechtlichkeit nur sinnvoll, wenn es den Tod gibt[29]. Die Angst vor dem Sterben kann jedoch dazu führen, die Liebe selber ganz zu meiden, so als wäre sie selber der Tod, ja, es erscheint der Partner der Liebe, insbesondere die Gestalt der Frau am Ende selbst wie ein alles verschlingender, wolfsartiger Abgrund[30].

Spätestens von diesem Augenblick an ist es nicht mehr unterscheidbar, inwieweit wir es bei dem Alptraumbild Ippolits mit Lebensangst oder mit Todesfurcht zu tun haben und was hier im einzelnen als Sexualangst, als Angst vor der Frau, oder als ein buchstäblich ontologisches Entsetzen gegenüber dem Dasein selber zu betrachten ist. In jedem Falle geht fortan ein unsichtbarer Riß durch alle Dinge und *trennt:* zwischen Mann und Frau, zwischen Geist und Körper, zwischen Moral und Trieb, zwischen Bewußtsein und Natur, und alles, was ist, scheint von jetzt an infiziert mit dem verderblichen Pesthauch der Angst, die den Tod schon herüberweht, längst ehe er selbst noch, seiner eigenen Witterung folgend, sich endgültig einstellt. Irgendeine unhörbare Explosion, eine unsichtbare Erschütterung, hat Menschen von der Art Ippolits aus dem Schoß der Natur herausgeschleudert, und nun sind sie getrennt von sich selbst, getrennt von der Wärme der Erde, unwiderruflich Ausgestoßene aus dem Fortgang der Welt. In ihrem Erleben wartet förmlich alles wie zwangsläufig auf den Protest der Verweigerung, mit dem der Mensch als ein geistiges Wesen dem ewigen Massaker von Hund und Reptil, von Sein und Bewußtsein, den Streik erklärt und offen heraus ihm die Mitwirkung verweigert. Diese ewigen Zigeuner und Landstreicher des Daseins möchten ihre Ruhe, einfach ihre Ruhe haben, und statt immerfort den Tod zu fliehen, fliehen sie am Ende in den Tod hinein, damit endlich die Angst *vor* dem Tode ein Ende finde im Tode.

Im *«Tagebuch eines Schriftstellers»* hat Dostojewski im Oktober 1876, wie zum Kommentar derartiger Gedanken und Gefühle, die Betrachtungen eines Selbstmörders aufgezeichnet, der *aus Langeweile* sich das Leben zu nehmen beschließt[31]. Es handelt sich um eines der charakteristischen gedanklichen Experimente des russischen Schriftstellers, mit denen er in einer existentiellen Konsequenz von scheinbar unwiderleglicher Logik herauszufinden sucht, ob denn ein denkender Mensch es überhaupt aushält, in einer Welt zu leben, die das Dasein der Menschen, wie um sich einen Jux zu machen, in die groteske Prozession einer Herde von Schlachtschafen verwandelt, deren nicht endender Marsch in den Tod sich einzig der

Stumpfheit der Sinne, der Gedankenträgheit des Kopfes bzw. der Phantasielosigkeit des Herzens zu verdanken scheint. Dostojewskis Selbstmörder aus Langeweile ist natürlich ein überaus reflektierter Charakter, und so taugt in den Augen dieses leidenschaftlichen Erforschers aller Facetten menschlicher Verzweiflung gerade *seine* Gestalt vorzüglich dazu, ein bestimmtes Postulat der Humanität, mithin eine unumstößliche Bedingung der menschlichen Existenz oder, anders gesagt, eine unerläßliche Voraussetzung irdischen Glücks zu formulieren. Es geht Dostojewski zentral um eine endgültige Abrechnung mit dem sozusagen «wissenschaftlichen» Weltbild, wonach es zum Leben genügt, sich an die gegebenen Tatsachen zu halten und dabei die Vernunft soweit zu disziplinieren, daß sie imstande ist, logisch bis Drei zu zählen.

«Ich», erklärt jener Selbstmörder aus Langeweile, «bin mit Erkenntnisfähigkeit geschaffen und habe diese Natur *erkannnt:* Welches Recht hatte sie, mich ohne meinen Wunsch und Willen erkenntnisfähig zu erschaffen? Erkennend, folglich leidend, ich aber will nicht leiden – denn warum sollte ich einwilligen zu leiden? Die Natur spricht zu mir durch meine Erkenntnis von irgendeiner Harmonie des Ganzen. Die menschliche Erkenntnis hat aus dieser Verkündigung unzählige Religionen gemacht. Sie sagt mir, daß ich – obschon ich genau weiß, daß ich an der ‹Harmonie des Ganzen› nicht mitwirken kann und auch niemals mitwirken werde, ja überhaupt nicht begreifen werde, was sie denn nun eigentlich ist und bedeutet –, sagt mir, daß ich mich aber dennoch dieser Verkündigung unterwerfen, mich bescheiden, das Leid im Hinblick auf die Harmonie des Ganzen auf mich nehmen und zu leben einwilligen soll. Wenn man dagegen selbst und bewußt wählen könnte, so würde ich doch selbstverständlich lieber nur in dem kurzen Augenblick, den mein Leben währt, das heißt, solange *ich* existiere, glücklich sein wollen, da doch das Ganze und seine Harmonie mich absolut nichts angehen, sobald ich aufhöre zu sein ... Da wäre es doch besser, ich wäre wie alle Tiere erschaffen, das heißt als lebendes Geschöpf, jedoch ohne vernunftmäßige Erkenntnis; – gerade meine Erkenntnis ist ja nicht Harmonie, sondern ist Disharmonie, denn ich bin mit ihr unglücklich. Man betrachte nur einmal daraufhin die Menschen: wer ist denn glücklich in der Welt und was für Leute sind es, die *widerspruchslos* leben? – Gerade diejenigen, die den Tieren gleichen, die infolge der geringen Entwicklung ihres Bewußtseins dem Tier am nächsten stehen. Die sind gern einverstanden mit dem Leben, aber gerade unter der Bedingung, wie Tiere zu leben, nämlich fürs Essen, Trinken, Schlafen, Nesterbauen und Kinder-in-die-Welt-Setzen. Essen, Trinken und Schlafen nach Menschenart heißt im allgemeinen erwerben und rauben, ein Nest einrichten aber schon vorwiegend rauben. Man wird vielleicht einwenden, daß man sein Nest auch auf vernünftigen, wissenschaftlich einwandfreien sozialen Prinzipien aufbauen könne und durchaus nicht zu rauben brauche, wie es bisher der Fall war. Möglich, aber ich frage: Wozu? ... Darauf vermag mir natürlich niemand eine Antwort zu geben. Alles, was man mir darauf wohl antworten könnte, wäre: ‹um sich Genuß zu verschaffen›. Ja, wenn ich eine Blume oder eine Kuh wäre, dann gäbe es für mich vielleicht auch einen Genuß. Indem ich mir aber, wie jetzt, unaufhörlich Fragen vorlege, kann ich nicht glücklich sein, nicht einmal im höchsten und *unmittelbarsten* Glück der Liebe zum Nächsten und der Liebe der Menschheit zu mir, denn ich weiß, daß morgen schon dies alles nicht mehr sein wird, sowohl ich wie dieses ganze Glück und die ganze Liebe und die ganze Menschheit – daß wir uns in ein Nichts verwandeln werden oder wieder in das anfängliche Chaos. ... wenn ich allein sterben, und wenn dafür die Menschheit an meiner Statt ewig weiterleben würde, dann wäre ich vielleicht immerhin getröstet. Aber unser Planet ist doch nicht ewig, und die Lebensdauer der ganzen Menschheit ist im Verhältnis zur Ewigkeit genau solch ein Augenblick wie mein Einzelleben. Und wie vernünftig, wie herrlich, wie gerecht und heilig die Menschheit auf Erden sich auch immer einrichtete – es wird morgen doch alles dieselbe Null sein. Und wenn das auch alles da aus irgendeinem Grunde notwendig ist, infolge irgendwelcher allmächtiger, ewiger und toter Naturgesetze, so ist doch ... in diesen Gedanken eine gewisse allertiefste Nichtachtung der Menschheit enthalten, die für mich tief beleidigend und um so unerträglicher ist, als es hier keinen

Schuldigen gibt. – Und schließlich, wenn man dieses Märchen von der endlich einmal nach vernünftigen und wissenschaftlichen Grundsätzen eingerichteten Menschheit auf Erden als möglich annimmt und an seine dereinstige Verwirklichung glaubt, so ist doch schon der bloße Gedanke, daß die Natur infolge irgendwelcher ihrer trägen Gesetze es nötig hatte, den Menschen Jahrtausende lang zu quälen, bevor sie ihn zu diesem Glück brachte, unerträglich und empörend. Jetzt füge man noch hinzu, daß dieselbe Natur, die dem Menschen endlich einmal ein Glück gewährt, all das morgen schon aus irgendeinem Grunde in eine Null verwandeln muß, ungeachtet aller Leiden, mit denen die Menschheit für dieses Glück gezahlt hat, und ohne mir und meiner Erkenntnis das zu verbergen, wie sie es einer Kuh verbirgt, – so kommt einem unwillkürlich ein überaus komischer, aber auch unerträglich trauriger Gedanke: ‹Nun, wie aber, wenn der Mensch nur so als ein unverschämter Versuch in die Welt gesetzt worden ist, nur um zu sehen, ob sich ein solches Geschöpf auf der Erde wird einleben können oder nicht?› Das Traurige dieses Gedankens besteht hauptsächlich darin, daß es … keinen Schuldigen gibt, … denn es ist alles infolge toter Naturgesetze entstanden … Ergo … da die Natur mir nicht nur nicht das Recht abspricht, von ihr Rechenschaft zu fordern, sondern mir sogar überhaupt nicht antwortet …, da ich mich überzeugt habe, daß die Natur mir zum Beantworten meiner Fragen *mich selber* bestimmt hat … und mir auf meine Fragen durch meine eigene Erkenntnis antwortet …, da ich schließlich bei einer solchen Einrichtung die Rolle sowohl des Klägers wie des Beklagten, des Richters wie des Angeklagten gleichzeitig auf mich nehme, diese Komödie aber … für erniedrigend halte, so verurteile ich … diese Natur, die mich so rücksichtslos und unverschämt zum Leiden erschaffen hat, zugleich mit mir zur Vernichtung … Da ich aber die Natur nicht vernichten kann, so vernichte ich mich allein, einzig weil es mich langweilt, eine Tyrannei zu ertragen, bei der es keinen Schuldigen gibt.»

Schwerlich gibt es in der Literaturgeschichte Europas ein Beispiel, das so eindringlich, wie dieses Bekenntnis eines Selbstmörders aus Langeweile, die Einsamkeit des Menschen inmitten der ihn umgebenden Natur vor Augen stellt; vor allem aber ist es ein negatives Plädoyer für *die Unabdingbarkeit des Glaubens an die Unsterblichkeit* des Menschen und eine radikale Bankrotterklärung an jede Art von materialistischer Sinndeutung der menschlichen Existenz, wie der Fortgang jenes Essays zeigt. Kaum war Dostojewskis *«Todesurteil»* erschienen, da nahm in der Wochenschrift *«Die Unterhaltung»* ein Herr ENPE auf folgende Weise zu Dostojewskis Beitrag Stellung[32]: «Wozu hat man … die Betrachtungen … gebracht? Ich verstehe absolut nicht, wozu. Diese Betrachtungen, wenn man das Fieberdelirium eines halbverrückten Menschen überhaupt so nennen darf, sind längst bekannt; … und deshalb stellt das Erscheinen dieses Artikels *in unserer Zeit* im Tagebuch eines solchen Schriftstellers wie F. M. Dostojewski einen lächerlichen und erbarmungswürdigen Anachronismus dar. Wir leben jetzt in einem Zeitalter *gußeiserner Begriffe,* im Zeitalter positiver Ansichten, im Zeitalter, das eine Fahne hochhält, auf der geschrieben steht: ‹Leben um jeden Preis!› Natürlich gibt es auch hier, wie in allem und überall, auch Ausnahmen, es gibt Selbstmorde *mit Betrachtungen und ohne Betrachtungen,* nur daß diesem billigen Heldentum heutzutage niemand mehr Beachtung schenkt … Es hat eine Zeit gegeben, wo der Selbstmord, namentlich einer *mit Betrachtungen,* auf die Stufe der höchsten ‹Erkenntnis› erhoben wurde …, aber diese *faule* Zeit ist jetzt vorbei … Jeder Selbstmörder, der mit solchen Betrachtungen, wie sie im ‹Tagebuch› des Herrn Dostojewski abgedruckt sind, in den Tod geht, verdient doch wohl nicht das geringste Mitleid; das ist ein roher Egoist, eitel und das schädlichste Glied einer menschlichen Gesellschaft … Oh, diese Falstaffs des Lebens! Diese Ritter auf Stelzen.»

Durch Rezensionen dieser Art sah Dostojewski gleich in der nächsten Nummer seines *«Tagebuches»* sich zu einer geharnischten Antwort genötigt, in der er seine eigentlichen Absichten offen heraus darlegte[33]: sein Artikel, erklärte er, habe «der Notwendigkeit und Unentbehrlichkeit der Überzeugung von der Unsterblichkeit der Menschenseele» gegolten, und die «Schlußfolgerung» der dargelegten Gedanken könne nur lauten, «daß das Dasein des Menschen ohne Glauben an seine Seele und ihre Unsterblichkeit unnatürlich, undenkbar und unerträglich sei». Dabei wird vor allem deutlich, daß Dostojewski – im Unterschied etwa zu Herrn Enpe – als ein innerlich Betroffener schreibt, der seine Erwägungen keinesfalls für «anachronistisch», sondern weit eher für prophetisch hält. «Für mich persönlich», sagt er, «besteht ... einer der größten Befürchtungen für unsere Zukunft ... in der Tatsache, daß ... in einem großen, allzu großen Teil der russischen Intelligenz sich vollständiger Nichtglaube an die eigene Seele und ihre Unsterblichkeit zu verbreiten scheint ... in einem gewissen Indifferentismus zu der höchsten Idee des menschlichen Daseins ... überhaupt zu allem, was Leben heißt.» «Mein Selbstmörder nun ist ein leidenschaftlicher Verfechter seiner Idee ... Er leidet, er quält sich tatsächlich ... Vor ihm stehen unabwendbar die höchsten, die ersten Fragen: Wozu soll der Mensch noch leben, wenn er bereits erkannt hat, daß tierisch zu leben für einen Menschen widerlich, unnatürlich und unzureichend ist? ... Gerade diese Klarheit ist es, die ihn umbringt. Wo liegt nun der Fehler, worin hat er sich geirrt? Der Fehler ... liegt einzig in dem Verlust des Glaubens an die Unsterblichkeit. – Doch er sucht ja selbst glühend ... die Versöhnung. Er wollte sie in der Liebe zur Menschheit finden. Wenn nicht ich, so könnte doch die Menschheit glücklich sein und irgendeinmal die Harmonie erreichen ... Aber die unwiderlegbare Überzeugung, daß das Leben der ganzen Menschheit im Grunde genau solch ein Augenblick ist wie sein eigenes und daß am nächsten Tage nach dem Eintritt der ‹Harmonie› die Menschheit sich genau so wie er in ein Nichts auflösen werde ... – dieser Gedanke bringt ihn um die letzte Versöhnungsmöglichkeit ... Er fühlt sich stellvertretend für die ganze Menschheit gekränkt, und dem Gesetz der Reflexion der Ideen zufolge, tötet das in ihm diese seine Liebe zur Menschheit. So geschieht es in Familien, die vor dem Hungertode stehen, daß die Eltern ihre Kinder, diese von ihnen am meisten geliebten Wesen, zu hassen anfangen, wenn die Qual dieser Kinder zu unerträglich wird, eben wegen der *Unerträglichkeit* ihrer Qualen. Ja, ich behaupte sogar, daß die Erkenntnis ihrer vollkommenen Machtlosigkeit, ihrer Unfähigkeit, der leidenden Menschheit zu helfen, ihre Schmerzen, wenn auch nur ein wenig, zu lindern, während sie doch gleichzeitig von ihren Leiden überzeugt sind, *im Herzen der Menschen die Liebe zur Menschheit in Haß gegen die Menschheit verwandeln kann.* Die Herren der ‹gußeisernen Begriffe› werden das natürlich nicht glauben und natürlich auch gar nicht verstehen: für sie ist die Liebe zur Menschheit und deren Glück etwas Wohlfeiles ... Doch ich ... behaupte ..., daß die Liebe zur Menschheit sogar vollkommen undenkbar, unverständlich und unmöglich ist ohne den Glauben an die Unsterblichkeit der Menschenseele. Diejenigen aber, die dem Menschen den Glauben an seine Unsterblichkeit nehmen und diesen Glauben durch die ‹Liebe zur Menschheit› ... ersetzen wollen, die, sage ich, legen Hand an sich selbst; denn anstatt der Liebe zur Menschheit pflanzen sie in das Herz dessen, der den Glauben verloren hat, nur den Keim des Menschen-Hasses gegen die Menschheit.» Daraus folgerte für Dostojewski, daß die Überzeugung von der Unsterblichkeit, schon weil sie für das Menschenleben so unentbehrlich ist, gewissermaßen den normalen Zustand der Menschheit darstellt. «Wenn dem aber so ist, dann muß diese Unsterblichkeit der Menschenseele *zweifellos auch vorhanden sein.*»[34]

Für Dostojewski gründet sich nach diesen Worten aller Lebenssinn, ja, die Fähigkeit, überhaupt leben zu wollen, allein auf den Glauben an ein ewiges Leben; zumindest glaubt er, daß ganz gewiß die Nachdenklichen unter den Menschen sich unausweichlich vor diese Alternative von Verzweiflung und Unsterblichkeit gestellt sehen. Dennoch ist er sich natürlich darüber im klaren, daß Erwägungen dieser Art, so folgerichtig sie im Sinne der formalen Logik auch entwickelt werden mögen, ihre Evidenz einzig und allein einem gewissen Empfinden für den Wert des Einzellebens verdanken. Und das ist nun die entscheidende Schwäche oder Stärke des Dostojewskischen Gedankengangs: nur wer den absoluten Wert der Person eines einzelnen Menschen wirklich begreift, dem kann der Tod zu einer äußersten Herausforderung werden, nur der kann an der Vergänglichkeit des Lebens so sehr leiden, daß er der Unsterblichkeit bedarf, um überhaupt leben zu wollen. Wie aber lehrt man die Menschen des heraufziehenden Massenzeitalters, die Bewohner der ausgeklügelten Großstädte, die Kinder «zufälliger» Eltern[35], den Wert und die Größe ihres individuellen Lebens zu begreifen? Deutlich sieht Dostojewski eine Generation von Menschen heraufziehen, denen das Gefühl für ihr eigenes Ich wie abhanden gekommen scheint; Menschen aber, deren Lebensgefühl darin besteht, gewissermaßen nichts weiter zu sein als Blätter am Baum, als ein Spielzeug im Herbstwind, erleben in sich selbst so wenig an Einheitlichkeit und Konsequenz, daß für sie der bloße Gedanke an eine wie immer geartete Kontinuität des Lebens, die den Tod überdauern würde, etwas durchaus Groteskes an sich trägt. Ihnen ist das eigene Leben Tag für Tag so weitgehend gestohlen und entfremdet, daß der Tod sie wie etwas Selbstverständliches ereilt, wie eine letzte Manifestation der ganz normalen Willkür des Schicksals sozusagen. Von daher konzentriert sich alles auf die Frage, wie es denn möglich ist, daß die Person eines Menschen einen eigenen Personkern entwickelt, stark genug, dem Sog der Verschmelzung mit der Umgebung standzuhalten, ein eigenes Ich mit einem eigenen Selbstbewußtsein auszuprägen und der individuellen Existenz eine schier unendliche Bedeutung und folglich auch eine unendliche Dauer beizumessen.

Es sind zwei Antworten, die Dostojewski darauf gibt und die sich wechselseitig bedingen und ergänzen. Sie lauten: wage zu lieben, und: wage, dich lieben zu lassen.

In dem Roman *«Die Brüder Karamasow»*, der am stärksten das «Glaubensbekenntnis» Dostojewskis widerspiegelt, kommt eines Tages zu dem greisen Mönch Sosima «eine empfindsame Weltdame»[36], deren hauptsächliches Leiden in dem *Unglauben* besteht, in dem Unglauben nicht an Gott, wohl aber daran, wie sie gesteht, «daß ... dieser Gedanke an das zukünftige Leben jenseits des Grabes mich bis zum Leiden erregt, bis zum Entsetzen und Schrecken ... Und ich weiß ja nicht, an wen ich mich wenden soll.» «Sehen Sie: ich schließe die Augen und denke: wenn alle gläubig sind, woher ist dann das gekommen? Heute aber behauptet man, das alles sei ursprünglich aus Angst entstanden vor den furchtbaren Erscheinungen der Natur, und dies alles gäbe es nicht. Nun, was denn? denke ich. Ich habe das ganze Leben geglaubt – ich werde sterben, und plötzlich ist da gar nichts. Und ‹es wird nur die Klette wachsen auf dem Grabe›, wie ich bei einem Schriftsteller gelesen habe. Das ist furchtbar! Wodurch, wodurch kann ich nur den Glauben wiedererlangen? Im übrigen glaubte ich bloß, als ich ein kleines Kind war. Rein mechanisch, ohne an irgend etwas zu denken ... Wodurch aber, wodurch soll man dies beweisen? Ich bin jetzt gekommen, vor ihnen niederzufallen und Sie darum zu flehen ... Oh, das ist mein Unglück! Ich stehe da und sehe ringsumher, daß es allen gleichgültig ist, oder fast allen, niemand kümmert sich jetzt darum, ich aber kann dies allein nicht ertragen, das ist tödlich, tödlich!» Wie antwortet man auf eine solche Frage bei einem Menschen, der offensichtlich zutiefst weiß, daß es bei dieser Frage in seinem Leben um alles geht, und der sich dennoch, schon aus lauter Abhängigkeit von der Meinung anderer, durchaus nicht selbst entscheiden kann? «... beweisen kann man hier gar nichts», meint der greise Sosima, «sich überzeugen lassen hingegen, das kann man wohl.» Aber wodurch? «Durch den Versuch werktätiger Liebe», rät er der seelisch völlig Entwurzelten. «Seien Sie bestrebt, Ihre Nächsten zu lieben, tätig und unentwegt. In dem Maße, als Sie Fortschritte machen werden in der Liebe, werden Sie sich auch überzeugen sowohl vom Dasein Gottes wie von der Unsterblichkeit Ihrer Seele. Wenn Sie aber zu völliger Aufopferung Ihrer selbst hingelangen werden in der Liebe zum Nächsten, dann werden Sie schon unbedingt glauben, und kein Zweifel wird mehr Ihre Seele beschleichen können.»

Soll das also heißen, man könne einfach zu dem Glauben der Kindertage zurückkehren, wenn man nur recht wolle? Gewiß nicht. Wohl aber geht es offenbar darum, etwas zu tun, das unbezweifelbar in sich selber sinnvoll ist und schon dadurch dem eigenen Leben ein gewisses Gefühl für die Berechtigung, ja, für die Wichtigkeit der persönlichen Existenz zurückgibt. Entscheidend jedoch ist es dabei, Beziehungen aufzubauen zwischen Ich und Du, zwischen zwei konkreten Personen, nicht zwischen einem abstrakt lebenden Ich und einem ausgedachten Allgemeinen.

Schon bei der Lektüre der «Beichte» Ippolits oder des Manifests jenes «Selbstmörders aus Langeweile» mußte auffallen, daß beide

Persönlichkeiten sich jeweils nur für die Menschheit im allgemeinen interessierten und daß sie bei all ihren Klagen und Beschwerden über das Los der Menschheit im ganzen niemals von der Beziehung zu einer einzelnen Person sprachen; ja, wenn jener gräßliche Traum Ippolits wirklich im Sinne einer horrenden Kastrationsphantasie zu verstehen ist, so scheint es fast, als wenn diese Protagonisten des Absurden vor allem aus Angst vor dem anderen Geschlecht, aus Angst vor der Frau, von jeder persönlichen, individuell gebundenen Form der Liebe abgedrängt und in die Höhen der Abstraktion hinaufgetrieben worden seien. Aus dem Gebirge ihrer Einsamkeit herab tönt zwar ein Gesang von Erhabenheit und tragischer Größe, etwa wenn sie die Verlorenheit des Menschengeschlechtes als ganzen inmitten einer blinden und blindwütigen Natur beklagen, aber so sehr Dostojewski auch diese Gestalten des Unglücks gegenüber den «gußeisernen» Charakteren unter seinen Rezensenten verteidigt – tatsächlich sind sie allemal in ihrem Leiden menschlich ungleich größer als jene unleidliche Leidfreiheit der Spießer! –, so weiß er doch nur allzu gut um die geheime Egozentrik und Angstflucht seiner Tragöden des Absurden.

In exzessiver Weise läßt er deshalb jene vornehme Dame vor dem greisen Sosima Klage führen über ihre nur geträumte Form einer universellen Menschheitsliebe[37]: «Sehen Sie», spricht sie, «ich liebe die Menschheit so, daß, glauben Sie mir, ich manchmal davon träume, alles von mir zu werfen ... und barmherzige Schwester zu werden. Ich schließe die Augen, sinne und träume, und in solchen Augenblicken fühle ich in mir eine unüberwindliche Kraft! Keine Wunden, keine eiternden Risse könnten mich schrecken ...? Ja, könnte ich aber lange aushalten in einem solchen Leben ... Das ist gerade die Hauptfrage ... Und stellen Sie sich vor, ich habe mit Zittern und Bangen dies schon entschieden: Wenn irgend etwas ist, was meine tätige Liebe zur Menschheit auf der Stelle erkalten lassen könnte, so ist das eben einzig und allein Undankbarkeit. Mit einem Wort: ich bin eine Arbeiterin um Lohn, ich verlange sogar meinen Lohn auf der Stelle, das heißt Lob und Rückzahlung auf meine Liebe mit Liebe. Anderenfalls bin ich niemanden zu lieben imstande!» Es ist eine Selbstanalyse, welcher der Greis vollkommen zustimmt, indem er das Bekenntnis eines philanthropischen Arztes zitiert, der von sich gleichermaßen erklärte: «Ich ... liebe die Menschheit, ich wundere mich aber über mich selber: je mehr ich die Menschheit im allgemeinen liebe, um so weniger liebe ich die Menschen im besonderen, das heißt im einzelnen, als einzelne Persönlichkeiten ... Ich ... werde den Menschen feind, sobald sie mir nur ein ganz klein wenig nahekommen. Dafür hat es sich immer so zugetragen, daß, je mehr ich die Menschen im einzelnen haßte, um so flammender meine Liebe ward zur Menschheit im allgemeinen!»

Was aber ist dann zu tun? Alles hängt offenbar daran, gerade das kleine, alltägliche, das scheinbar so verächtliche Leben für wichtig genug zu nehmen, um alle Energie daran zu hängen. Mag auch das Essen, Schmutzen und Nesterbauen etwas sein, das Menschen und Tieren gemeinsam ist, so ist es doch keineswegs sicher und es zeugt womöglich nur von einem Hochmut aus Angst vor den «verschlingenden» «Niederungen» des Daseins, all diese Verrichtungen schlechterdings nur als würdelos, nichtig und gemein zu betrachten. Für einen Menschen jedenfalls, der beispielsweise einem Kranken beim Essen und beim «Schmutzen» hilft, erscheinen die Betrachtungen jenes Selbstmörders aus Langeweile wie der Zynismus eines Mannes, der gar nicht weiß, worüber er spricht, und der sich nur deshalb beklagt, daß die Natur die Menschen verachte, weil es keinen einzigen unter ihnen gibt, den er selber zu lieben vermöchte. Am Ende projiziert er nur seine eigene Menschenverachtung in die Natur hinein und legt ihr als Sadismus aus, was er selber an Lebensverneinung in sich trägt. Doch wenn es so steht: kann es dann nicht überhaupt sein, daß all die scheinbar so logischen Erwägungen über das metaphysische Schicksal des Menschen zunächst als verdrängte *Gefühle* behandelt werden müssen, ehe man sie aufzulösen vermag[38]?

Vor allem scheint es das Gefühl des *Ekels* vor sich selber zu sein, das ebenso die hochherzigsten wie die verzweiflungsvollsten Attitüden der Daseinseinstellung hervorzubringen vermag. «Erschrecken Sie niemals über Ihren eigenen Kleinmut auf dem Wege zur Liebe», warnt deshalb der Mönch Sosima die vornehme Dame und mahnt sie nachdrücklich, *Geduld* zu haben. «Die Liebe in der Vorstellung dürstet nach der raschen Tat eines, der schnell befriedigt sein will, und dürstet danach, daß alle auf sie hinblicken sollen. Dabei kommt sie tatsächlich dahin, daß man sogar das Leben hingibt, wenn man nur nicht so lange zu warten braucht, die Tat sich vielmehr möglichst rasch vollzieht, wie auf der Szene, und alle zuschauen und loben. Die werktätige Liebe hingegen – das ist Arbeit und Durchführen ...»[39]

Schon wegen ihrer Bereitschaft, nichts als zu geringfügig anzusehen, und schon infolge ihrer Fähigkeit zu dem langen Atem einer zähen Geduld besitzt diese «werktätige Liebe», wie Sosima sie nennt, die Gabe, das Leben inmitten seiner Begrenztheit und Vergänglichkeit als etwas sehen zu lehren, das wie von selber die Evidenz der Unsterblichkeit an sich trägt. Verzweifeln kann man gewissermaßen nur für sich selber; unmöglich ist es jedoch, das Leben eines Menschen, den man wirklich liebt, für sinnlos zu finden. Und mag es auch sein, daß seine irdische Existenz nichts als Qual und Leid für ihn bereit hält, so wird doch schon infolge der Liebe zu ihm der Glaube an die Unsterblichkeit nur um so klarer.

Es ist indessen nicht allein die scheinbare Geringfügigkeit des *fremden* Lebens, es ist auch nicht primär das Schicksal der menschlichen Gattung als ganzer im Gang der Natur, es ist vor allem und wesentlich das Gefühl der eigenen Nichtigkeit und Erbärmlichkeit, die sich grell und mitleidlos in den anderen und in das andere von Mensch und Welt hineinverlagert und jedes Verlangen nach ewigem Leben im Keime zerstört.

Tiefer als die Antworten, die Dostojewski in den *«Brüdern Karamasow»* gibt, reicht deshalb sein Ringen und Suchen um Sinn und Wert des Daseins in der Zentralgestalt seines frühen Romans *«Schuld und Sühne»*: in der Person des jungen Studenten Rodion Raskolnikow, der einen Doppelmord an zwei alten, alleinstehenden Frauen verübt, nur um sich zu beweisen, daß er keine «Laus» ist. «Die Geschichte ist die», gesteht er der ebenso im Elend lebenden, aber bedingungslos an Gott glaubenden Dirne Sonja: «ich legte mir einmal die Frage vor, wenn zum Beispiel NAPOLEON in meiner Lage gewesen wäre, und um seine Laufbahn zu eröffnen, hätte er weder Toulon noch Ägypten … gehabt, sondern statt aller dieser schönen … Dinge hätte es da ganz … einfach nur irgendeine lächerliche alte Schraube gegeben, eine Registratorswitwe, die er hätte umbringen müssen, um aus ihrem Kasten Geld zu nehmen – wegen seiner Laufbahn nämlich, verstehst du? – Also hätte er sich wohl dazu entschlossen …? … ich kann dir sagen, ich habe mich furchtbar lange mit diesem ‹Problem› abgeschunden, so daß ich mich ordentlich schämte, als ich schließlich wie durch eine plötzliche Eingebung dahinterkam, daß er sich nicht nur nicht besonnen hätte, sondern daß es ihm sogar nie in den Kopf gekommen wäre, daß dies etwa nicht monumental sein könnte … Nun, und so … so riß ich mich auch von meinen Bedenken los … brachte sie um … nach dem Beispiel einer Autorität.» «Ich hatte mich so verrannt in meine Verbitterung – ja, das ist der Ausdruck! – … ich hatte mich in meinen Winkel verkrochen wie eine Spinne. Du bist ja selbst in meiner Hundehütte gewesen, hast es gesehen. Weißt du auch, Sonja, daß niedrige Decken und enge Zimmer die Seele und den Verstand einengen? Oh, wie ich diese Hundehütte gehaßt habe! Und trotzdem wollte ich nicht hinaus. Nun gerade nicht! Ganze Tage kam ich nicht vor die Tür, mochte nicht arbeiten, mochte nicht einmal essen, lag nur so da … Siehst du, ich fragte mich damals immer: warum bin ich so dumm, daß, wenn andere Menschen dumm sind und ich ihre Dummheit durchaus überschaue, daß ich selbst dann nicht klüger sein will als sie … Und jetzt weiß ich auch, Sonja, wer kräftig ist, stark an Verstand und Geist, der ist auch Herr über die anderen! Wer sich viel herausnimmt, der hat in ihren Augen recht. Wer der großen Menge ins Gesicht spuckt, den läßt sie als Gesetzgeber gelten, und wer sich mehr herausnimmt als alle anderen, der hat auch mehr recht als sie.» «Plötzlich stand es mir sonnenklar vor Augen: wieso hat bis heute noch niemand, der all diesen Irrtum der Welt mit ansieht, es gewagt oder wagt es nicht noch heute, ganz einfach den ganzen Kram beim Schwanz zu fassen … Ich, ich wollte diesen Mut haben, und so beging ich den Mord.» «Verstehe mich recht, für mich kam es darauf an, zu wissen, und zwar möglichst schnell zu wissen, ob ich eine Laus bin wie alle anderen oder ein Mensch. Bringe ich es fertig, die Grenze zu überspringen oder nicht? Habe ich den Mut, mich zu bücken und zuzugreifen oder nicht? Bin ich eine zitternde Kreatur oder habe ich das Recht ...»[40]

In der Person Raskolnikows treibt Dostojewski das masochistische *Prinzip* der Selbstverachtung so weit, daß in den Augen dieses Menschen aus dem *«Kellerloch»*[41] sich nur noch die Alternative von Selbstmord oder Mord stellt; und Raskolnikow wird zum Mörder, weil es ihm gewissermaßen schwerer fällt, eine alte Frau umzubringen als sich selber, weil es ihn mehr Überwindung kostet. In moralischem Sinne stellt seine Tat eine äußerste Selbstbestrafung, eine einzige Selbstvergewaltigung dar. Wie zur eigenen Warnung sieht er unmittelbar vor seinem Gang zu der alten Pfandleiherin in einem furchtbaren Traum, wie eine kleine abgemagerte, rehbraune Bauernmähre vor einem völlig überladenen Kutschwagen zusammenbricht und von dem wütenden Fuhrmann brutal zusammengeschlagen wird, während er selbst, ein kleiner Junge noch, flehend seinen Vater um Hilfe für das Pferdchen bittet – vergeblich, denn ohne innezuhalten, zerschmettert der rasende Kutscher mit einer Brechstange das Rückgrat des Tieres[42]. Deutlicher als in diesem Traum kann Raskolnikow sich selber nicht sagen, daß er mit seinem Totschlag im Grunde sich selbst liquidiert und daß er vor allem den «kleinen Jungen» in sich mundtot machen muß[43]; doch er hat offenbar den Punkt längst überschritten, an dem er aus eigenen Kräften aus dem Grab seiner Selbstverachtung herausfinden könnte.

Die wohl wichtigste Erfahrung, die Dostojewski mit seinem berühmten Kain-und-Abel-Roman vermittelt, liegt darin, daß ein Mensch jenseits von Eden niemals mehr dem Fluch seiner Stauberbärmlichkeit und todbedrohten Nichtigkeit entrinnen kann, es sei denn durch die bedingungslose Liebe eines anderen Menschen. Es ist das verborgene *Christusthema,* das diesen Roman zwischen Tod und Leben, zwischen tödlicher Selbstverachtung und allmählich reifendem Vertrauen durchzieht – die Frage des Untersuchungsrichters Porfirij Petrowitsch an den Mörder Raskolnikow: «Glauben Sie an die Auferweckung des Lazarus?»[44] Wie ist es möglich, einen Menschen, der wie lebendig tot ist, der sich selbst und allen anderen buchstäblich zum «Gestank» geworden ist, von den Mumienbinden seiner Gefangenschaft zu befreien und ihn ins Leben zurückzurufen?

In Dostojewskis Roman gibt es nur einen Menschen, der das vermag, und es muß jemand sein, der so, wie Raskolnikow selbst, die «Grenze überschritten» und sein «Leben vernichtet» hat: die Dirne Sonja. Schon indem er ihr die Motive und Gedanken seiner krankhaften Tat gesteht, wird ihm selber das Bizarre und Aberwitzige seiner Philosophie der Menschenläuse und der zwei Kategorien: der Starken und der Schwachen, immer deutlicher. Aber was kann Sonja selber tun? «Drei Wege liegen vor ihr», denkt Raskolnikow. «Entweder sie stürzt sich in den Kanal oder sie kommt ins Irrenhaus oder ... oder sie wirft sich der eigentlichen Unzucht in die Arme, die den Verstand umnebelt und das Herz versteint.»[45] Doch Sonja beschreitet keine dieser drei Sackgassen zwischen Tod, Wahnsinn und moralischer Verwesung, und Raskolnikow spürt, daß sie wie jemand lebt, der gewissermaßen auf ein Wunder wartet, als sei sie längst bereits geistig gestört. «Du betest wohl sehr viel, Sonja?», fragt er, und als er, wie absichtlich beleidigend, hinzufügt: «Und was gibt Gott dir dafür?», flüstert Sonja rasch, mit niedergeschlagenen Augen: «Alles.»[46] *Das* ist ihr Geheimnis: die Geschichte von der Auferweckung des Lazarus: «Es lag aber einer krank mit Namen Lazarus, von Bethanien.» – Kaum beginnt Sonja, ihm vorzulesen, als ihr die Stimme versagt, sie zerreißt wie eine allzu stark gespannte Saite; trotzdem aber spürt Raskolnikow, daß sie auf seine Bitte hin gerade ihm diese Geschichte von der Auferweckung des Lazarus vortragen *will:* «Habe ich dir nicht gesagt, so du glauben würdest, du solltest die Herrlichkeit Gottes sehen? Da hoben sie den Stein ab, da der Verstorbene lag. Jesus aber ... rief mit lauter Stimme: Lazarus, komm heraus! und der Verstorbene kam heraus ...» «Sonja las diese Worte mit sehr lauter Stimme, ganz verzückt, schauernd und bebend, als sähe sie es mit ihren eigenen Augen – ... ‹Gebunden mit Grabtüchern an Füßen und Händen und sein Angesicht verhüllt mit einem Schweißtuch. Jesus sprach zu ihnen: Löset ihn auf und lasset ihn gehen.›» «Weiter las sie nicht, und sie konnte auch nicht weiterlesen; sie schloß das Buch und stand mit einer hastigen Bewegung auf. ‹Das ist alles›, flüsterte sie stockend und herbe und stand regungslos da, halb abgewandt, und es sah aus, als schäme sie sich und wage Raskolnikow nicht anzusehen. Noch immer zitterte sie wie im Fieber. Das Lichtstümpfchen in dem verbogenen Leuchter war bereits ganz tief heruntergebrannt und leuchtete mit seinem trüben Schein in das elende Zimmer mit dem Mörder und der Dirne, die sich so seltsam zusammengefunden hatten, um das ewige Buch zu lesen.»[47]

Als Sonja diese Geschichte vorliest, bemerkt Raskolnikow selber, daß es sich hier um das *Sakrament* ihres Lebens, um die Vergebung aller Schuld im Leben dieser Dirne, handelt; und in der Tat, nirgendwo in der Weltliteratur gibt es ein Beispiel, das so eindringlich gegen ein Leben tödlicher Verzweiflung die Botschaft der Auferstehung setzt: als eine magische Hoffnung, als einen Lichtstrahl, der Gräber zu öffnen vermag, als eine Gewißheit, die über den Strom des Elends und der Tränen hinwegträgt an ein anderes Ufer. Es geschieht unter Sonjas leisen, bebenden Worten, daß die Gewichte der Welt sich auch im Leben Raskolnikows von neuem verteilen und Armut, Krankheit und Schuld ihre tödliche Macht über ihn verlieren; es geschieht, daß der Tod seine Finger löst, die er um Raskolnikows Seele und Herz gelegt hat, längst ehe er physisch nahe genug an ihn herangerückt ist; ja, es kommt dahin, daß der Leser spürt, was Jesus zu Martha am Grab ihres Bruders gesagt hat: «jeder, der lebt und an mich glaubt, wird in Ewigkeit nicht sterben.» (Joh 11,26)[48] Die Todesangst, das Vernichtungsgefühl, der ständige Ekel gegenüber der eigenen Erbärmlichkeit – nichts davon bleibt im Gegenüber eines Menschen, der unbedingt glaubt an die Öffnung der Gräber, an ein anderes Leben, an ein Jenseits der Verzweiflung.

Es gibt Erinnerungen, die unser ganzes Leben prägen und die am Ende darüber entscheiden, wieviel Vertrauen wir gegen den Tod und die Unzerstörbarkeit des Lebens zu setzen wissen; immer sind es Erinnerungen an die grundlose, unbegreifliche Liebe und Güte eines anderen Menschen. Dostojewski kam eine solche sein ganzes

Leben bestimmende Erinnerung während seines Aufenthaltes im sibirischen Strafgefangenenlager. Man feierte Ostern, d. h. es war der zweite Ostertag, er war 29 Jahre alt, seine Kameraden «feierten» die arbeitsfreie Zeit mit Saufen, Spielen, Streiten und Schimpfen, als ihm eine Begebenheit aus seiner Kindheit einfiel – ein trockener, sonniger Tag im August, als er, neunjährig, am Rand eines Birkenwaldes, in der Nähe eines Feldes, auf dem ein Bauer pflügt, entlang geht. Da plötzlich hört er den Ruf. «Ein Wolf kommt»; er schreit auf vor Schrecken und läuft auf den Bauern Marei zu. «Ein Wolf kommt», keucht er atemlos. Der Bauer aber beruhigt ihn: «Sieh mal an! Hast du dich aber erschreckt ... Genug schon, Jungchen, nun laß gut sein ... Christus ist mit dir.»[49]

Dieser Vorfall aus Kindertagen, scheinbar zusammenhanglos, meldete sich plötzlich in allen Einzelheiten und trat jetzt in Dostojewskis Erinnerung hervor, gerade «als es nottat; ich erinnerte mich an das zärtliche, mütterliche Lächeln des armen leibeigenen Bauern, an das Bekreuzen mit seiner Hand ... Und wie er vor Verwunderung den Kopf wiegte: ‹Sieh mal an! Du hast dich aber erschreckt, Jungchen!› Und besonders an seinen dicken erdbeschmutzten Finger erinnerte ich mich, mit dem er leise, wie mit schüchterner Zärtlichkeit, meine zuckenden Lippen berührte. Natürlich hätte auch jeder andere ein erschrockenes Kind beruhigt, aber hier bei dieser einsamen Begegnung geschah gleichsam noch etwas ganz Anderes ... Die Begegnung geschah in der Einsamkeit, auf freiem Felde, und nur Gott allein hat vielleicht von oben zugesehen, mit wie tiefem und allwissendem Menschengefühl, mit wie spürsinniger, nahezu weiblicher Zärtlichkeit das Herz manch eines tierisch unwissenden leibeigenen russischen Bauern erfüllt sein kann.»[50]

Bei der Schilderung dieser Begebenheit hat man ganz deutlich das Gefühl, als enthalte sie die Antwort auf den Alptraum eines ganzen Lebens, in den grauenhaften Visionen des todkranken Ippolit ebenso wie in den Fieberträumen jenes Selbstmörders aus Langeweile bzw. in den selbstquälerischen Gedankengängen des verzweifelten Mörders Raskolnikow. In den Traumbildern Ippolits erschien die Natur selbst wie eine giftige Spinne bzw. wie ein verschlingender Wolfsrachen, wie eine mann-weibliche Verklammerung von sadistischem Format; tatsächlich läßt sich in dem Werk Dostojewskis unzweifelhaft feststellen, daß dieser große Kenner und Dichter menschlicher Seelenzustände gewisse leidenschaftliche Regungen von Aggressionen (und Sexualität) stets nur in aufgespaltener Form zu erleben vermochte[51] und ihre mögliche Roheit, ihre bestialische Wolfsnatur in sich selbst als ständige Gefahr empfunden hat, – er hat diese Angst eines Jungen vor dem Mörder Raskolnikow, er hat dieses Grauen Ippolits vor der Natur nie ganz überwunden. Doch diese Szene mit dem Bauern Marei ist wie ein mütterlich-väterliches Gegenbild zu der (kastrativen) *Wolfsphantasie* des verängstigten Kindes; sie bildet den Hintergrund eines Vertrauens, das Dostojewski, so gebrochen auch immer, selbst in späteren Jahren die Angst vor dem Tod zu überwinden half und das ihn bestimmte, den Ekel und die Verachtung von Menschen durch den glühenden Wunsch nach Verstehen und Verzeihen zu ersetzen. «Als ich ... von der Pritsche aufstand», schreibt er über diesen 2. Ostertag in Sibirien, «und um mich schaute, fühlte ich plötzlich, ich weiß es noch, daß ich diese Unglücklichen mit ganz anderem Blick betrachten konnte, und daß auf einmal wie durch ein Wunder jeder Haß und jede Wut aus meinem Herzen verschwunden waren. Ich ging und beobachtete aufmerksam die Gesichter, denen ich begegnete. Dieser Kerl mit dem rasierten Schädel und dem gebrandmarkten Gesicht, der betrunken mit heiserer Stimme sein Lied gröhlt, kann doch vielleicht auch so ein Marei sein; ich kann ihm ja nicht ins Herz sehen.»[52]

Ist es also doch möglich, am Ende alle Angst und allen Überdruß des Lebens umzuwandeln in Güte und Mitgefühl und also *jetzt schon* den Tod zu überwinden in ein ewiges Leben? Als seine Tochter Aimée Dostojewski in ihrer Biographie den Tod ihres Vaters schildert, formt sich ihre Erinnerung an die Sterbestunde des russischen Dichters zu einer ergreifenden Legende, die in idealem Sinne freilich schon deshalb wahr sein muß, weil darin die beiden großen Themen Dostojewskis noch einmal anklingen und jetzt eine unauflösbare Einheit bilden: Schuld und Vergebung, Angst und Vertrauen, Tod und Unsterblichkeit, Armut und Glück. Es war nach zwei Blutstürzen, am Ende einer unruhigen Nacht, da «wußte meine Mutter, daß seine Stunden gezählt seien. Auch mein Vater wußte es. Wie immer in den ernsten Fällen seines Lebens, griff er zum Evangelium. Er bat seine Frau, seine alte Bibel aus dem Zuchthause auf gut Glück zu öffnen und die ersten Zeilen zu lesen, die ihr in die Augen fallen würden. Ihre Tränen verbergend, las meine Mutter mit lauter Stimme: ‹Aber Johannes wehrete ihm und sprach: Ich bedarf wohl, daß ich von Dir getauft werde; und Du kommst zu mir? – Jesus aber antwortete, und sprach zu ihm: Halte mich nicht zurück; also gebühret es uns, alle Gerechtigkeit zu erfüllen.› Nachdem mein Vater diese Worte Jesu gehört hatte, dachte er einen Augenblick nach und sagte dann zu seiner Frau: ‹Hast Du es gehört? Halte mich nicht zurück! Meine Stunde ist gekommen, ich muß sterben!›»

Dostojewski verlangte dann nach einem Priester, beichtete und empfing das heilige Abendmahl. «Nachdem der Geistliche weggegangen war, ließ er uns in sein Zimmer kommen, nahm unsere kleinen Hände in die seinen, bat meine Mutter, nochmals die Bibel aufzuschlagen und uns die Geschichte vom verlorenen Sohn vorzulesen. Er hörte der Vorlesung mit geschlossenen Augen und in Nachdenken versunken zu. ‹Meine Kinder, vergeßt nie, was Ihr eben gehört habt›, sagte er mit schwacher Stimme zu uns. ‹Habet unbedingtes Vertrauen auf Gott und verzweifelt niemals an seiner Verzeihung. Ich liebe Euch sehr, aber meine Liebe ist nichts neben der unendlichen Liebe Gottes für alle Menschen, die er geschaffen hat. Wenn es Euch sogar geschehen sollte, im Laufe Eures Lebens ein Verbrechen zu begehen, so verzweifelt doch niemals an Gott. Ihr seid seine Kinder; demütigt Euch vor ihm wie vor Eurem Vater, erfleht seine Verzeihung, und er wird sich über Eure Reue freuen, wie er sich über die Heimkehr des verlorenen Sohnes gefreut hat.›»

«Später geschah es wohl, daß ich der Todesstunde von Verwandten oder Freunden beiwohnte, aber keine war so leuchtend, wie die meines Vaters. Es war der wahrhaft christliche Tod, wie ihn die orthodoxe Kirche allen ihren Gläubigen wünscht – ein Tod ohne Schmerz und ohne Scham. Dostojewski hatte nur von der Schwäche gelitten; er hat das Bewußtsein erst im letzten Augenblick verloren. Er hat den Tod nahen sehen, ohne ihn zu fürchten. Er wußte, daß er sein Talent nicht vergraben hatte und daß er sein ganzes Leben ein guter Diener Gottes war. Er war bereit, furchtlos vor seinem Ewigen Vater zu erscheinen, in der Hoffnung, daß Gott zum Lohne für alles, was er gelitten, für alles, was er in diesem Leben erduldet hatte, ihm ein anderes großes Werk zu wirken, eine andere große Aufgabe zu erfüllen geben möge ...»[53]

Am Ende schreibt AIMÉE DOSTOJEWSKI das wohl schönste Wort, das man von einem Menschen sagen kann, den man sehr, sehr geliebt hat und von dem man durch den Tod getrennt ist: «Er kehrte zurück und hat mich nicht mehr verlassen, in Augenblicken des Kummers, des Unglücks, hält er sich so nahe bei mir, daß ich glaube, ihn mit der Hand berühren zu können. Dank seiner lieben Gegenwart habe ich niemals in meinem Leben Angst gehabt.»[54]

Anmerkungen

1 T. REIK: In Gedanken töten, 29–35; 105.

2 Vgl. J. IMBACH: Dostojewski, 7: «‹Mich hat Gott mein Leben lang gequält.› Dieser Satz wird von einer der Hauptpersonen in Dostojewskis Roman *Die Dämonen* (sc. von Kirillow, d. V.) ausgesprochen. Für Dostojewski heißt das nicht, daß Gott den Menschen quäle, sondern der Zweifel an seiner (sc. Gottes, d. V.) Existenz verursacht Qual.» Das ist richtig. Andererseits wird die «Hölle der Zweifel» an der Existenz Gottes immer wieder im Werk Dostojewskis wesentlich von der Frage des menschlichen Leids geschürt.

3 ST. ZWEIG: Drei Meister, 69–166, S. 118, schrieb treffend: «... genau wo jener Naturalismus endet, beginnt ... der unheimlich große Naturalismus Dostojewskis. Seine Menschen werden plastisch erst in der Erregtheit, in der Leidenschaft, im gesteigerten Zustand ... Erst wenn seine Menschen glühen, tritt Dostojewski, der Visionär, an das Werk, sie zu formen.» Und S. 71: «Dostojewski ist nichts, wenn nicht von innen erlebt.»

4 F. M. Dostojewski: Schuld und Sühne, 1. Teil, 2. Kap., S. 22, in freier Wiedergabe.

5 A. a. O., S. 17; 23.

6 F. M. Dostojewski: Der Idiot, 3. Teil, 7. Kap., S. 400; s. u. Anm. 16.

7 F. M. Dostojewski: Tagebuch eines Schriftstellers, 262–263, Zitat aus einem Artikel

von Herrn *Enpe:* «Wir leben jetzt in einem Zeitalter gußeiserner Begriffe, im Zeitalter positiver Ansichten ...»

8 F. M. Dostojewski: Schuld und Sühne, 1. Teil, 2. Kap., S. 27–28.

9 Lk 15,1–7; Mt 18,12–14.

10 Es gehört vor allem der jähe Wechsel extremer, einander widersprechender Gefühle zu dem klassischen Erscheinungsbild des Alkoholismus; sehr genau schildert Dostojewski vor allem den Umschwung von selbstzerstörerischen, fast paranoischen Wunschphantasien aus Schuldgefühl und Selbsthaß in die Vision einer universellen Harmonie und Vergebung, gerade aufgrund der durchlittenen Schande und Schmach; auch ist das ausgeprägte und zugleich über die Maßen gekränkte Ehrgefühl *Marmeladows* charakteristisch; kennzeichnend ist ferner die Vertrauensseligkeit gegenüber dem fremden Studenten *Raskolnikow* und die Angst und das Schuldgefühl gegenüber den eigenen Familienangehörigen; dabei ist eine gewisse homosexuelle Tendenz unübersehbar. Vgl. E. Bleuler: Lehrbuch der Psychiatrie, 270–271; 276.

11 F. M. Dostojewski: Schuld und Sühne, 26–27, in freier Wiedergabe.

12 Vgl. Lk 6,21.

13 A. Camus: Der Mensch in der Revolte, 327: «Man versteht ..., daß die Revolte nicht ohne eine sonderbare Liebe auskommt. Die weder in Gott noch in der Geschichte ihren Frieden finden, verurteilen sich dazu, für die zu leben, welche, wie sie, nicht leben können: die Gedemütigten. Die reinste Bewegung der Revolte ist dann von dem erschütternden Schrei Karamasows gekrönt: wenn sie nicht alle gerettet sind, wozu dann das Heil eines Einzigen!» Und S. 325: «‹Die Besessenheit zu ernten und die Gleichgültigkeit der Geschichte gegenüber›, schreibt René Char, ‹sind die beiden Enden meines Bogens.› Wenn die Zeit der Geschichte nicht aus der Zeit der Ernte besteht, ist die Geschichte in der Tat nur ein gleichgültiger und grausamer Schatten, an dem der Mensch keinen Anteil mehr hat. Wer sich dieser Geschichte anheim gibt, gibt sich dem Nichts anheim und ist seinerseits nichts. Wer sich jedoch der Zeit des Lebens anvertraut, dem Haus, das er verteidigt, der Würde der Lebenden, der vertraut sich der Erde an und erhält die Ernte, die er von neuem sät und die ihn ernährt. Diejenigen schließlich führen die Geschichte voran, die im gegebenen Moment sich auch gegen sie aufzulehnen wissen.»

14 A. Camus: Die Pest, 178.

15 F. M. Dostojewski: Der Idiot, 2. Teil, 10. Kap., S. 289–290.

16 A. a. O., 3. Teil, 7. Kap., S. 400.

17 A. a. O., S. 400–401.

18 So beschrieb M. Heidegger: Sein und Zeit, 260–267, das «Sein zum Tode» als Existential des Daseins.

19 F. M. Dostojewski: Die Dämonen, 3. Teil, 6. Kap., 2. Abschn., S. 641–654; vgl. E. Drewermann: Vom Problem des Selbstmords oder: Von einer letzten Gnade der Natur, in: Psychoanalyse und Moraltheologie, III 98–173, S. 158–160.

20 F. M. Dostojewski: Der Jüngling, 1. Teil, 3. Kap., 3. Abschn., S. 59; vgl. E. Drewermann: Vom Problem des Selbstmords, in: Psychoanalyse und Moraltheologie, III 158.

21 F. M. Dostojewski. Der Idiot, 3. Teil, 5. Kap., S. 378–380.

22 So zählte S. Freud: Vorlesungen zur Einführung in die Psychoanalyse, XI 157, ganz

allgemein Reptilien, Fische, vor allem Schlangen zu «den weniger gut verständlichen männlichen Sexualsymbolen ..., deren Symbolbedeutung (aber) ganz unzweifelhaft» sei.

23 S. FREUD: Die Traumdeutung, II/III 414, sah in dem Hundesymbol zu Recht ein Symbol für den *Vater*; in dem Traum hier aber geht es offenbar um eine Form männlicher Sexualangst vor der *Frau*, indem das Maul des Hundes die weibliche bzw. mütterliche Vagina vertritt.

24 Insbesondere das Detail, daß jenes «Reptil» den «Hund» noch vor seinem «Tod» in den «Rachen» zu *stechen* vermag, ist als ein exquisites koitales Symbol zu lesen; vgl. S. FREUD: Die Traumdeutung, II/III 389.

25 Man macht sich im Abstand von ein paar Jahrzehnten nur schwer wirklich klar, wie bis zur Trivialität herabgesunken die Freudschen Symbolismen im Bewußtsein der heutigen Zeitgenossen sind. Der Film des schwedischen Regisseurs INGMAR BERGMAN: Das Schweigen, in: Wilde Erdbeeren und andere Filmerzählungen, 175–219, darf als der letzte große Entwurf eines virtuosen Spiels mit Freudschen Symbolen gelten. Das war genau vor 20 Jahren!

26 So sehr richtig S. FREUD: Das Ich und das Es, XIII 288; zur Angsttheorie S. FREUDS vgl. E. DREWERMANN: Strukturen des Bösen, II 153–155.

27 Zur Methode *daseinsanalytischer* Deutungen vgl. E. DREWERMANN: Tiefenpsychologie und Exegese, I 158–159.

28 Zu den subjektalen Deutungsverfahren der Schule C. G. JUNGS im Unterschied zu der objektalen Deutungsmethode der Schule S. FREUDS vgl. E. DREWERMANN: Strukturen des Bösen, I. Bd., S. XXXI–XLV; Ders.: Tiefenpsychologie und Exegese, I 155–162.

29 Vgl. E. DREWERMANN: Strukturen des Bösen, II 607ff.

30 Die *Angst des Mannes vor der Frau*, die sich in zahlreichen Mythen der Völker ausspricht, scheint, weit ursprünglicher als in den sozialpsychologischen Gegebenheiten der FREUDschen Psychoanalyse, in der psychischen Ambivalenz der Gestalt der Frau selbst begründet zu sein, indem die Frau als Mutter mit der Geburt zugleich die Sterblichkeit auf ihre Kinder legt. Vgl. E. NEUMANN: Die Große Mutter, 123–200: Der positive und der negative Elementarcharakter im Bild der Großen Mutter.

31 F. M. Dostojewski: Tagebuch eines Schriftstellers, 255–259.

32 A.a.O., 262–263.

33 A.a.O., 164–270.

34 A.a.O., 266–270.

35 Vgl. F. M. Dostojewski: Der Jüngling, 3. Teil, 13. Kap., 3. Abschn., S. 555–556, wo die Rede ist von den «zufälligen Familien»; ebenso: Nachwort, S. 557.

36 F. M. Dostojewski: Die Brüder Karamasow, 1. Teil, 2. Buch, 4. Abschn., 1. Band, S. 71ff.

37 A.a.O., 72f.

38 Gerade Dostojewski hat ein äußerstes getan, um diesen ständigen Wechsel von Gefühlszuständen in Gedanken und von Gedanken in Gefühle bewußt zu machen. Treffend meinte ST. ZWEIG: Drei Meister, 145–146, von Dostojewskis Romangestalten: «Die Seele ist ein Wirrnis, ein heiliges Chaos in Dostojewskis Werk. Es gibt bei ihm

Trunkenbolde aus Sehnsucht nach Reinheit, Verbrecher aus Gier nach der Reue, Mädchenschänder aus Verehrung der Unschuld, Gotteslästerer aus religiösem Bedürfnis. Wenn seine Menschen begehren, so tun sie es ebenso aus Hoffnung auf Zurückgestoßensein wie auf Erfüllung. Ihr Trotz, faltet man ihn ganz auf, ist nichts anderes als eine verborgene Scham, ihre Liebe ein verkümmerter Haß, ihr Haß eine verborgene Liebe.»

39 F. M. Dostojewski: Die Brüder Karamasow, 1. Teil, 2. Buch, 4. Abschn., S. 74.

40 F. M. Dostojewski: Schuld und Sühne, 5. Teil, 4. Kap., 454; 456; 457–458; 459; vgl. auch S. 284 ff; 299–300.

41 F. M. Dostojewski: Aufzeichnungen aus dem Kellerloch, in: Winterliche Aufzeichnungen über sommerliche Eindrücke. Aufzeichnungen aus dem Kellerloch. Aus dem Tagebuch eines Schriftstellers, übers. v. S. Geier u. A. Eliasberg, S. 69–166.

42 F. M. Dostojewski: Schuld und Sühne, 1. Teil, 4. Kap., S. 61–65.

43 Vgl. E. Drewermann: Tiefenpsychologie und Exegese, I 157, Anm. 124; K. Horney: Neurose und menschliches Wachstum, 133.

44 F. M. Dostojewski: Schuld und Sühne, 3. Teil, 5. Kap., S. 284.

45 A. a. O., 3. Teil, 4. Kap., 352.

46 A. a. O., S. 353.

47 A. a. O., S. 357–358.

48 Vgl. zur Stelle R. Bultmann: Das Evangelium des Johannes, 307–309: «... wer noch im irdischen Leben weilt und ein Glaubender ist, für den gibt es keinen Tod im endgültigen Sinne; das Sterben ist für ihn wesenlos geworden.»

49 F. M. Dostojewski: Tagebuch eines Schriftstellers, 141 ff.; 145.

50 A. a. O., 147.

51 Vgl. S. Freud: Dostojewski und die Vatertötung, XIV 397–418. Auch wenn G. Kjetsaa: Dostojewski, 50–53, die Theorie Freuds von dem Ursprung der Epilepsie Dostojewskis in dem Erlebnis seines «mörderischen» Vaters mit korrekten Hinweisen auf die äußere Biographie zu widerlegen sucht (z. B. daß der Vater gar nicht so grausam gewesen sei und die Epilepsie erst viel später in Sibirien ausgebrochen sei), so verkennt er doch die innere Psychodynamik im Werk Dostojewskis, das immer wieder um die ödipale Thematik kreist.

52 F. M. Dostojewski: Tagebuch eines Schriftstellers, 147–148.

53 A. Dostojewski: Dostojewski, geschildert von seiner Tochter, München 1920, übers. nach dem französischen Manuskript v. G. Ouckama Knoop, S. 295–297.

54 A. a. O., 307.

Zitierte Literatur

A) Schriften Dostojewskis

DOSTOJEWSKI, F. M.: *Bednye Ljudi,* 1846, dt.: *Arme Leute. Ein Roman in Briefen,* aus dem Russ. v. G. Jarcho, München (Goldmann Tb. 543) 1959

DOSTOJEWSKI, F. M.: *Dvoinik,* 1846; dt.: *Der Doppelgänger,* aus dem Russ. v. E. K. Rahsin, Frankfurt/M. (Fischer 1250) 1970

DOSTOJEWSKI, F. M.: *Slaboe serdce,* 1848; dt.: *Ein schwaches Herz,* aus dem Russ. v. E. K. Rahsin, in: Erzählungen, Frankfurt/M. (Fischer 1263) 1972, 129–169

DOSTOJEWSKI, F. M.: *Njetotschka Nezvanova,* 1849; dt.: *Njetotschka Neswanowa,* aus dem Russ. v. E. K. Rahsin, Frankfurt/M. (Fischer 1259) 1971

DOSTOJEWSKI, F. M.: *Selo Stepantschikowa i ego obitateli. Iz zapisok neizvestnogo,* 1859; dt.: *Das Gut Stapantschikowo und seine Bewohner. Aus den Aufzeichnungen eines Unbekannten,* aus dem Russ. v. E. K. Rahsin, Frankfurt/M. (Fischer 1254) 1970

DOSTOJEWSKI, F. M.: *Zapiski iz mertvogo doma,* 1861; dt.: *Aufzeichnungen aus einem Totenhaus,* übers. v. G. Jarcho, Hamburg (rk 122–124) 1963

DOSTOJEWSKI, F. M.: *Unischennye i oskorbljennye,* 1861; dt.: *Die Erniedrigten und Beleidigten,* aus dem Russ. v. K. Nötzel, München (Goldmann Tb. 936–937) o. J. (1960)

DOSTOJEWSKI, F. M.: *Zimnie zametki o letnich vpetschatlenijach,* 1863; dt.: *Winterliche Aufzeichnungen über sommerliche Eindrücke,* aus dem Russ. v. S. Geier u. A. Eliasberg, Reinbek (rk 111–112) 1962, 7–67

DOSTOJEWSKI, F. M.: *Zapiski iz podpolja,* 1864; dt.: *Aufzeichnungen aus dem Kellerloch,* in: *Winterliche Aufzeichnungen über sommerliche Eindrücke. Aus dem Tagebuch eines Schriftstellers,* übers. v. S. Geier u. A. Eliasberg, Hamburg (rk 111–112) 1962, 69–166

DOSTOJEWSKI, F. M.: *Prestuplenie i nakazanie* (1866), dt.: *Schuld und Sühne.* Roman in 6 Teilen und einem Epilog; übers. v. W. Bergengruen; München (Droemer V.) o. J.

DOSTOJEWSKI, F. M.: *Igrok. Iz zapisok molodogo tscheloveka,* 1867; dt.: *Der Spieler. Aus den Aufzeichnungen eines jungen Menschen,* aus dem Russ. v. A. Eliasberg, Nachw. v. S. Geier, Reinbek (rk 67) 1960

DOSTOJEWSKI, F. M.: *Besy* (1872); dt.: *Die Dämonen;* übers. v. G. Jarcho, München (GGTb. 575–577) 1959

Dostojewski, F. M.: *Bobok, Zapiski odnogo lica.* 1873; dt.: *Bobok. Aufzeichnungen eines Unbekannten,* aus dem Russ. v. E. K. Rahsin, in: Erzählungen, Frankfurt/M. (Fischer 1263), 271–286

Dostojewski, F. M.: *Krotkaja. Fantastitscheskij rasskaz,* 1876; dt.: *Die Sanfte. Eine phantastische Erzählung,* aus dem Russ. v. E. K. Rahsin, in: Erzählungen, Frankfurt/M. (Fischer 1263)) 1972, 287–325

Dostojewski, F. M.: *Podrostok* (1875); dt.: *Der Jüngling,* übers. v. E. K. Rahsin, München 1957; Neudruck: Frankfurt (Fischer EC6) 1960, mit einem Nachw. v. A. Naumann

Dostojewski, F. M.: *Son smeschnogo tscheloveka. Fantastitscheskij* rasskaz, 1877; dt.: *Traum eines lächerlichen Menschen. Eine phantastische Erzählung,* aus dem Russ. v. E. K. Rahsin, in: Erzählungen, Frankfurt/M. (Fischer 1263) 1972, 327–345

Dostojewski, F. M.: *Bratja Karamazovy* (1880); dt.: *Die Brüder Karamasow;* übers. v. K. Noetzel; München (GGTb. 478–179; 480–481) 1958

Dostojewski, F. M.: *Gesammelte Briefe.* 1833–1881, aus dem Russ. übers., hg. u. komm. v. F. Hitzer, unter Benutzung der Übertragung v. A. Eliasberg, München 1966

Dostojewski, F. M.: *Tagebuch eines Schriftstellers* (1873; 1876; 1877; 1888); übers. v. E. K. Rahsin; München 1963

Dostojewski, F. M.: *Die Briefe an Anna.* 1866–1880, aus dem Russ. v. B. Schröder, Vorw. v. B. Conrad (Berlin O. 1982), Königstein/Ts. 1986

B) Biographisches zum Leben und Denken Dostojewskis

Doerne, M.: *Gott und Mensch in Dostojewskis Werk,* Göttingen 1957

Dostojewskaja, Aimée: *Dostojewski.* Geschildert von seiner Tochter, übers. v. G. Ouckama Knoop, München 1920

Dostojewskaja, Anna Grigrojewna: *Das Tagebuch der Gattin Dostojewskis,* hg. v. R. Fülöp-Miller und F. Eckstein, München 1925

Dostojewskaja, Anna Grigrojewna: *Erinnerungen,* aus dem Russ. v. D. Umanskij, München 1925

Harress, Birgit: *Mensch und Welt in Dostojewskis Werk. Ein Beitrag zur poetischen Anthropologie,* Köln – Weimar – Wien (Bausteine zur slawischen Philosophie und Kulturgeschichte, Reihe A, Neue Folge Band 8) 1993

Harress, Birgit: *Das Menschenbild Dostojewskis,* in: Deutsche Dostojewski-Gesellschaft, Jahrbuch 1997, Flensburg 1997, 25–34

Imbach, J.: *Dostojewski. Durchlittener Glaube,* Hamburg 1979

Kjetsaa, Geir: *Fjodor Dostojevskij – et Dikterliv,* Oslo 1985; dt.: *Dostojewskij. Sträfling – Spieler – Dichterfürst,* aus dem Norw. v. A. Arz, Gernsbach 1986

Kowalewski, Sonja: *Jugenderinnerungen* (1897), aus dem Russ. v. L. Flachs-Fokschaneanu, bearb. v. M. Spiegel, Frankfurt/M. 1968

LAVRIN, J.: *Dostojevskij in Selbstzeugnissen und Bilddokumenten,* aus dem Engl. v. R.-D. Keil, Reinbek (rm 88) 1963

MAURINA, ZENTA: *Dostojewskij. Menschengestalter und Gottsucher* (Riga 1932); dt.: *Dostojewskij,* Stockholm 1951; Memmingen 1952

NÖTZEL, KARL: *Das Leben Dostojewskis* (1925), Osnabrück (Biblio Verl.) 1967

SPERBER, M.: *Der heilige Sünder. Das Menschenbild im Werk F. M. Dostojewskijs,* in: Die Welt, 13. Nov. 1971

SUSLOWA, POLINA: *Dostojewskis Ewige Freundin,* hg. v. R. Fülöp-Miller u. F. Eckstein, aus dem Russ. v. R. Symchowitsch, München (Piper) o.J. (1925)

WANNER, F.: *Mal gefeiert, mal verboten.* Die wechselvolle Geschichte der Dostojewskij-Rezeption in Rußland, in: Die Welt, 13. Nov. 1971

WIR UND DOSTOJEWSKIJ. *Eine Debatte mit Heinrich Böll, Siegfried Lenz, André Malraux, Hans Erich Nossack,* geführt von Manès Sperber, Hamburg 1972

ZWEIG, STEFAN: *Drei Meister. Balzac, Dickens, Dostojewski,* Frankfurt (Fischer Tb. 2289) 1961, 69–166

C) Belletristik

BERGMAN, INGMAR: *Tystnaden;* in: Filmberättelser, 1973; dt.: *Das Schweigen,* in: Wilde Erdbeeren und andere Filmerzählungen, ausgew. u. übers. v. A. Storm, München 1977; Neudruck: München (Heyne 5695) 1980, 175–218

DICKENS, CHARLES: *The personal history, adventures, experience and observation of David Copperfield, the younger,* 1849–1850; dt.: *David Copperfield,* übers. v. C. Kolb, Zürich 1961

GOGOL, NIKOLAJ W.: *Schinel* (1842), dt.: *Der Mantel,* übers. v. W. Lange, Stuttgart (rub 1716) 1962

HUGO, VICTOR: *Les misérables* (1862), dt.: *Die Elenden,* übers. v. P. Wiegler, Berlin (1952) 1960, Nachw. H. Mayer

JEAN PAUL: *Rede des todten Christus vom Weltgebäude herab, daß kein Gott sei* (1726), in: Träume und Visionen, hg. v. R. Benz, München (Piper 67) 1954

JOYCE, J.: *Ulysses,* London 1922; dt.: *Ulysses,* übers. v. G. Goyert (Basel 1927) Frankfurt/M. 1967, eingel. v. C. Giedion-Welcker

MOLIÈRE: *Le Tartuffe ou L'imposteur* (1669), dt.: *Tartuffe,* übers. v. W. v. Baudissin, Leipzig (rub 74) 1923

SUE, EUGÈNE: *Les mystères de Paris* (1842–43), dt.: *Die Geheimnisse von Paris,* übers. v. N. O. Scarpi (F. Bondi), Zürich 1944

TOLSTOI, LEO: *Vlast' t' my* (1866), dt.: *Die Macht der Finsternis,* übers. v. A. Scholz, in: Dramen, Reinbek (rk 203–204) 1966

TOLSTOI, LEO: *Vojna i mir* (1869), dt.: *Krieg und Frieden,* übers. v. W. Bergengruen, München (1953) 1970, Nachw. H. Böll

TOLSTOI, LEO: *Anna Karenina* (1875–77), dt.: *Anna Karenina,* übers. v. F. Frisch, Olten-Freiburg 1959

Turgenjew, Iwan: *Otcy i deti* (1862), dt.: *Väter und Söhne*, übers. v. W. Bergengruen (Leipzig 1925), München 1964

D) Philosophie, Psychologie, Theologie

Bultmann, Rudolf: *Das Evangelium des Johannes*, Göttingen (Kritischer-exegetischer Kommentar über das Neue Testament) 1941; [17]1962

Camus, Albert: *La Peste.* Chronique, Paris 1947; dt.: *Die Pest*, übers. v. G. Meister, Boppard 1949; Neudruck: Hamburg (rororo 15) 1950

Camus, Albert: *Le Mythe de Sisyphe*, Paris 1942; dt.: *Der Mythos von Sisyphos. Ein Versuch über das Absurde*, aus dem Franz. v. H. G. Breuner – W. Rasch (1950), mit einem komm. Essay von L. Richter, Reinbek (rde 90) 1959

Camus, Albert: *L'Homme révolté*, Paris 1951; dt.: *Der Mensch in der Revolte.* Essays; übers. v. J. Streller, neubearb. v. G. Schlocker unter Mitarbeit von F. Bondy, Hamburg 1951

Drewermann, E.: *Jesus von Nazareth. Befreiung zum Frieden.* Glauben in Freiheit Bd. 2, Zürich-Düsseldorf 1997

Drewermann, E.: *... und gäbe dir eine Seele. Hans Christian Andersens Kleine Meerjungfrau tiefenpsychologisch gedeutet*, Freiburg-Basel-Wien 1997

Drewermann, E.: *Ich steige hinab in die Barke der Sonne. Altägyptische Meditationen zu Tod und Auferstehung in bezug auf Joh 20/21*, Olten-Freiburg 1989

Drewermann, E.: *Strukturen des Bösen. Die jahwistische Urgeschichte in exegetischer, psychoanalytischer und philosophischer Sicht.*

1. Bd.: *Die jahwistische Urgeschichte in exegetischer Sicht*, Paderborn [1]1977; [2]1979 erw. durch ein Vorwort: Zur Ergänzungsbedürftigkeit der historisch-kritischen Exegese; [3]1981: erg. durch ein Nachwort: Von dem Geschenk des Lebens oder: das Welt- und Menschenbild der Paradieserzählung des Jahwisten (Gn 2, 4b-25), S. 356–413; 6. Aufl. 1987

2. Bd.: *Die jahwistische Urgeschichte in psychoanalytischer Sicht*, [1]1977, [2]1980 erw. durch ein Vorw.: Tiefenpsychologie als anthropologische Wissenschaft; 6. Aufl. 1987

Bd. 3: *Die jahwistische Urgeschichte in philosophischer Sicht*, Paderborn [1]1978, [2]1980 erw. durch ein Vorw.: Das Ende des ethischen Optimismus; 6. Aufl. 1987

Drewermann, E.: *Vom Problem des Selbstmords oder von einer letzten Gnade der Natur*, in: Psychologie und Moraltheologie, 3 Bde., Mainz 1982–1984, 3. Bd.: *An den Grenzen des Lebens*, 98–173

Drewermann, E.: *Tiefenpsychologie und Exegese.* 2 Bde.,

1. Bd.: *Die Wahrheit der Formen. Von Traum, Mythos, Märchen, Sage und Legende*, Olten-Freiburg 1984, [6]1988;

2. Bd.: *Die Wahrheit der Werke und der Worte. Wunder, Vision, Weissagung, Apokalypse, Geschichte, Gleichnis*, Olten-Freiburg 1985, [4]1988

FEUERBACH, LUDWIG: *Das Wesen des Christenthums* (1841), in: Werke in 6 Bden., hg. v. E. Thiers, 5. Bd., Frankfurt/M. 1976

FREUD, SIGMUND: *Die Traumdeutung* (1900–1901); Ges. Werke II/III, London 1942, 1–642

FREUD, SIGMUND: *Vorlesungen zur Einführung in die Psychoanalyse* (1917), in: Werke XI, London 1944

FREUD, SIGMUND: *Dostojewski und die Vatertötung* (1928), Ges. Werke XIV, London 1948, 397–418

FREUD, SIGMUND: *Das Ich und das Es* (1923); Ges. Werke XIII, London 1940, 235–289

HEGEL, G. W. F.: *Vorlesungen über die Philosophie der Religion* (Vorlesungen von 1821, 1824, 1827 und 1831), Einf. v. Ph. Marheineke; hrsg. v. H. Glockner, in: Sämtliche Werke in zwanzig Bden.; Bd. 15–16, Stuttgart – Bad Cannstatt [4]1965

HEIDEGGER, MARTIN: *Sein und Zeit* (1926), Tübingen 1963

LUTHER, MARTIN: *Vom unfreien Willen* (1525), in: Die Werke in Auswahl, hg. v. K. Aland, Bd. 3: Der neue Glaube, Göttingen [4](erw.) 1983, 151–334

NIETZSCHE, FRIEDRICH: *Menschliches – Allzumenschliches. Ein Buch für freie Geister*, Chemnitz 1878; 2. Nachtr. 1879–1880; Neudruck: hrsg. v. L. Winter, München (Goldmann Tb. 676–677; 741–742), 2 Bde., 1962

PROUDHON, P.-J.: *Ou'est-ce que la propriété* (1840), dt.: *Was ist das Eigentum*, übers. v. F. A. Cohn, in: Werke, hg. v. Th. Ramm, Stuttgart 1963

RAMM, TH.: *Die großen Sozialisten*, Stuttgart 1955, 264–287: Comte de Saint-Simon

REIK, THEODOR: *Curiosities of the Self: Illusions we have about Ourselves*, New York 1965; dt.: *In Gedanken töten. Bewußte und unbewußte Todeswünsche in psychoanalytischer Sicht*, übers. v. D. Dörr, München (Kindler Tb. 2235) 1981

RENAN, ERNEST: *La vie de Jésus* (1863), aus dem Franz. v. P. Seliger, Leipzig-Wien (Bibliogr. Institut) o. J.

SAINT-SIMON, CL.-H.: *De la réorganisation de la societé européenne*, 1814; Paris 1925, hg. v. A. Rereire

SCHMAUS, MICHAEL: *Katholische Dogmatik*, 1. Bd., München 1948 ff.

SMITH, ADAM: *An Inquiry into the Nature and Causes of the Wealth of Nations*, 1776; [5]1789; danach dt.: *Der Wohlstand der Nationen. Eine Untersuchung seiner Natur und seiner Ursachen*, aus dem Engl. v. H. C. Recktenwald, München (dtv 6094) 1978

Personen-Register

Register der Romanfiguren

Register der Werke Dostojewskis